Udo Quak
Sabine Sterkenburgh
Lilo Verboom

Die Grundschul-
Fundgrube
für Mathematik

•

Unterrichtsideen
und Beispiele für das
1. bis 4. Schuljahr

Cornelsen
SCRIPTOR

Die in diesem Werk angegebenen Internetadressen haben wir überprüft (Redaktions-schluss: November 2005). Dennoch können wir nicht ausschließen, dass unter einer solchen Adresse inzwischen ein ganz anderer Inhalt angeboten wird.

Nicht bei allen Abbildungen und Texten konnten wir die Rechteinhaber ausfindig ma-chen. Berechtigte Ansprüche werden wir im üblichen Rahmen vergüten.

 http://www.cornelsen.de

Bibliografische Information: Die Deutsche Bibliothek verzeichnet diese Publikation in der Deutschen Nationalbibliografie; detaillierte bibliografische Daten sind im Internet über http://dnb.ddb.de abrufbar.

Dieses Werk berücksichtigt die Regeln der reformierten Rechtschreibung und Zei-chensetzung.

5. 4. 3. 2. 1.   Die letzten Ziffern bezeichnen
10 09 08 07 06   Zahl und Jahr der Auflage.

Redaktion: Daniela Brunner, Düsseldorf
Herstellung: Brigitte Bredow, Berlin
Layout, Satz und Sachzeichnungen: Rainer J. Fischer, Berlin
Umschlagfoto: Pressefoto Michael Seifert, Hannover
Druck und Bindung: Clausen & Bosse, Leck
Printed in Germany
ISBN-13: 978-3-589-05099-4
ISBN-10:   3-589-05099-3

 Gedruckt auf säurefreiem Papier,
umweltschonend hergestellt aus chlorfrei gebleichten Faserstoffen.

Inhalt

Vorwort

Mathematikunterricht in der Grundschule:

- Streng oder vergnüglich, ernst oder heiter?
- Was steckt hinter den Zahlen und Zeichen?
- Hat Glück auch etwas mit Mathematik zu tun?
- Was sind das für Menschen, die Mathematiker?
- Kann man mit Mathematik auch singen und spielen?
- Was hat Mathematik mit den anderen Fächern zu tun?
- Wie kann Mathematik zum Schulleben beitragen?

Auf diese und andere Fragen will Ihnen der vorliegende Band antworten. Die Autoren haben zusammengetragen, was sich da und dort an Interessantem für den Mathematikunterricht findet und in dieser „Fundgrube" gesammelt. Hier finden Sie

- Anregungen und Ideen aus der Zahlenlehre,
- zu den vier Grundrechenarten,
- zur Geometrie,
- zur Statistik und Wahrscheinlichkeit,
- zum Sachrechnen,
- zum Nachdenken,
- zum Singen,
- zum Erzählen ...

Fast alle Angebote und „Fundstücke" gehen über die üblichen Inhalte des Mathematikunterrichts der Grundschule hinaus. Sie können damit Ihren alltäglichen Unterricht auflockern und bereichern. Vieles können Sie auch gut für kurzfristig anberaumte Vertretungsstunden nutzen. Mit Rätseln, Denkaufgaben, Knobeleien, Gedichten und Liedern, mit seltsamen Zahlphänomenen, mit geometrischen Problemen oder mit Zufallsversuchen können Sie eine Phase angestrengter Arbeit unterbrechen, eine besondere Leistung Ihrer Klasse belohnen oder die letzte Stunde vor den Ferien unterhaltsam gestalten.

Wo es notwendig ist, ist der jeweiligen Aufgabenstellung, dem Rätsel oder der Denkaufgabe die Lösung beigegeben. Auf allgemeine Darstellungen, mathematische Definitionen oder exakte Beweisführungen wird bis auf wenige unabdingbare Ausnahmen verzichtet. Alle Anregungen sind mit einem Hinweis auf die Klassenstufe versehen, in der der Einsatz sinnvoll und möglich ist. Materalien werden als Kopiervorlagen angeboten. Sie sollten auf DIN-A4-Format vergrößert werden. Ein ausführliches Stichwortverzeichnis soll Ihnen einen schnellen Zugriff ermöglichen.

Wenn in diesem Band von Schülerinnen oder von Schülern, von Lehrerinnen oder von Lehrern gesprochen wird, ist immer das jeweils andere Geschlecht auch gemeint.

Allen, die an dieser Fundgrube mitgearbeitet haben, sowie den Mitarbeiterinnen und Mitarbeitern des Verlages, die das Zustandekommen des Bandes so hilfreich befördert haben, sei für ihr Mitwirken gedankt.

Udo Quak
Lilo Verboom
Sabine Sterkenburgh

1 Zahlen – Zahlen

1.1 Natürliche Zahlen

Der Mathematikunterricht der Grundschule befasst sich in der Regel mit den **natürlichen Zahlen**, also mit den positiven ganzen Zahlen einschließlich der Null. Zu den besonderen Zahlen aus dieser Zahlenmenge gehören die **Primzahlen** und die **Quadratzahlen**.
Die Struktur dieser Zahlenmengen weist in Verbindung mit den vier Grundrechenarten einige Besonderheiten auf. Die folgenden Beispiele sollen anregen, sich damit zu beschäftigen.

Natürliche Zahlen   1.–2. Schuljahr

Die Menge der natürlichen Zahlen kann man in drei Klassen einteilen:

Info
Zur **ersten Klasse** gehört nur die **0**.
Zur **zweiten Klasse** gehören alle **geraden Zahlen**.
Zur **dritten Klasse** gehören alle **ungeraden Zahlen**.

Die Kinder können z. B. über die folgenden Fragen nachdenken:
- Kann unter den geraden Zahlen auch eine ungerade Zahl sein?
- Ist die Null eine gerade oder eine ungerade Zahl?
  Lösung: 0 kann als gerade Zahl bezeichnet werden, da $2n - 1$ für $n = 0$, 1, 2, … nicht das Ergebnis 0 haben kann.
- Gibt es mehr gerade oder mehr ungerade Zahlen?
  Lösung: Wenn man jeder ungeraden Zahl eine gerade Zahl zuordnet, stellt man schnell fest, dass es genau so viele gerade wie ungerade Zahlen gibt. Beide Zahlenmengen haben unendlich viele Elemente.
- Woran kannst du eine gerade Zahl schnell erkennen?
  Lösung: Sie lässt sich halbieren (ohne Rest durch 2 dividieren).
- Wie kann man eine ungerade Zahl in eine gerade Zahl verwandeln?
  Lösung: Durch Addition oder Subtraktion von 1 oder durch Verdoppeln.

Oder dazu arbeiten:
- Schreibe die geraden Zahlen bis 20 (bis 100) auf!

▦ Schreibe die ungeraden Zahlen bis 20 (bis 100) auf!

▦ Wie viele gerade und ungerade Zahlen gibt es bis 10 (bis 20, bis 100)?

▦ Gibt es bis 10 (bis 15, bis 20, bis 35, bis 99, bis 100) mehr gerade oder mehr ungerade Zahlen?

Mit Zahlen kann man zählen. Was man zählen will, sollte vorher geschätzt werden. Wie viele Kinder, wie viele Kastanien, wie viele Plättchen, wie viele Autos, wie viele Figuren ... könnten das sein? Dann wird zur Kontrolle gezählt. Hier sind einige Anregungen zum Zählen:

▦ Gegenstände werden beim Zählen berührt.

▦ Auf Gegenstände wird beim Zählen gezeigt.

▦ Auf dem Tisch liegen verschiedene Gegenstände, die mit verbundenen Augen gezählt werden.

▦ Früchte (Kastanien, Eicheln o. Ä.), Plättchen oder kleines Spielzeug wird durch ein Tuch verdeckt und unter dem Tuch durch Tasten gezählt.

▦ Ein Kind tippt seinem Partner eine Zahl auf den Rücken, die dieser nennen muss, dann umgekehrt.

▦ Es wird rhythmisch gezählt durch regelmäßiges Betonen einer Zahl:
<u>1</u> 2 3 4 <u>5</u> 6 7 8 <u>9</u> 10 11 12 <u>13</u> 14 15 16 <u>17</u> 18 19 20
<u>1</u> 2 3 <u>4</u> 5 6 <u>7</u> 8 9 <u>10</u> 11 12 <u>13</u> 14 15 <u>16</u> 17 18 <u>19</u> 20 21
<u>1</u> 2 <u>3</u> 4 <u>5</u> 6 <u>7</u> 8 <u>9</u> 10 <u>11</u> 12 <u>13</u> 14 <u>15</u> 16 <u>17</u> 18 <u>19</u> 20
Dazu kann man sich tanzend bewegen.

▦ Die Kinder zählen mit Klatschen, Stampfen oder mit einfachen Rhythmusinstrumenten bis zu einer vorher bestimmten Zahl. Als Partnerspiel: Ein Kind klatscht, stampft, trommelt eine Anzahl Schläge, der Partner muss die Zahl nennen.

▦ Rückwärts zählen von einer vorgegebenen Zahl bis 0.

▦ Intervalle zählen, vorwärts und rückwärts: von 7 bis 16, von 3 bis 13, von 19 bis 8, von 15 bis 6 usw., im 2. Schuljahr entsprechend auch im Hunderterraum.

Hundertertafel   2.–3. Schuljahr

Die Struktur der Hundertertafel lässt viele Entdeckungen zu. Lassen Sie die Kinder forschen:

▦ In den Zeilen sind die **Zehner** bis auf die Zahlen in der letzten Spalte gleich.

▦ In jeder Spalte finden sich immer gleiche **Einer**.

▦ In der einen Hauptdiagonalen stehen benachbarte Zahlenpaare:
12, 23, 34, 45, 56, ... (ohne 100). Die Quersummen dieser Zahlen ergeben die Reihe der ungeraden Zahlen bis 17.

■ Die Quersummen der Zahlen in der anderen Hauptdiagonalen (10, 19, 28, 37, 46, ...) ergeben immer 10.

■ In der von der 11 ausgehenden Diagonale stehen nur Zahlen, bei denen Einer und Zehner gleich sind. Die Quersummen dieser Zahlen ergeben die geraden Zahlen bis 18.

■ In der Diagonale, die von der 9 aus nach links führt, stehen die Zahlen der 9er-Einmaleinsreihe bis 81. Die Quersumme dieser Zahlen ergibt immer 9.

Primzahlen   3.–4. Schuljahr

Info

Eine Primzahl ist eine natürliche Zahl, die genau zwei Teiler hat, nämlich die 1 und die Zahl selbst.

Die 1 wird nach dieser Definition nicht zu den Primzahlen gezählt. Die kleinste Primzahl ist die 2. Eine größte Primzahl kann es nicht geben: Die Menge der Primzahlen ist nämlich unendlich groß. Das hat schon der antike Mathematiker EUKLID (ca. 365–300 v. Chr.) bewiesen. Die Ermittlung aller Primzahlen bis 100 ist eine ganz nützliche Kopfrechenübung zum Einmaleins. Dabei hilft das bekannte **Sieb des** ERATOSTHENES (um 276–ca. 194 v.Chr.):

1	2	3	4	5	6	7	8	9	10
11	12	13	14	15	16	17	18	19	20
21	22	23	24	25	26	27	28	29	30
31	32	33	34	35	36	37	38	39	40
41	42	43	44	45	46	47	48	49	50
51	52	53	54	55	56	57	58	59	60
61	62	63	64	65	66	67	68	69	70
71	72	73	74	75	76	77	78	79	80
81	82	83	84	85	86	87	88	89	90
91	92	93	94	95	96	97	98	99	100

Material – Hundertertafel

1	2	3	4	5	6	7	8	9	10
11	12	13	14	15	16	17	18	19	20
21	22	23	24	25	26	27	28	29	30
31	32	33	34	35	36	37	38	39	40
41	42	43	44	45	46	47	48	49	50
51	52	53	54	55	56	57	58	59	60
61	62	63	64	65	66	67	68	69	70
71	72	73	74	75	76	77	78	79	80
81	82	83	84	85	86	87	88	89	90
91	92	93	94	95	96	97	98	99	100

1	2	3	4	5	6	7	8	9	10
11	12	13	14	15	16	17	18	19	20
21	22	23	24	25	26	27	28	29	30
31	32	33	34	35	36	37	38	39	40
41	42	43	44	45	46	47	48	49	50
51	52	53	54	55	56	57	58	59	60
61	62	63	64	65	66	67	68	69	70
71	72	73	74	75	76	77	78	79	80
81	82	83	84	85	86	87	88	89	90
91	92	93	94	95	96	97	98	99	100

Und so funktioniert das Sieb: Man streicht in der Hundertertafel zuerst die 1, die ja keine Primzahl ist. Dann markiert man jeweils die nächste nicht gestrichene Zahl und streicht deren Vielfache, also erst alle Vielfache von 2, dann alle Vielfache von 3, von 5, von 7 usw. Und das können die Kinder anschließend erforschen:

- Wie viele Primzahlen gibt es bis 10, bis 20, bis 50, bis 100?
- Wer findet die Primzahlen zwischen 100 und 200?
- Wie heißt die kleinste Primzahl? **Lösung**: 2
- Wie heißt die größte Primzahl bis 100, bis 200? **Lösung**: 97 und 199
- Wie heißt die kleinste zweistellige Primzahl? **Lösung**: 11
- Wie heißt die kleinste dreistellige Primzahl? **Lösung**: 101
- In welchem Zehner gibt es die meisten, die wenigsten Primzahlen? **Lösung**: Die meisten im zweiten Zehner (11, 13, 17, 19), die wenigsten im zehnten Zehner (97).
- Wie viele Primzahlzwillinge findet man bis 100, bis 200? **Lösung**: Bis 100 gibt es 8, bis 200 gibt es 7 Primzahlzwillinge (vgl. Infokasten unten).
- Gibt es auch Primzahldrillinge? **Lösung**: Bis 200 gibt es nur einen Primzahldrilling (3, 5, 7).
- Wie viele Primzahlen sind unmittelbar benachbart? **Lösung**: Nur zwei, nämlich 2 und 3
- Was passiert, wenn man die erste Primzahl (2) zu einer anderen Primzahl addiert, mit ihr multipliziert? Ergibt sich wieder eine Primzahl?
- Was passiert, wenn man zwei Primzahlen addiert oder miteinander multipliziert? Ergibt sich wieder eine Primzahl? Warum nicht?

Info

Primzahlzwillinge nennt man Primzahlen, die durch höchstens **eine** gerade Zahl getrennt sind, also 3, 5 oder 11, 13 oder 17, 19.

Durch Addieren oder Multiplizieren kann man aus Primzahlen andere Zahlen bilden.

So stellte der Mathematiker CHRISTIAN GOLDBACH (1690–1764) fest, dass sich außer der 2 jede gerade Zahl als Summe zweier Primzahlen darstellen lässt. Es konnte allerdings bisher nicht bewiesen werden, ob diese Feststellung allgemein gültig ist. Sie heißt daher **Goldbachsche Vermutung**. Hier sind einige Beispiele dafür:

$$4 = 2 + 2 \qquad 12 = 5 + 7 \qquad 18 = 5 + 13 \qquad 24 = 11 + 13 \qquad \dots$$

Folgendermaßen können die Kinder weiterarbeiten:

▧ Wer findet noch mehr Beispiele?

▧ Gibt es zu einer geraden Zahl mehrere Beispiele?

▧ Hier sind alle Summen aus Primzahlen für die geraden Zahlen bis 30 aufgeführt:

$4 = 2 + 2$

$6 = 3 + 3$

$8 = 3 + 5 = 5 + 3$

$10 = 3 + 7 = 5 + 5 = 7 + 3$

$12 = 5 + 7 = 7 + 5$

$14 = 3 + 11 = 7 + 7 = 11 + 3$

$16 = 3 + 13 = 5 + 11 = 11 + 5 = 13 + 3$

$18 = 5 + 13 = 7 + 11 = 11 + 7 = 13 + 5$

$20 = 3 + 17 = 7 + 13 = 13 + 7 = 17 + 3$

$22 = 3 + 19 = 5 + 17 = 11 + 11 = 17 + 5 = 19 + 3$

$24 = 5 + 19 = 7 + 17 = 13 + 11 = 11 + 13 = 17 + 7 = 19 + 5$

$26 = 3 + 23 = 7 + 19 = 13 + 13 = 19 + 7 = 23 + 3$

$28 = 5 + 23 = 11 + 17 = 17 + 11 = 23 + 5$

$30 = 7 + 23 = 11 + 19 = 13 + 17 = 17 + 13 = 19 + 11 = 23 + 7$

▧ Wie lassen sich die Zehnerzahlen (10, 20, 30, ...) bis 100 durch die Summe zweier Primzahlen darstellen?

Natürlich kann man diese und andere gerade Zahlen auch durch Summen von Primzahlen mit mehr als zwei Summanden bilden, z. B. so:

$30 = 2 + 3 + 5 + 7 + 13$ oder $30 = 2 + 11 + 17$

Auch ungerade Zahlen kann man mit Summen aus Primzahlen aufschreiben. Man braucht dazu aber außer bei der 5 immer mindestens drei Primzahlen.

$5 = 2 + 3$

$27 = 19 + 5 + 3$

$45 = 23 + 19 + 3$

▧ Warum ist das so?

Und noch mehr Möglichkeiten bekommt man, wenn jede Primzahl zweimal, dreimal oder noch häufiger gesetzt werden darf:

$24 = 11 + 11 + 2$

$39 = 13 + 13 + 13$

$21 = 5 + 5 + 3 + 3 + 3 + 2$

▧ Wer findet die meisten Zahlen, die aus den Primzahlen 2, 3 und 5 durch Addieren zusammengesetzt sind? Jede Primzahl darf höchstens zweimal vorkommen. Wie heißt die größte Zahl? Wie heißt die kleinste Zahl?

■ Kann man alle Zahlen von 10 bis 30 (bis 50, bis 100) durch Addieren von Primzahlen bilden?

■ Welche Zahlen lassen sich nicht durch Summen aus Primzahlen zusammensetzen?

Wenn man für das Zusammensetzen von Primzahlen die Multiplikation benutzt, kommt man schnell zu den **gemeinsamen Vielfachen** verschiedener Zahlen:

$$2 \cdot 3 = 6 \qquad 2 \cdot 3 \cdot 5 = 30 \qquad 2 \cdot 2 \cdot 2 \cdot 3 = 24 \qquad 2 \cdot 5 \cdot 5 = 50$$

So ist $6 = 2 \cdot 3$ das gemeinsame Vielfache von 30 und 24 und $10 = 2 \cdot 5$ das gemeinsame Vielfache von 30 und 50.

■ Kann man alle Zahlen von 2 bis 20 (bis 30, bis 50, bis 100) durch Mal-Aufgaben mit Primzahlen bilden?

■ Untersuche, wie man gerade und ungerade Zahlen mit möglichst wenigen Primzahlen durch Mal-Aufgaben aufschreiben kann.

Info

Unter den natürlichen Zahlen von 1 bis 10 000 000 kann man 664 579 Primzahlen feststellen. Die größte bisher bekannte Primzahl wurde im Jahre 1992 durch den amerikanischen Mathematiker D. SLOWINSKY mit Hilfe eines Groß-Computers ermittelt. Sie heißt $2^{756839}-1$ und hat 227 832 Stellen. Wenn man sie aufschreiben will, braucht man 32 DIN-A4-Seiten.

Dass die Verteilung der Primzahlen überproportional sinkt, je weiter man in der Reihe der natürlichen Zahlen vorwärts kommt, zeigt diese Übersicht:

bis 10	4 Primzahlen	(40 %)
bis 100	25 Primzahlen	(25 %)
bis 1 000	168 Primzahlen	(16,8 %)
bis 10 000 000	664 579 Primzahlen	(6,65 %)
bis 1 000 000 000	50 847 534 Primzahlen	(5,08 %)
bis 10 000 000 000	455 052 512 Primzahlen	(4,55 %)

Quadratzahlen   3.–4. Schuljahr

Quadratzahlen heißen die Quadrate der natürlichen Zahlen, also:

$$1 \cdot 1 = 1^2 = \mathbf{1}$$
$$2 \cdot 2 = 2^2 = \mathbf{4}$$
$$3 \cdot 3 = 3^2 = \mathbf{9}$$
$$4 \cdot 4 = 4^2 = \mathbf{16} \quad \text{usw.}$$

Eine generelle Einführung in die Potenzrechnung sollte man in der Grundschule nicht vorsehen. Für die Kinder sind Quadratzahlen zunächst nur besondere Einmaleins-Zahlen. Dennoch kann die verkürzte Schreibweise mit Exponenten durchaus eingeführt werden.

Jede Quadratzahl lässt sich als Summe ungerader Zahlen darstellen:

$1 = 1$
$4 = 1 + 3$
$9 = 1 + 3 + 5$
$16 = 1 + 3 + 5 + 7$
$25 = 1 + 3 + 5 + 7 + 9$
usw.

Dieser Zusammenhang lässt sich auch gut an Quadraten durch entsprechendes Ausmalen darstellen:

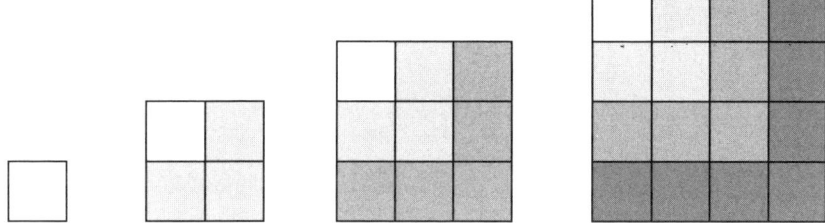

Diese zeichnerische Darstellung der Quadratzahlen weist noch auf einen anderen Zusammenhang hin:

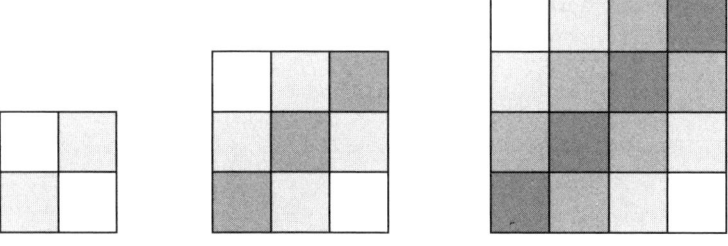

$2^2 = 4 = 1 + 2 + 1$ $3^2 = 9 = 1 + 2 + 3 + 2 + 1$ $4^2 = 16 = 1 + 2 + 3 + 4 + 3 + 2 + 1$

Fragen dazu können sein:
- Geht das immer so weiter?
- Gibt es noch andere Möglichkeiten, die Quadratzahlen darzustellen?

Die Reihe der Quadratzahlen 1, 2, 4, 9, 16, 25, 36, 49, 64, 81, 100, 121, 144, 169, 196, 225, ... scheint unregelmäßig zu sein. Es gibt aber versteckte Regelmäßigkeiten. Wenn man alle Differenzen zweier benachbarter Quadratzahlen bestimmt und hintereinander schreibt, erhält man die Reihe der ungeraden Zahlen:

```
0    1    4    9    16    25    36    49 ...
  1    3    5    7    9    11    13 ...
```

- Geht das so weiter?
- Sind in den Quadratzahlen so oder ähnlich auch die geraden Zahlen versteckt?
- Die Hundertertafel macht die Differenzen und die Abstände zwischen zwei Quadratzahlen gut sichtbar. Findest du die Quadratzahlen in der Hundertertafel?

Bildet man zunächst die Summen benachbarter Quadratzahlen und dann von diesen so gefundenen Zahlen die Differenzen, erhält man die 4er-Einmaleinsreihe (die Vielfachen von 4):

```
0    1    4    9    16    25    36    49    64    81 ...
  1    5    13    25    41    61    85    113    145 ...
    4    8    12    16    20    24    28    32 ...
```

Auch diesen Zusammenhang kann man nach gemeinsamer Vorarbeit (Summen bilden) die Kinder entdecken lassen.

Quadrate   4. Schuljahr

Von eigentümlichem Reiz ist auch die Darstellung der Quadrate der ungeraden natürlichen Zahlen mit Hilfe des 8er-Einmaleins:

$$
\begin{aligned}
1 \cdot\ 1 &= \quad 1 = \ 0 \cdot 8 + 1 \\
3 \cdot\ 3 &= \quad 9 = \ 1 \cdot 8 + 1 \\
5 \cdot\ 5 &= \ 25 = \ 3 \cdot 8 + 1 \\
7 \cdot\ 7 &= \ 49 = \ 6 \cdot 8 + 1 \\
9 \cdot\ 9 &= \ 81 = 10 \cdot 8 + 1 \\
11 \cdot 11 &= 121 = 15 \cdot 8 + 1
\end{aligned}
$$
usw.

Wenn man die Reihe weiterführt, wird man bestätigt finden, was die ersten Glieder schon vermuten lassen. Die Differenzen der ersten Faktoren (0, 1, 3, 6, 10, ...) wachsen immer um den Zahlenwert 1.

Die entstehende Reihe der Differenzen führt schließlich zur Menge der natürlichen Zahlen:

$$0 \quad 1 \quad 3 \quad 6 \quad 10 \quad 15 \quad 21 \dots$$
$$\quad 1 \quad 2 \quad 3 \quad 4 \quad 5 \quad 6 \dots$$

Hier werden mit den Kindern die ersten zwei oder drei Beispiele erarbeitet. Dann setzen die Schülerinnen und Schüler die Reihe fort und versuchen die genannte Regelmäßigkeit selbst zu finden.

Mit dem folgenden Beispiel wird eine Beziehung zwischen den natürlichen Zahlen und ihren Quadraten sowie den geraden Zahlen hergestellt. Die Summe einer natürlichen Zahl mit ihrem Quadrat ergibt, auch wenn man die Ordnung der natürlichen Zahlen einhält, zunächst ganz normal scheinende Summenwerte.

$$0 + 0 \cdot 0 = 0 + 0 = 0$$
$$1 + 1 \cdot 1 = 1 + 1 = 2$$
$$2 + 2 \cdot 2 = 2 + 4 = 6$$
$$3 + 3 \cdot 3 = 3 + 9 = 12$$
$$4 + 4 \cdot 4 = 4 + 16 = 20$$
$$5 + 5 \cdot 5 = 5 + 25 = 30$$
$$6 + 6 \cdot 6 = 6 + 36 = 42$$
usw.

Erst wenn man die Differenzen zwischen den Summenwerten untersucht, stellt man fest, dass sich hier die Reihe der geraden Zahlen entwickelt. Die Abstände wachsen in der Reihenfolge der geraden Zahlen:

$$0 \quad 2 \quad 6 \quad 12 \quad 20 \quad 30 \quad 42 \dots$$
$$\quad \mathbf{2} \quad \mathbf{4} \quad \mathbf{6} \quad \mathbf{8} \quad \mathbf{10} \quad \mathbf{12} \dots$$

Die Quadratzahlen kann man aber auch noch anders als Summen schreiben, nämlich folgendermaßen:

$$1 \cdot 1 = 1 = 1$$
$$2 \cdot 2 = 4 = 3 + 1 = 3 + 1 \cdot 1 = 3 + 1^2$$
$$3 \cdot 3 = 9 = 5 + 4 = 5 + 2 \cdot 2 = 5 + 2^2$$
$$4 \cdot 4 = 16 = 7 + 9 = 7 + 3 \cdot 3 = 7 + 3^2$$
$$5 \cdot 5 = 25 = 9 + 16 = 9 + 4 \cdot 4 = 3^2 + 4^2$$
$$6 \cdot 6 = 36 = 11 + 25 = 11 + 5 \cdot 5 = 11 + 5^2$$
$$7 \cdot 7 = 49 = 13 + 36 = 13 + 6 \cdot 6 = 13 + 6^2$$
usw.

Das kann in gleicher Weise weitergeführt werden. Von besonderer Bedeutung ist die vorletzte Zeile. Hier erhalten wir mit $3^2 + 4^2 = 5^2$ besondere Zahlen: die **pythagoräischen Zahlen** 3, 4 und 5. Mit diesen drei Zahlen haben schon die alten Ägypter mit einer entsprechenden Knotenschnur als Maß für den rechten Winkel gearbeitet.

Info

Pythagoräische Zahlen sind Zahlentripel, die sich aus der Anwendung des Pythagorassatzes auf ausschließlich natürliche Zahlen ergeben. Die bekanntesten und auch geläufigsten pythagoräischen Zahlen, die schon in der Antike zur einfachen Darstellung des rechten Winkels im Bauwesen benutzt wurden, sind die schon oben genannten natürlichen Zahlen 3, 4, 5. Es gilt nämlich für die Seitenlängen eines rechtwinkligen Dreiecks nach dem bekannten Satz des Pythagoras: $3^2 + 4^2 = 5^2$.
Andere Zahlentripel dieser Art sind z. B. 5, 12, 13 oder 16, 30, 34.

Höhere Potenzen   4. Schuljahr

Die mehrfache Multiplikation einer gleichen Zahl (Potenzieren) führt schnell zu hohen Zahlen:

$2 \cdot 2 = 4$ $2 \cdot 2 \cdot 2 = 8$ $2 \cdot 2 \cdot 2 \cdot 2 = 16$ $2 \cdot 2 \cdot 2 \cdot 2 \cdot 2 = 32$
$3 \cdot 3 = 9$ $3 \cdot 3 \cdot 3 = 27$ $3 \cdot 3 \cdot 3 \cdot 3 = 81$ $3 \cdot 3 \cdot 3 \cdot 3 \cdot 3 = 243$
$4 \cdot 4 = 16$ $4 \cdot 4 \cdot 4 = 64$ $4 \cdot 4 \cdot 4 \cdot 4 = 256$ usw.
$5 \cdot 5 = 25$ $5 \cdot 5 \cdot 5 = 125$ usw.

Hier kann auch in Anlehnung an die verkürzte Schreibweise bei Quadratzahlen den Kindern die verkürzte Schreibweise mit Exponenten gezeigt werden, also $2 \cdot 2 \cdot 2 = 8$ oder $2^3 = 8$, $3 \cdot 3 \cdot 3 \cdot 3 = 81$ oder $3^4 = 81$, ohne dass irgendeine Systematik oder gar das Rechnen mit Potenzen eingeführt wird.

1.2 Magische Quadrate und andere Zaubereien

Magische Quadrate   2.–4. Schuljahr

Nachdenken und Rechnen werden in **magischen Quadraten** miteinander verbunden. Sie gehören zu den Knobeleien, mit denen sich die Menschen schon in der Antike und im Mittelalter beschäftigt haben. Wer sie erfunden hat, ist nicht bekannt. Das bekannteste magische Quadrat findet sich in dem berühmten Kupferstich „Melancolia I" (1514) von ALBRECHT DÜRER.

Hier sind die Zahlen 1 bis 16 so angeordnet, dass ihre Summe in jeder
Zeile, in jeder Spalte und in den beiden Hauptdiagonalen immer 34 ergibt.

16	3	2	13
5	10	11	8
9	6	7	12
4	15	14	1

Info

In einem **magischen Quadrat** ist eine Zahlenreihe so in einem Quadrat-
gitter angeordnet, dass die Summe waagerecht, senkrecht oder diagonal
immer gleich ist.

Das kleinste Quadrat mit vier Feldern lässt sich unter diesen Bedingungen
nicht herstellen. Das kleinste magische Quadrat besteht aus 9 Feldern. Hier
sind drei Beispiele für die Zahlenreihe 1 bis 9. Die Summe waagerecht, senkrecht und diagonal beträgt immer 15:

4	9	2
3	5	7
8	1	6

6	1	8
7	5	3
2	9	4

4	3	8
9	5	1
2	7	6

Diese Quadrate lassen sich natürlich auch mit anderen Zahlenreihen, etwa 5
bis 13 (Summe 27) oder 10 bis 18 (Summe 42) füllen.
Schon etwas schwerer – und zum Probieren für leistungsstärkere Kinder geeignet – sind magische Quadrate mit 16 Feldern. Für die Zahlenreihe 1 bis 16
gibt es hier 880 verschiedene Möglichkeiten. Hier sind drei Beispiele:

14	7	12	1
4	9	6	15
5	16	3	10
11	2	13	8

9	6	15	4
16	3	10	5
2	13	8	11
7	12	1	14

10	5	16	3
8	11	2	13
1	14	7	12
15	4	9	6

Hier erhält man, wie in dem Dürerschen Quadrat, immer die Summe 34.

Material – Zauberquadrate, groß

© Cornelsen Verlag Scriptor, Berlin · Die Grundschul-Fundgrube für Mathematik

Andere magische Figuren   2.–4. Schuljahr

1. Die Zahlen 1 bis 7 sind so auf die Felder der Figur zu verteilen, dass sich auf jedem der beiden Kreise und auf jeder der drei Verbindungslinien die Summe 12 ergibt (Abb. 1).

2. Die Zahlen 1 bis 9 sind so einzutragen, dass die Summe auf den beiden waagerechten und auf den vier schrägen Linien immer 18 ergibt (Abb. 2).

3. Hier müssen die Zahlen 1 bis 9 so verteilt werden, dass die Summe jeder Seite (vier Zahlen auf einer Linie) immer 20 beträgt. Es sind vier verschiedene Lösungen möglich (Abb. 3).

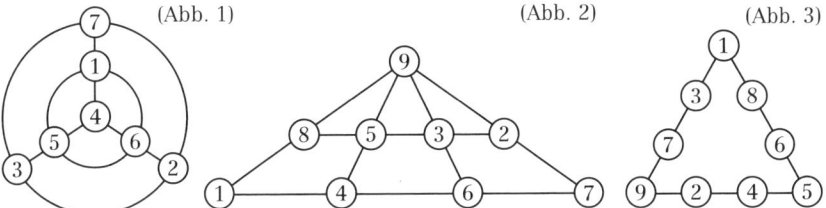

(Abb. 1)   (Abb. 2)   (Abb. 3)

Man kann die Zahlen 1 bis 9 aber auch so verteilen, dass die Summen auf jeder Seite des Dreiecks 17, 19, 21 oder 23 ergeben.

Zahlenhäuser   2.–3. Schuljahr

Mit Zahlenhäusern (vgl. WITTMANN u. a. 1993) kann man nicht nur das Addieren und Subtrahieren üben. Die Kinder können an den Zahlenhäusern auch interessante Entdeckungen machen. Und so sehen die Zahlenhäuser aus:

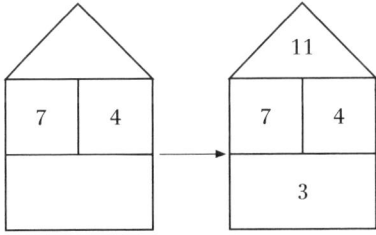

In dem Zahlenhaus wohnen die beiden Zahlen 7 und 4. Ihre Summe 7 + 4 = 11 zieht in das Dachgeschoss, ihre Differenz 7 – 4 = 3 in den Keller. Weil allen Zahlen das Haus nun zu eng wird, ziehen die neuen Zahlen 11 und 3 in ein neues Haus um. Und wieder kommt die Summe ins Dachgeschoss und die Differenz in den Keller (vgl. Abb. auf S. 29).

Material – Magische Figuren I

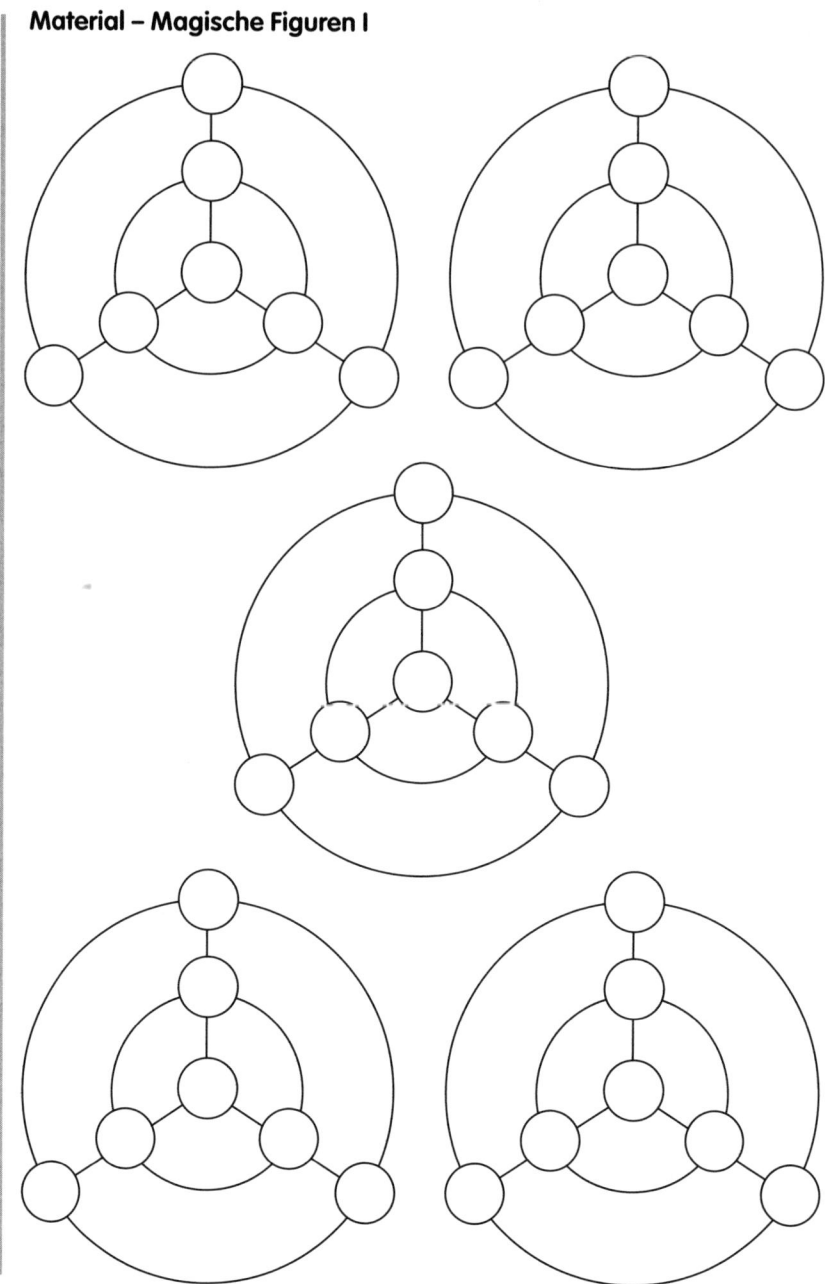

Material – Magische Figuren II

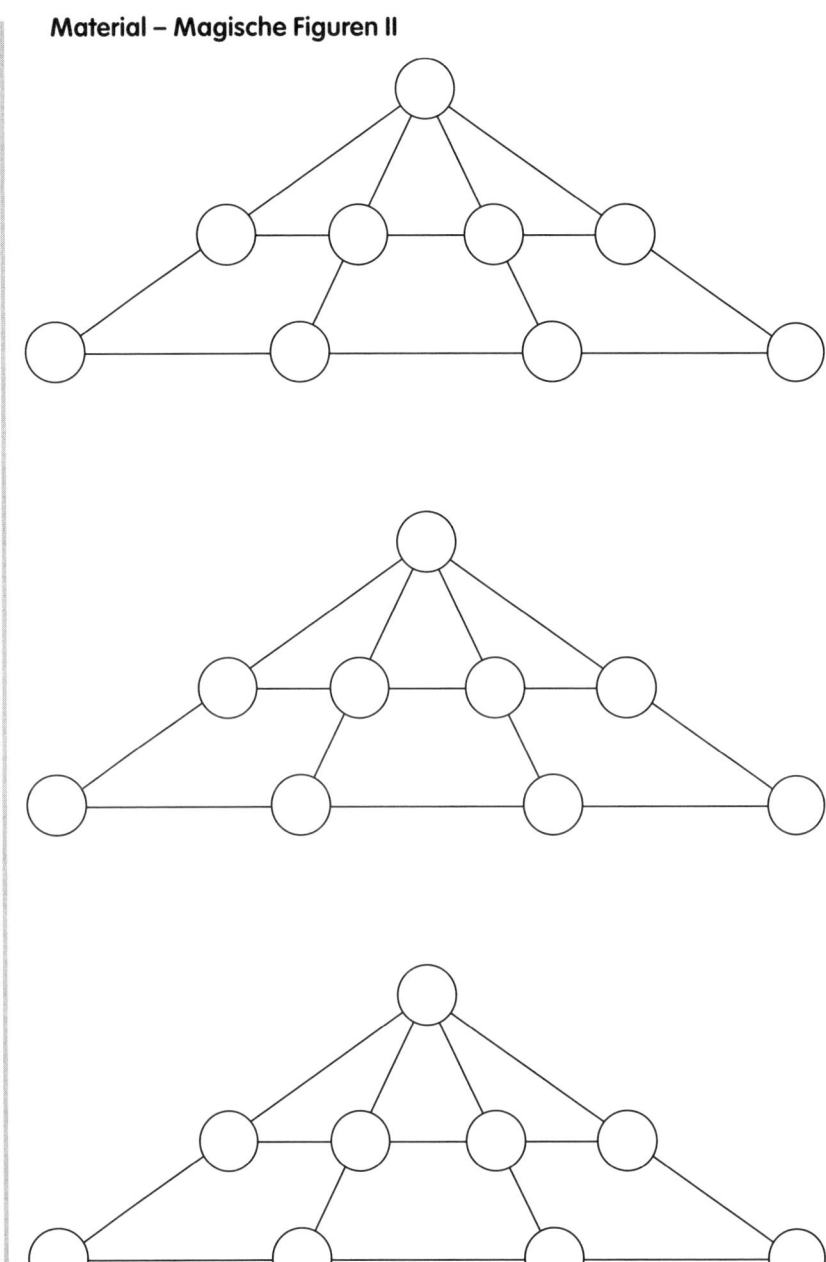

Material – Magische Figuren III

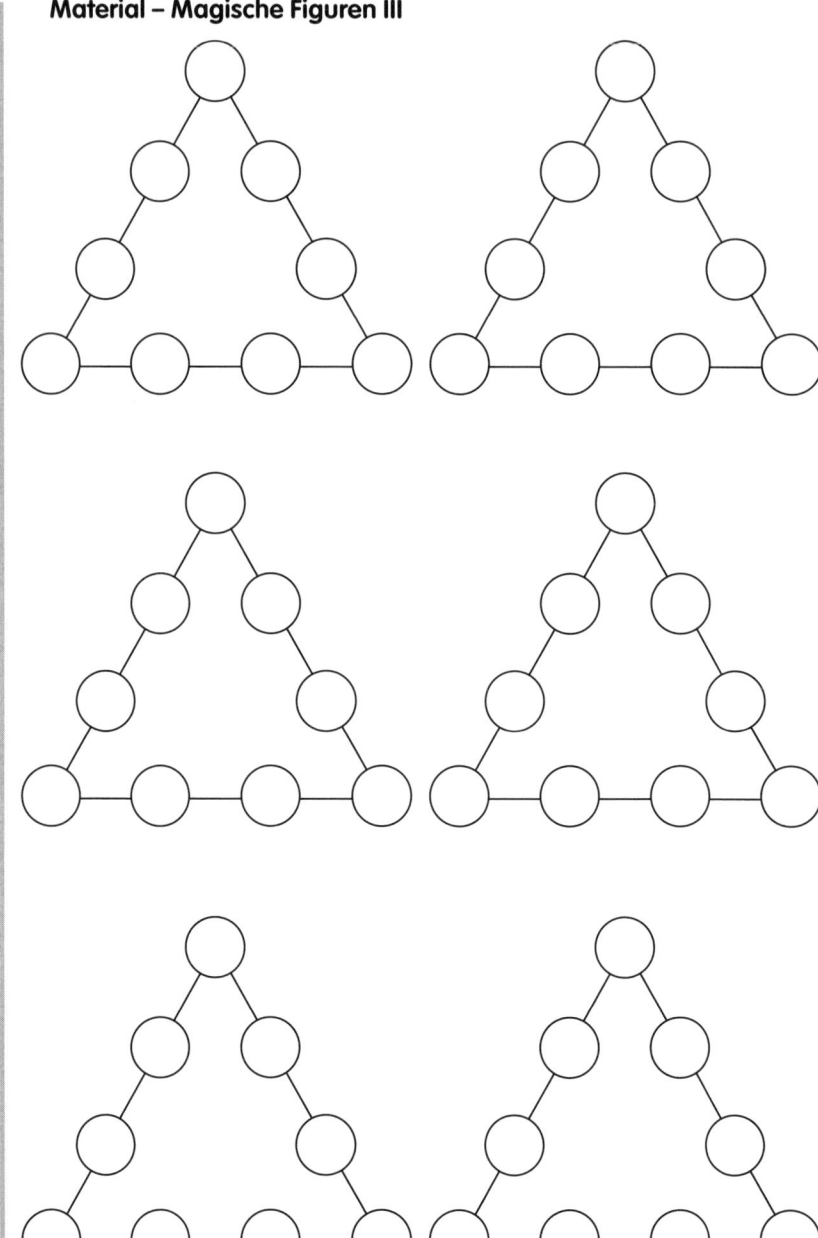

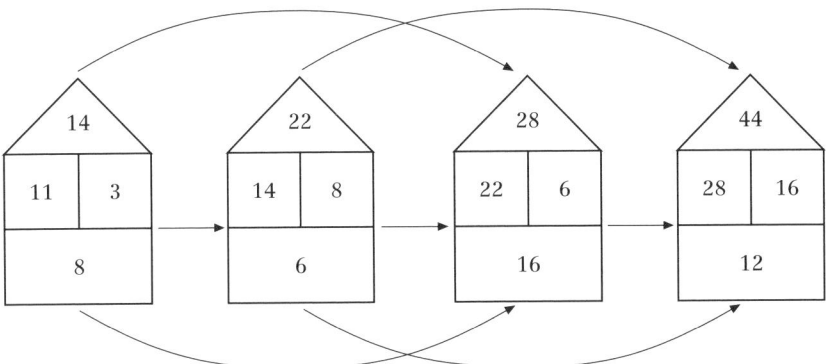

Wenn man immer so weiter verfährt, bekommt man eine Reihe von Zahlenhäusern, die miteinander verbunden sind.

Die Zahlen im Dachboden und im Keller verdoppeln sich jeweils beim übernächsten Haus. Dass das immer so ist, sollten die Kinder (in Kleingruppen) mit verschiedenen Anfangszahlen ausprobieren.

Solche Zahlenhäuser lassen sich auch mit größeren Zahlen bauen. Dann muss allerdings manchmal schriftlich addiert und subtrahiert werden.

1.3 Zaubereien mit Zahlen

Zahlentürme   4. Schuljahr

Die 9 ist eine „Zauberzahl". Mit auf- und absteigenden Ziffernfolgen und der 9 lassen sich einige schöne Multiplikationssäulen bauen. Mit ihnen kann zugleich das schriftliche Multiplizieren geübt werden. Durch multiplikative und additive Verknüpfungen ergeben sich Ergebnisse aus gleichen Ziffern.

$$0 \cdot 9 + 1 = 1$$
$$1 \cdot 9 + 2 = 11$$
$$12 \cdot 9 + 3 = 111$$
$$123 \cdot 9 + 4 = 1111$$
$$1234 \cdot 9 + 5 = 11111$$
$$12345 \cdot 9 + 6 = 111111$$
$$123456 \cdot 9 + 7 = 1111111$$
$$1234567 \cdot 9 + 8 = 11111111$$
$$12345678 \cdot 9 + 9 = 111111111$$
$$123456789 \cdot 9 + 10 = 1111111111$$

$$0 \cdot 9 + 8 = 8$$
$$9 \cdot 9 + 7 = 88$$
$$98 \cdot 9 + 6 = 888$$
$$987 \cdot 9 + 5 = 8888$$
$$9876 \cdot 9 + 4 = 88888$$
$$98765 \cdot 9 + 3 = 888888$$
$$987654 \cdot 9 + 2 = 8888888$$
$$9876543 \cdot 9 + 1 = 88888888$$
$$98765432 \cdot 9 + 0 = 888888888$$
$$987654321 \cdot 9 - 1 = 8888888888$$

oder

$$9 \cdot 9 = 81$$
$$98 \cdot 9 = 882$$
$$987 \cdot 9 = 8\,883$$
$$9876 \cdot 9 = 88\,884$$
$$98765 \cdot 9 = 888\,885$$
$$987654 \cdot 9 = 8\,888\,886$$
$$9876543 \cdot 9 = 88\,888\,887$$
$$98765432 \cdot 9 = 888\,888\,888$$
$$987654321 \cdot 9 = 8\,888\,888\,889$$

Zu „schönen" Zahlengestalten führt auch die Multiplikation der Zahl 12345679 mit den Zahlen des 9er-Einmaleins:

$$12345679 \cdot \ \ 9 = 111\,111\,111$$
$$12345679 \cdot 18 = 222\,222\,222$$
$$12345679 \cdot 27 = 333\,333\,333$$
$$\dots$$
$$12345679 \cdot 81 = 999\,999\,999$$
$$12345679 \cdot 90 = 1\,111\,111\,110$$

Man beachte, dass im 1. Faktor jeweils alle Ziffern außer der 8 und der 0 nach der Größe geordnet vorkommen. Die Kinder können knobeln:
▇ Findest du noch andere „Zauberaufgaben" mit der 9?

Solche Türme mit bemerkenswerten Ergebnissen sind auch mit anderen Zahlen möglich:

$$1 \cdot 8 + 1 = 9$$
$$12 \cdot 8 + 2 = 98$$
$$123 \cdot 8 + 3 = 987$$
$$1234 \cdot 8 + 4 = 9876$$
$$12345 \cdot 8 + 5 = 98765$$
$$123456 \cdot 8 + 6 = 987654$$
$$1234567 \cdot 8 + 7 = 9876543$$
$$12345678 \cdot 8 + 8 = 98765432$$
$$123456789 \cdot 8 + 9 = 987654321$$

Manche Multiplikationen führen zu „zauberhaften" Zahlen:

$$3 \cdot 3 = \mathbf{9}$$
$$33 \cdot 33 = 11\mathbf{0}89$$
$$333 \cdot 333 = 110\mathbf{8}89$$
$$3333 \cdot 3333 = 1110\mathbf{8}889$$
$$\dots$$

oder

$$4 \cdot 4 = 16$$
$$34 \cdot 34 = 1156$$
$$334 \cdot 334 = 111556$$

... Wie geht es weiter?

oder

$$9 \cdot 9 = 81$$
$$99 \cdot 99 = 9801$$
$$999 \cdot 999 = 998001$$

... Wie geht es weiter?

▪ Wer entdeckt noch mehr solche zauberhaften Zahlen?

Dreieckszahlen   2.–3. Schuljahr

Einem Punkt werden als neue Reihe 2 Punkte, dann 3 Punkte dann 4 usw. angefügt. Es entsteht das folgende Dreieck:

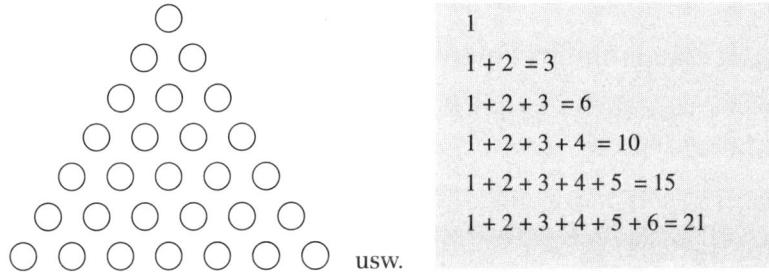

Die Differenz zwischen zwei benachbarten Zahlen steigt von 2 aus jeweils um 1. Die Reihe der Dreieckszahlen kann also, ohne dass man das Dreieck zeichnet, beliebig lange fortgesetzt werden:

1	3	6	10	15	21	28	36	45	55	66	78, ...
2	3	4	5	6	7	8	9	10	11	12, ...	

Von besonderer Bedeutung ist die Spitze des Dreiecks bis zur vierten Zeile. Dieses kleine Dreieck ist gleichseitig und stellt die 10 als Summe der ersten vier Zahlen dar: $1 + 2 + 3 + 4 = 10$. Den Anhängern des antiken Philosophen und Mathematikers PYTHAGORAS (ca. 570 – ca. 500 v. Chr.) galt dieses Dreieck, das die Zehnzahl darstellt, als heilig.

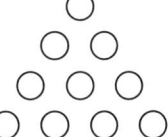

Spiegelzahlen   3.–4. Schuljahr

Manche Zahlen kann man wie ANNA oder OTTO vorwärts und rückwärts lesen. Solche Spiegelzahlen (Zahlenpalindrome) kann man sich durch schriftliches Addieren aus beliebigen Zahlen selbst herstellen: Man gibt eine Zahl vor. Dann addiert man die umgekehrte Ziffernfolge dazu. Das macht man immer wieder, bis eine Spiegelzahl erscheint. Manchmal geht das schnell, manchmal muss man etwas länger rechnen:

124	815	4278	2375
421	518	8724	5732
545	1333	13002	**8107**
	3331	20031	7018
	4664	**33033**	15125
			52151
			67276

Das Errechnen von Spiegelzahlen ist eine gute Möglichkeit, am Ende des 3. Schuljahrs und im 4. Schuljahr das schriftliche Addieren wiederholend üben zu lassen.

Spiegelzahlen multiplizieren   3.–4. Schuljahr

Bestimmte Spiegelzahlen ergeben sich auch, wenn man die folgenden Multiplikationen mit der Ziffer 1 ausführt:

$1 \cdot 1 = 1$ $1 \cdot 11 = 11$
$11 \cdot 11 = 121$ $1 \cdot 111 = 111$
$111 \cdot 111 = 12321$ $1 \cdot 1111 = 1111$
$1111 \cdot 1111 = 1234321$
$11111 \cdot 11111 = 123454321$

$11 \cdot 111 = 1221$ $111 \cdot 1111 = 123321$
$11 \cdot 1111 = 12221$ $111 \cdot 11111 = 1233321$
...

Die Zauberzahl 6174   4. Schuljahr

Der indische Mathematiker KAPREKAR hat die Zauberzahl 6174 entdeckt. Sie entsteht durch eine besondere Subtraktion vierstelliger Zahlen.
Ein Beispiel: Aus den Ziffern 2, 3, 4 und 5 werden die größte und die kleinste Zahl gebildet und beide werden voneinander subtrahiert:

```
  5432
- 2345
  3087
```

Mit den so gewonnenen neuen Ziffern wird genauso verfahren und dann immer so weiter. Nach drei Aufgaben erhält man 6174 als Differenz:

```
  8730          8532
- 0378        - 2358
  8352          6174
```

Kaprekar hat herausgefunden: Wenn man mit vier beliebigen Ziffern auf diese Weise verfährt, erhält man immer nach höchstens 7 Schritten die Zahl **6174**. Das können die Kinder leicht mit beliebigen Ziffern selbst herausfinden.

Zahlen in verschiedener Gestalt   3.–4. Schuljahr

Jede Zahl lässt sich mit Hilfe der vier Grundrechenarten durch andere Zahlen darstellen. Die Möglichkeiten dazu sind unbegrenzt. Von besonderem Reiz ist die verschiedene Gestalt besonders herausgehobener Zahlen. Wie z. B. der Zehner oder Hunderter mit Zahlen aus gleichen Ziffern:

$10 = 11 - 1$ $10 = 3 \cdot 3 + 3 : 3$ $10 = 5 + 5$

$20 = 4 \cdot 4 + 4$ $20 = 5 \cdot 5 - 5$

$30 = 6 \cdot 6 - 6$ ...

Besonders interessant sind die folgenden Darstellungen. Die Zahl 100 soll gebildet werden, z. B.

mit 5 Einsern	$111 - 11$
mit 6 Einsern	$(11 - 1) \cdot (11 - 1)$
mit 7 Einsern	$1111 : 11 - 1$
mit 8 Einsern	$1111 : 11 - (1 : 1)$
mit 6 Vierern	$(444 - 44) : 4$
mit 7 Vierern	$44 + 4 \cdot 4 + 44 - 4$
mit 5 Fünfen	$5 \cdot 5 \cdot 5 - 5 \cdot 5$
mit 6 Fünfen	$(555 - 55) : 5$
mit 7 Fünfen	$55 + 5 \cdot 5 + 5 \cdot 5 - 5$
mit 4 Neunen	$99 + 9 : 9$

Eine Aufgabe, auch für die Arbeit mit dem Partner oder in der Kleingruppe, wäre, nachdem man ein oder zwei Beispiele gemeinsam erarbeitet hat:
- Wer findet diese oder andere Möglichkeiten?

Man kann die 100 auch als Summe nur aus den Ziffern 1 bis 9 bilden, nämlich so: $1 + 2 + 3 + 4 + 5 + 6 + 7 + 8 \cdot 9 = 100$.
Der letzte Summand ist zwar ein Produkt ($8 \cdot 9$), aber die Reihe ist dennoch beeindruckend.

Zum Schluss noch eine besonders schwere Knobelei mit den Ziffern 1 bis 9.
Die Ziffern sollen, ohne dass die Reihenfolge verändert wird, so gruppiert und nur durch Addition und Subtraktion so verbunden werden, dass man wieder das Ergebnis 100 bekommt.

Es gibt diese zehn Lösungen:

$123 + 45 - 67 + 8 - 9 = 100$
$123 + 4 - 5 + 67 - 89 = 100$
$123 - 4 - 5 - 6 - 7 + 8 - 9 = 100$
$123 - 45 - 67 + 89 = 100$
$12 + 3 + 4 + 5 - 6 - 7 + 89 = 100$
$12 + 3 - 4 + 5 + 67 + 8 + 9 = 100$
$12 - 3 - 4 + 5 - 6 + 7 + 89 = 100$
$1 + 2 + 3 - 4 + 5 + 6 + 78 + 9 = 100$
$1 + 2 + 34 - 5 + 67 - 8 + 9 = 100$
$1 + 23 - 4 + 56 + 7 + 8 + 9 = 100$

Zwei oder drei dieser Lösungen werden gemeinsam erarbeitet, dann sollten die Kinder weitere durch Probieren suchen.

Summen aus ungeraden Zahlen   2.–3. Schuljahr

Alle geraden Zahlen können als Summe aus zwei ungeraden Zahlen dargestellt werden.
Hier sind einige Beispiele zu den Zahlen 10 und 20. Dabei wurde die Vertauschung der Summanden (Kommutativität) nicht berücksichtigt.
So lässt sich die 10 mit zwei ungeraden Summanden bilden:

$10 = 1 + 9$ $10 = 3 + 7$ $10 = 5 + 5$

■ Kann man die 10 auch als Summe mit drei ungeraden Summanden schreiben? Warum geht das nicht?

Die Zahl der Summen, die sich ergeben, richtet sich nach der Anzahl der Summanden. Die Anzahl der Summanden muss allerdings immer gerade sein. Wenn man die Summe 10 aus vier ungeraden Zahlen bildet, bekommt man drei Möglichkeiten:

$10 = 1 + 1 + 1 + 7$
$10 = 1 + 1 + 3 + 5$
$10 = 1 + 3 + 3 + 3$

Mit sechs Summanden lassen sich mit der Zahl 10 nur zwei Summen bilden:

$10 = 1 + 1 + 1 + 1 + 1 + 5$
$10 = 1 + 1 + 1 + 1 + 3 + 3$

Die Zahl 20 lässt sich mit zwei ungeraden Zahlen in fünf Formen darstellen:

$20 = 1 + 19$ $\quad$ $20 = 3 + 17$ $\quad$ $20 = 5 + 15$ $\quad$ $20 = 7 + 13$ $\quad$ $20 = 9 + 11$

Wenn man die Zahl 20 als Summe aus vier ungeraden Zahlen bildet, sieht das so aus:

$20 = 1 + 1 + 1 + 17$	$20 = 1 + 3 + 5 + 11$
$20 = 1 + 1 + 3 + 15$	$20 = 3 + 3 + 3 + 11$
$20 = 1 + 1 + 5 + 13$	$20 = 3 + 3 + 5 + 9$
$20 = 1 + 1 + 7 + 11$	$20 = 3 + 3 + 7 + 7$
$20 = 1 + 1 + 9 + 9$	

Als Summe aus acht ungeraden Zahlen kann man die 20 auf elf verschiedene Weisen darstellen:

$20 = 1 + 1 + 1 + 1 + 1 + 1 + 1 + 13$
$20 = 1 + 1 + 1 + 1 + 1 + 1 + 3 + 11$
$20 = 1 + 1 + 1 + 1 + 1 + 1 + 5 + 9$
$20 = 1 + 1 + 1 + 1 + 1 + 3 + 3 + 9$
$20 = 1 + 1 + 1 + 1 + 1 + 1 + 7 + 7$
$20 = 1 + 1 + 1 + 1 + 1 + 3 + 5 + 7$
$20 = 1 + 1 + 1 + 1 + 3 + 3 + 3 + 7$
$20 = 1 + 1 + 1 + 1 + 1 + 5 + 5 + 5$
$20 = 1 + 1 + 1 + 1 + 3 + 3 + 5 + 5$
$20 = 1 + 1 + 1 + 3 + 3 + 3 + 3 + 5$
$20 = 1 + 1 + 3 + 3 + 3 + 3 + 3 + 3$

Und so kann damit gearbeitet werden: Zunächst werden zwei oder drei Beispiele gemeinsam erarbeitet. Dann sollen die Kinder die übrigen Summen selbstständig (einzeln oder in Kleingruppenarbeit) suchen.
Die Kinder können zu einer anderen geraden Zahl Summen mit einer vorgegebenen Anzahl von ungeraden Summanden bilden. Die Zahlen sollten nur in Ausnahmefällen größer als 20 sein, da dann die Anzahl der Möglichkeiten schnell wächst.

Addieren im Schnellverfahren   4. Schuljahr

Aus der Schulzeit des Mathematikers CARL FRIEDRICH GAUß (1777–1855) wird diese Anekdote erzählt:

Info

Mit neun Jahren wurde Carl Friedrich Gauß zum Rechenunterricht in seiner Dorfschule zugelassen. Als sein Lehrer einmal seine Ruhe haben wollte, gab er der Klasse die Aufgabe, die Zahlen von 1 bis 100 zusammenzuzählen. Wer als erster fertig war, sollte seine Schiefertafel auf den Tisch legen. Kaum hatte der Lehrer die Aufgabe gestellt, da knallte Carl Friedrich schon seine Tafel auf den Tisch. Während sich alle anderen abmühten, saß er mit verschränkten Armen da. Als der Lehrer am Schluss die Ergebnisse überprüfte, stand auf der Tafel des kleinen Gauß nur die Zahl 5050. Und das war richtig!

Der Trick, mit dem C. F. GAUß die Lösung so schnell gefunden hat, ist ganz einfach.

Er geht so: Wenn man die Zahlenreihe 1 bis 100 nach 50 teilt und die Zahlen von 51 bis 100 in umgekehrter Reihenfolge darunter schreibt, erhält man 50-mal die Summe 101:

1	2	3	4	...	47	48	49	50
100	99	98	97	...	54	53	52	51
101	101	101	101	...	101	101	101	101

Diese 50 Zahlenpaare lassen sich auch gut an einer Hundertertafel zeigen. Da nur nach der Summe für die Zahlenreihe gefragt war, muss man bloß $50 \cdot 101 = 5050$ rechnen. Auf diese Weise können die Kinder auch die Summe kleinerer Zahlenreihen ausrechnen:

1	2	3	4	...	8	9	10
20	19	18	17	...	13	12	11
21	21	21	21	...	21	21	21

$10 \cdot 21 = 210$

Hier noch einige Beispiele:

$$1 - 30 \quad \longrightarrow \quad 15 \cdot 31 = 465$$
$$1 - 50 \quad \longrightarrow \quad 25 \cdot 51 = 1275$$
$$1 - 80 \quad \longrightarrow \quad 40 \cdot 81 = 3240$$

Aber auch:

$$16 - 35 \longrightarrow 10 \cdot 51 = 510$$
$$7 - 46 \longrightarrow 20 \cdot 53 = 1060$$

Quersummen   2.–4. Schuljahr

Info

Die **Quersumme** einer Zahl ist die Summe aller Ziffern dieser Zahl. Die Quersumme von 2438 heißt 17. Auch von dieser Zahl kann man noch einmal die Quersumme bilden: Die Quersumme von 17 heißt 8. Die einstellige Quersumme von 2438 heißt also 8.

In der Regel wird die Quersumme so lange gebildet, bis man ein einstelliges Ergebnis erhält. Bei der Einführung der Quersumme sollte man darauf aber zunächst verzichten. Erst wenn die Kinder das Verfahren kennen, wird weiter bis zur Einstelligkeit gerechnet. Zum Aufschreiben kann man einen Pfeil oder die Tabellenform benutzen:

$$973 \longrightarrow Q: 19 \longrightarrow Q: 10 \longrightarrow Q: 1$$

Zahl	Quersummen	
25037	17	8
...		

Die Quersumme gibt auch an, welcher Rest bleibt, wenn man eine Zahl durch 9 dividiert:

$$20\,000 : 9 = 2222 \text{ Rest } \mathbf{2}$$
$$5\,000 : 9 = 555 \text{ Rest } \mathbf{5}$$
$$0 : 9 = 0 \text{ Rest } \mathbf{0}$$
$$30 : 9 = 3 \text{ Rest } \mathbf{3}$$
$$7 : 9 = 0 \text{ Rest } \mathbf{7}$$

Die einstellige Quersumme einer Zahl kann man leicht finden, indem man zunächst alle 9 und Neuner-Summen, die ja beim Dividieren durch 9 keinen Rest ergeben, einfach wegstreicht und dann die übrigen Ziffern addiert.

$$25\,037 \longrightarrow 5 + 0 + 3 = 8, \text{ also Quersumme 8.}$$

Noch ein Beispiel:

$$178\,799 \longrightarrow 7 + 7 = 14 \longrightarrow Q: 5$$

Mit Quersummen kann man leicht eine schriftliche Mal-Aufgabe überprüfen.

Das Produkt der Quersummen der beiden Faktoren entspricht dabei der Quersumme des Ergebnisses der Mal-Aufgabe:

Mal-Aufgabe: $176 \cdot 37 = 6512$ Quersumme: $5 \cdot 1 = 5$

oder

Mal-Aufgabe: $2734 \cdot 43 = 117\,562$ Quersumme: $7 \cdot 7 = 49 \longrightarrow 4$

Diese Probe ist allerdings nicht ganz sicher. Ein falsches Produkt kann ja zufällig die gleiche Quersumme wie das richtige Produkt haben.
Wenn man also ganz sicher gehen will, muss man eine andere Möglichkeit der Kontrolle, etwa durch die Umkehraufgabe, suchen.

Buchstaben und Zahlen   3.–4. Schuljahr

Zahlen als Ziffern dargestellt und mit Buchstaben geschrieben scheinen eine geheimnisvolle Verbindung miteinander zu haben.

Die Zahl 186 wird mit 22 Buchstaben geschrieben:

HUNDERTSECHSUNDACHTZIG (22)
Die Zahl 22 wird mit 14 Buchstaben geschrieben: ZWEIUNDZWANZIG (14)
Die Zahl 14 wird mit 8 Buchstaben geschrieben: VIERZEHN (8)
Die Zahl 8 schreibt man mit 4 Buchstaben: ACHT (4)
Und die Zahl 4 ebenfalls mit 4 Buchstaben: VIER (4).

Wenn man so mit jeder beliebigen Zahl verfährt, endet man immer bei VIER (4). Natürlich müssen die Zahlen richtig geschrieben werden und „fünf" besser mit „ü" als mit „ue". Lassen Sie das die Kinder mit von ihnen gewählten Zahlen ausprobieren.
Fortgeschrittene können das auch mit englischen, französischen oder italienischen Zahlen probieren. Im Englischen landet man immer wie im Deutschen bei **four (4)**, im Italienischen bei **tre (3)**. Die französischen Zahlen enden, wenn man das Verfahren auf sie anwendet, in einer Schleife. Die letzten Zahlen pendeln zwischen 3, 5, 4, 6 und 3.

Mit Würfeln rechnen   2.–3. Schuljahr

Mit den Augen von Spielwürfeln kann man gut rechnen:
- ■ Wie viele Augen haben zwei gegenüberliegende Flächen zusammen? (7)
- ■ Wie viele Flächenpaare zu 7 Punkten gibt es auf einem Würfel? (3)
- ■ Wie viele Augen sind auf einem Würfel insgesamt? (21)

Mit 2, 3, 4 und mehr Würfeln kann man die Einmaleinsreihe mit der 7 üben und festigen.

Mit Hilfe des Materials können weitere Übungen durchgeführt werden. Ähnliche Fragen kann man zu anderen Würfelanordnungen stellen.

Auch **Dominosteine** eignen sich in verschiedenen Anordnungen zu arithmetischen Experimenten.

- Die Dominosteine werden nebeneinander oder hintereinander gelegt. Wer erreicht die Summe 30 (50, 100) mit den wenigsten, mit den meisten Steinen?
- Vier Dominosteine werden wie folgt zu einem Quadrat gelegt.

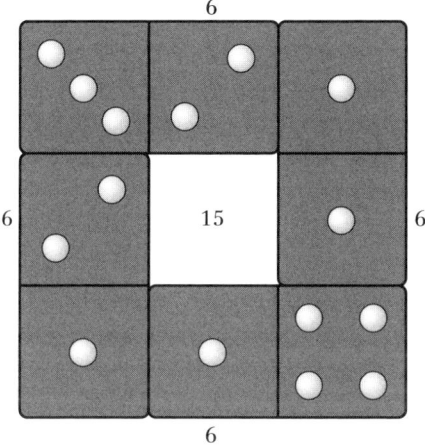

Die Summe der Augen auf jeder Quadratseite muss gleich sein. Die Summe wird an alle vier Seiten geschrieben. In das Fenster hinein kommt die Summe aller Augen der verwendeten Dominosteine. Wer findet noch andere Lösungen?

- 4 (5, 6 ...) Dominosteine werden nach ihrem Wert (Summe der Augenzahlen) geordnet.
- **Partnerspiel:** Alle Dominosteine liegen verdeckt auf dem Tisch. Ein Kind deckt zwei Dominosteine auf. Das andere Kind nimmt einen verdeckten Stein auf und ordnet ihn seinem Wert entsprechend ein (davor, dazwischen, dahinter).
- **Partnerspiel:** Alle Dominosteine liegen verdeckt auf dem Tisch. Jeder der beiden Partner nimmt einen Stein und deckt ihn auf. Wer den Stein mit dem höheren (niedrigerem) Wert hat, bekommt beide Steine. Gewonnen hat, wer am Schluss die meisten Steine (die meisten Augen) hat.

Material – Mit Würfeln rechnen

■ Wie viele Augen kannst du zusammen sehen?   _____

■ Wie viele Augen insgesamt zeigen die oberen
   Flächen?   _____

■ Wie viele Augen sind insgesamt auf der unteren
   verdeckten Fläche?   _____

■ Wie viele Augen insgesamt zeigen die vorderen
   Flächen?   _____

■ Wie viele Augen insgesamt sind auf den hinteren
   Flächen?   _____

■ Wie viele Augen haben alle Würfel
   zusammen?   _____

■ Wie viele Augen insgesamt zeigen die oberen Flächen?   _____

■ Wie viele Augen insgesamt sind auf den unten
   liegenden Flächen?   _____

■ Wie viele Augen insgesamt sind auf den außen
   liegenden Seitenflächen?   _____

■ Wie viele Augen insgesamt sind auf den innen
   liegenden Seitenflächen?   _____

© Cornelsen Verlag Scriptor, Berlin · Die Grundschul-Fundgrube für Mathematik

Gedankenlesen 3.–4. Schuljahr

Zur Einführung sind einfache Beispiele geeignet: Paul: „Denk dir eine Zahl!"
– Sascha: „Ja, ich habe mir eine Zahl ausgedacht." – Paul: „Addiere 7 dazu
und sag mir dein Ergebnis." – Sascha: „12!" – Paul: „Dann hast du dir die 5
ausgedacht." – Sascha: „Richtig!"
Solche einfachen Rätselaufgaben lassen sich mit allen Grundrechenarten
durchführen. Für leistungsstärkere Kinder ist eine Erschwerung dieser einfachen Zahlenrätsel durch die Kombination zweier Grundrechenarten
denkbar. Sehr viel komplexer sind schon die folgenden Zahlenrätsel.

1. „Denk dir eine Zahl aus", fordert Sara ihre Freundin Lena auf. „Addiere
   nun zu deiner Zahl die 1. Nun musst du das Ergebnis mit 3 malnehmen.
   Hast du? Nun zählst du noch einmal die 1 dazu und abschließend noch deine gedachte Zahl. – Wie heißt jetzt dein Ergebnis?" – „52!", sagt Lena. – Sara denkt kurz nach: „Dann hast du dir die 12 ausgedacht." – „Richtig! Wie
   hast du das gemacht? Kannst du Gedanken lesen?"

   LÖSUNG Vom genannten Ergebnis wird zuerst 4 subtrahiert ($52 - 4 = 48$),
   der Rest wird durch 4 dividiert ($48 : 4 = 12$). Oder allgemein:

   $$(x + 1) \cdot \quad 3 + 1 + x = 52 \qquad 3x + 3 + 1 + x = 52$$
   $$4x + 4 = 52 \qquad 4x = 48 \qquad x = 12$$

2. Denke dir eine Zahl, z. B. 9, aus. Addiere 1 zur gedachten Zahl ($9 + 1 = 10$).
   Multipliziere nun das Ergebnis mit 2 ($10 \cdot 2 = 20$). Subtrahiere nun von dem
   neuen Ergebnis 5. Du erhältst 15.
   Wenn du zu dem gesagten Ergebnis 3 addierst und dann durch 2 dividierst,
   bekommst du die gedachte Zahl ($15 + 3 = 18$; $18 : 2 = 9$).

3. Tanja zu Jan: „Denk dir eine Zahl aus! Addiere 2 zu deiner Zahl. Multipliziere das Ganze mit 4. Nun addiere zum Ergebnis 2 und subtrahiere zum
   Schluss deine gedachte Zahl. Was hast du raus?" – Jan: „70." – Tanja denkt
   eine Weile nach, dann sagt sie: „Du hast dir die 20 gedacht." – „Das
   stimmt", sagt Sascha.

   LÖSUNG Vom Ergebnis werden zunächst 10 subtrahiert, der Rest wird
   durch 3 geteilt ($70 - 10 = 60$; $60 : 3 = 20$).

4. Noch etwas schwieriger: Eine gedachte Zahl (z. B. **11**) wird erst mit 2 multipliziert, dann wird 5 addiert (Beispiel: **11** $\cdot 2 + 5 = 27$). Das Ergebnis wird
   mit 5 multipliziert und dazu 3 addiert ($27 \cdot 5 + 3 = 138$). Nun multipliziert
   man mit 10 und addiert anschließend wieder 3 ($138 \cdot 10 + 3 = 1383$). Davon
   wird nun 150 subtrahiert ($1383 - 150 = 1233$).

LÖSUNG Von den Hundertern wird 1 subtrahiert (12 – 1 = **11**) und man erhält die gedachte Zahl (im Beispiel: **11**).

5. Anna bittet Kati, zwei Würfel übereinander zu legen. Sie dreht sich um und sagt:

„Kati, jetzt musst du die Augen der drei verdeckten Flächen zusammenzählen."
Anna schaut sich die obere Zahl an und sagt: „Die Summe der drei verdeckten Flächen ist 12."

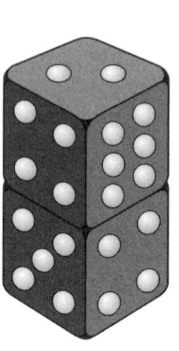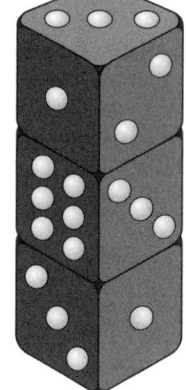

LÖSUNG Die Summe je zwei gegenüberliegender Würfelflächen beträgt immer 7. Bei zwei Würfeln sind das zusammen 14. Davon muss die Augenzahl der sichtbaren oberen Würfelfläche abgezogen werden (14 – 2 = 12), und man erhält 12. Dasselbe kann man auch mit drei Würfeln übereinander machen. Dann muss man die obere Augenzahl von 21 subtrahieren.

Paare und andere Kombinationen   3.–4. Schuljahr

Annika hat zu ihrem Geburtstag vier Freundinnen eingeladen. Alle begrüßen sich und geben sich freundlich die Hand. Wie oft wurden bei der Begrüßung die Hände geschüttelt?
Es handelt sich bei diesem Beispiel um eine Paarbildung aus den Elementen einer Menge (hier die Teilnehmerinnen an der Geburtstagsfeier) mit sich selbst.
Die Tabelle gibt eine Übersicht über alle Möglichkeiten und hilft, die Lösung zu finden:

	Annika	Biggi	Christa	Dörte	Elfi
Annika	AA	AB	AC	AD	AE
Biggi	BA	BB	BC	BD	BE
Christa	CA	CB	CC	CD	CE
Dörte	DA	DB	DC	DD	DE
Elfi	EA	EB	EC	ED	EE

Insgesamt können 25 Begrüßungen stattfinden. Da niemand sich selbst begrüßt, fällt die Diagonalreihe (AA, BB, CC, DD, EE) weg, verbleiben also 20 Begrüßungen. Wenn aber Annika ihre Hand Biggi reicht, dann hat ja zugleich auch Biggi Annika begrüßt. Die Anzahl der Begrüßungen muss also noch einmal halbiert werden: bei der Geburtstagsfeier fanden 10 Begrüßungen statt, allgemein:

Bei n Personen gilt $\dfrac{n^2 - n}{2}$

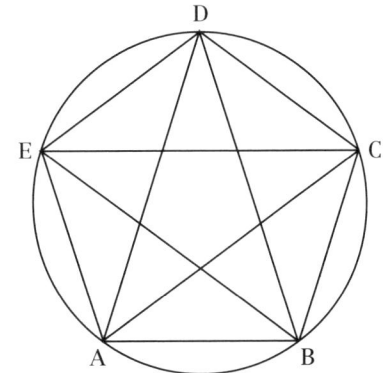

Solche Paarbildungen lassen sich auch in einem Kreis darstellen. Anders als bei der Darstellung in der Tabelle wird jede Verbindung zwischen zwei Objekten oder Personen nur einmal gezählt. Die Anzahl der Verbindungen gibt dann auch unmittelbar die Anzahl der Begrüßungen wieder.

Paarbildungen dieser Art, aber auch Paarbildungen, bei denen alle Paare berücksichtigt werden, lassen sich im Rahmen der eigenen Klasse, für Sportwettkämpfe oder für andere Zwecke herstellen:

- Wie viele Paare können die Kinder der Klasse bilden?
- Wie viele Spiele sind bei 4, 5, 6, ... Mannschaften erforderlich?
- Wie viele Spiele müssen die 18 Fußballclubs der Bundesliga in einer Saison machen?
- Wie viele und welche Augenkombinationen kann man mit zwei Würfeln erzielen?
- Wie viele Domino-Steine gibt es?
- Wie viele Paare kann man aus den Zahlen 1–3, 1–5, 1–10, ... bilden?

Hier ist die Paarbildung ein wenig erweitert: Saskia hat eine Jeans und eine Cordhose. Dazu kann sie einen roten Pullover, ein gelbes T-Shirt und ein blaues Sweatshirt anziehen. Das ergibt 6 mögliche Kombinationen, wie die Tabelle zeigt:

	Roter Pullover	Gelbes T-Shirt	Blaues Sweatshirt
Jeans	Jeans mit rotem Pullover	Jeans mit gelbem T-Shirt	Jeans mit blauem Sweatshirt
Cordhose	Cordhose mit rotem Pullover	Cordhose mit gelbem T-Shirt	Cordhose mit blauem Sweatshirt

Die Paare wurden aus den Elementen zweier verschiedener Mengen – Hosen (2 Elemente) und Oberteile (3 Elemente) – gebildet. Man erhält 2 · 3 = 6 Kombinationen. Das kann auch durch entsprechende Zeichnungen überprüft werden. Weitere Paarbildungen lassen sich z. B. aus diesen Mengen herstellen, die Kinder geben vorher die Anzahl der Paare an:

■ 4 Röcke und 6 T-Shirts,
■ Tanzpaare aus 5 Mädchen und 4 Jungen,
■ Spielpartner für Tennis oder andere Spiele: eine Mannschaft zu 3, die andere zu 5 Spielern,
■ 4 verschiedene Vorspeisen und 5 Hauptgerichte,
■ 6 Hauptgerichte und 3 Nachspeisen.

Auf ähnliche Weise lassen sich 3, 4 oder sogar 5 Gegenstände miteinander kombinieren.

■ Wie viele Bekleidungsmöglichkeiten ergeben sich daraus:
  – 1 Strohhut, 1 roter Hut
  – 1 gelber, 1 roter, 1 gestreifter Pulli
  – 1 Wollhose, 1 Jeans, 1 Rock
  – 1 Paar Sandalen, 1 Paar Sportschuhe?

Es sind, wenn man von der farblichen Abstimmung der einzelnen Teile absieht und auf das Aussehen keinen Wert legt, insgesamt 2 · 3 · 3 · 2 = 36 Möglichkeiten, sich zu bekleiden. Oder:

Ein Restaurant bietet auf seiner Speisekarte 4 verschiedene Vorspeisen, 6 Hauptgerichte und 2 Desserts an. Wie viele verschiedene Menüs lassen sich zusammenstellen?

LÖSUNG Es sind 4 · 6 · 2 = 48 Menüs, die sich zum Teil aber nur ganz geringfügig unterscheiden.
Um solche Kombinationen darzustellen, reicht die einfache Tabelle wie oben nicht mehr aus. Hier helfen dann **Baumdiagramme**.

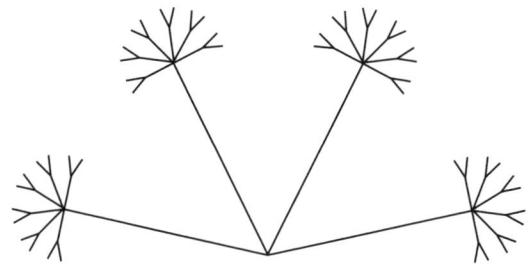

Zum Verwechseln (Permutationen)   3.–4. Schuljahr

Bei der Fahrt in den Urlaub sitzen die drei Geschwister Anna, Neele und Paul im Auto hinten. Anna, die Jüngste, sagt: „Ich muss immer in der Mitte sitzen. Ich möchte auch mal ans Fenster." Da sagt Paul: „Wir wechseln uns ab. Immer, wenn wir eine Pause machen, setzen wir uns auf einen anderen Platz." Wie oft müssen die Eltern die Fahrt unterbrechen?

LÖSUNG Die drei Kinder können auf 6 verschiedene Weisen sitzen. Das sind die entsprechenden Anordnungen:

Anna, Neele, Paul	Anna, Paul, Neele	Paul, Anna, Neele
Paul, Neele, Anna	Neele, Anna, Paul	Neele, Paul, Anna

Das ist gerecht: Jedes Kind sitzt zweimal in der Mitte und viermal am Fenster. Bei der Abfahrt sitzt Neele in der Mitte. Dann müssen die Eltern noch fünfmal Pause machen.

Solche Vertauschungen von Elementen einer Menge nennt man Permutationen.

Info

Wenn man die Reihenfolge einer geordneten Anzahl von Elementen einer Menge immer wieder verändert, spricht man von **Permutationen**.

Dabei ist vor allem die Anzahl aller Veränderungen interessant. Sie lässt sich nämlich errechnen, im obigen Beispiel so: $1 \cdot 2 \cdot 3 = 6$.
Durch die Permutation von Ziffern kann man Zahlen bilden. Aus den Ziffern 2, 5 und 7 lassen sich diese Zahlen aufschreiben:

257   275   527   572   725   752

■ Ordne sie nach der Größe.
■ Wie heißt die kleinste Zahl, wie heißt die größte Zahl?

Bei vier Ziffern ist die Anzahl größer. Wie viele und welche vierstelligen Zahlen lassen sich aus den Ziffern 1, 3, 5 und 7 bilden? Die Übersicht zeigt alle Möglichkeiten, die die Kinder ausprobieren können:

1357	3157	5137	7135
1375	3175	5173	7153
1537	3517	5317	7315
1573	3571	5371	7351
1735	3715	5713	7513
1753	3751	5731	7531

Es gibt also 24 Möglichkeiten (Permutationen), die Ziffern 1, 3, 5 und 7 verschieden anzuordnen.

■ Kann man die Anzahl der Permutationen auch errechnen, etwa nach dem Muster oben?

LÖSUNG Ja, das geht, nämlich: $1 \cdot 2 \cdot 3 \cdot 4 = 24$

■ Geht das immer so weiter, also bei 5 Elementen sind es $1 \cdot 2 \cdot 3 \cdot 4 \cdot 5 = 120$ Möglichkeiten usw.?

LÖSUNG Ja.

Info

Die Anzahl der Permutationen von n Gliedern (n = 1, 2, 3, ... n) errechnet sich genau so: $1 \cdot 2 \cdot 3 \cdot 4 \cdot ... \cdot (n{-}2) \cdot (n{-}1) \cdot n$, oder kürzer: n! (sprich: n Fakultät).

■ Ordne die entstandenen Zahlen nach der Größe.

■ Wie heißt in dem obigen Beispiel die kleinste, die größte Zahl?

■ Wie groß ist der Unterschied zwischen der kleinsten und der größten Zahl?

■ Wie heißt die größte Zahl, die man aus den ersten ungeraden Ziffern 1, 3, 5, 7 (aus den ersten geraden Ziffern 2, 4, 6, 8) bilden kann? Wie heißt die kleinste Zahl?

Udo Quak

2 Denken – Knobeln – Raten

Zum Rechnen und Raten

1. Rikas Eltern sind zusammen 68 Jahre alt. Rikas Vater ist 8 Jahre älter als ihre Mutter. Wie alt ist Rikas Mutter?
Wie alt ist Rikas Vater?

   LÖSUNG 68 – 8 = 60   60 : 2 = 30
   Rikas Mutter ist 30 Jahre alt.
   Rikas Vater ist 38 Jahre alt.

2. Lena und Boris knacken Walnüsse. Lena sagt: „Wenn du mir 3 von deinen Nüssen gibst, dann habe ich genauso viele Nüsse wie du." – „Nein", sagt Boris, „gib du mir lieber 3 Nüsse, dann habe ich doppelt so viele wie du."
Wie viele Walnüsse hat jeder?

   LÖSUNG Aus Lenas Aussage folgt: Sie hat 6 Walnüsse weniger als Boris. Aus Boris' Aussage folgt: Wenn er von Lena noch 3 Nüsse bekommt, dann beträgt der Unterschied zwischen beiden 12 Nüsse. Diese 12 Nüsse entsprechen dann der um 3 Nüsse verminderten Anzahl von Lena. Lena hat also 15 Walnüsse und Boris hat 21 Walnüsse.

3. Sara hat vier verschiedene Pullis, außerdem eine braune, eine blaue und eine schwarze Hose sowie zwei paar Schuhe. Sie sagt zu ihrer Freundin: „Ab morgen komme ich vier Wochen lang jeden Tag in einer anderen Kleiderzusammenstellung in die Schule." Geht das?

   LÖSUNG Es geht. 4 Pullis, 3 Hosen und 2 Paar Schuhe ergeben insgesamt 4 · 3 · 2 = 24 Kombinationen. Wenn man pro Woche von 5 Schultagen ausgeht, reicht das für 4 Wochen aus.

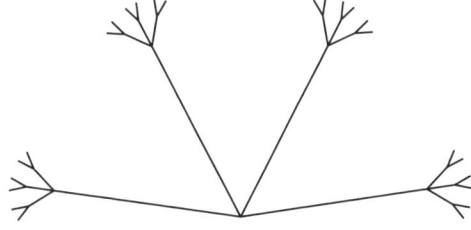

4. Im Pferdestall von Bauer Rossmann sind Pferde und Fliegen, insgesamt 33 Tiere. Die 33 Tiere haben zusammen 194 Beine. Wie viele Pferde, wie viele Fliegen sind in Bauer Rossmanns Stall?

LÖSUNG Pferde haben 4 Beine, Fliegen haben 6 Beine. Alle 33 Tiere bekommen zunächst 4 Beine (4 · 33 = 132). Je zwei der restlichen 62 Beine gehören zu den Fliegen (31 Paare). Damit sind 31 Fliegen und 2 Pferde in Rossmanns Stall.

5. Der kleine Sascha und sein Vater sind zusammen 40 Jahre alt. Sascha und seine Mutter sind zusammen 36 Jahre alt. Vater und Mutter sind zusammen 68 Jahre alt. Wie alt sind Sascha, seine Mutter und sein Vater?

LÖSUNG Der Altersunterschied zwischen Vater und Mutter ergibt sich aus 40 – 36 = 4. Zieht man von der Alterssumme 68 diese 4 Jahre ab, erhält man das doppelte Alter der Mutter (64 Jahre). Mutter ist also 32, Vater 36 und Sascha 4 Jahre alt.

6. Bauarbeiter Huber hebt eine Grube aus. Sie ist 1 m lang, 1 m breit und 1m tief. Er braucht dafür 1 Tag. Wie viele Tage muss er arbeiten, wenn die Grube 3 m lang, 3 m breit und 3 m tief werden soll?

LÖSUNG Die erste Grube hat einen Rauminhalt von 1 Kubikmeter (1 m · 1 m · 1 m = 1 m³). Die zweite Grube hat einen Rauminhalt von 27 Kubikmetern (3 m · 3 m · 3 m = 27 m³). Herr Huber muss also an dieser Grube 27 Tage arbeiten.

7. Wie groß ist die Seite eines Quadrats, dessen Umfang genau so viele Zentimeter beträgt wie die Fläche Quadratzentimeter hat?

LÖSUNG Die Gleichung $4\,a = a^2$ wird durch a = 0 und durch a = 4 erfüllt. Die Kinder finden die Lösung durch Probieren.

8. Tom denkt sich eine Zahl. Ob er 20 zu dieser Zahl addiert oder die gedachte Zahl mit 6 multipliziert: Er erhält jedes Mal das gleiche Ergebnis.

LÖSUNG Durch Probieren stellt man fest, dass die gedachte Zahl 4 ist.

9. Auf einem Bauernhof werden Tauben und Kaninchen gehalten. Zusammen zählt der Bauer 35 Köpfe und 94 Füße. Wie viele Tauben und wie viele Kaninchen hat er?

LÖSUNG Den 35 Köpfen werden zunächst je Kopf 2 Füße (= 70 Füße) zugeordnet. Es bleiben 24 Füße übrig. Sie gehören zu 12 Kaninchen. Der Bauer hat also 12 Kaninchen und 23 Tauben.

10. Die 30 m lange Grenze eines Grundstücks soll mit Birken bepflanzt werden. Die Birken sollen in einem Abstand von 1 m stehen. Wie viele junge Birken müssen besorgt werden?

LÖSUNG Die zeichnerische Darstellung ergibt 31 Birken.

11. In einer Obstschüssel liegen 9 Äpfel. Acht Äpfel davon sind gleich schwer, ein Apfel ist etwas schwerer. Wie kann man mit einer Balkenwaage ohne Gewichtssteine mit zweimal Wiegen den schwereren Apfel finden?

LÖSUNG Man verteilt die 9 Äpfel in 3 Gruppen zu je 3 Äpfel. Dann vergleicht man zunächst je 3 Äpfel miteinander und dann je einen Apfel.

Die folgenden Aufgaben muss man nicht ganz ernst nehmen:

12. Ein Gruppe Radfahrer macht einen Ausflug. Einer fährt vor zweien, einer fährt zwischen zweien und einer fährt hinter zweien. Wie viele Radfahrer gehören zu der Gruppe?

LÖSUNG 3 Radfahrer

13. Geht das? 5 Personen sollen sich 5 Eier so teilen, dass jeder 1 Ei bekommt und dennoch 1 Ei in der Schüssel bleibt.

LÖSUNG 4 Personen bekommen je 1 Ei, die fünfte Person bekommt die Schüssel mit dem Ei.

14. Was ist richtig: 77 + 89 ist 156 oder 77 + 89 ist gleich 156 oder 77 + 89 macht 156?

LÖSUNG Alles ist falsch, denn 77 + 89 = 166.

15. Der Flug von Hamburg nach Mailand dauert 108 Minuten. Das gleiche Flugzeug braucht von Mailand nach Hamburg 1 Stunde und 48 Minuten. Wie kommt das?

LÖSUNG 108 min = 1 h 48 min

16. Heuernte. Der Bauer fährt 7 Heuhaufen und 4 Heuhaufen zusammen. Wie viele Haufen ergibt das insgesamt?

LÖSUNG Natürlich einen großen Heuhaufen.

17. Wenn 1 Ei 4 Minuten kocht, bis es wachsweich ist, wie lange kochen dann 7 Eier?

LÖSUNG Im gleichen Topf mit gleichem Ziel auch nur 4 Minuten.

18. Zu einer Familie gehören 4 Töchter. Jedes Mädchen hat einen Bruder. Wie viele Kinder gehören zu dieser Familie?

    LÖSUNG 5 Kinder

19. Welche Zahl wird nicht mit Ziffern geschrieben?

    LÖSUNG Rübezahl (oder Einzahl oder Mehrzahl)

20. Auf einem Dach sitzen 20 Spatzen. Der Jäger schießt einen Spatz vom Dach. Wie viele sitzen noch oben?

    LÖSUNG Alle fliegen weg.

21. 8 Kinder sollen sich 13 Äpfel so teilen, dass jedes gleich viel erhält. Wie geht das?

    LÖSUNG Die 13 Äpfel werden zu Apfelmus gekocht.

22. Was ergibt siebenmal sieben?

    LÖSUNG Das ergibt feinen Sand.

23. Was ist größer, wenn man es auf den Kopf stellt?

    LÖSUNG Die Sechs wird zur Neun.

24. In einem Hühnerstall sind 15 Hühner. In der Nacht stiehlt ein Fuchs außer 8 Hühnern alle anderen. Wie viele Hühner bleiben übrig?

    LÖSUNG 8 Hühner

25. Ein Haus hat 4 Schornsteine, das Haus daneben 3 Schornsteine und das nächste Haus bloß zwei Schornsteine. Was kommt da raus?

    LÖSUNG Rauch

26. Stimmt das: Eine Kuh hat zwölf Beine?

    LÖSUNG Ja, das ist richtig! Zwei vorn, zwei hinten, zwei rechts, zwei links und an jeder Ecke eins.

Udo Quak

3 Geometrie

Ein Stiefkind des Mathematikunterrichts – so möchte man die Geometrie noch immer nennen. Woran liegt das? Sicherlich ist diese Einschätzung der Geometrie darauf zurückzuführen, dass die Arithmetik sowohl in den Lehrplänen als auch in den Unterrichtswerken stark in den Vordergrund gehoben wird. Geometrische Inhalte, ohne inhaltlichen Zusammenhang in die Lehrwerke eingeflochten, erhalten so den Status des Lückenfüllers, der dann hervorgezaubert wird, wenn die „wichtigen" Themen des Zahlenrechnens abgearbeitet sind. Zudem werden geometrische Inhalte mehr wegen ihrer starken Motivationskraft und weniger wegen ihrer mathematischen Bedeutung in den Unterricht aufgenommen. Dies führt oftmals zu purem Aktionismus, was die Ablehnung eher noch verstärkt. So werden wertvolle Chancen vertan, die Geometrie als wichtigen Beitrag zur mathematischen Bildung wahrzunehmen und sie auch in den Dienst der Arithmetik zu stellen.

Und schließlich ist HANS FREUDENTHAL zuzustimmen: „Geometrie ist eine der großen Gelegenheiten, die Wirklichkeit mathematisieren zu lernen. Es ist eine Gelegenheit, Entdeckungen zu machen (...). Gewiß, man kann auch das Zahlenreich erforschen, man kann rechnend denken lernen, aber Entdeckungen, die man mit Augen und Händen macht, sind überzeugender und überraschender. Die Figuren im Raum sind, bis man sie entbehren kann, ein unersetzliches Hilfsmittel, die Forschung und Erfindung zu leiten."

3.1 Würfelgeometrie

Unbeschriftete Holzwürfel bieten eine schier unerschöpfliche Zahl von Möglichkeiten des Einsatzes im Geometrieunterricht. Einzeln oder zu Mehrlingen verleimt, beschriftet oder angemalt u. a. können sie je nach Thema vielfältig eingesetzt werden. Gibt man Kindern eine Menge Holzwürfel in die Hand, so beginnen sie spontan zu bauen und zu konstruieren. Vom ersten Schultag an in der Mathe-Ecke aufgehoben, bieten sie den Kindern – ohne jegliches didaktisch-methodisches „Drumherum" – zu jeder Zeit die Möglichkeit, ihr Alltagswissen vom Bauen und Konstruieren anzuwenden. Mit Holzwürfeln werden Kinder kreativ, im gemeinsamen Tun setzen sie sich mit ihren Konstrukten argumentativ auseinander. Beim Bauen können sich die

Feinmotorik, die Raumorientierung und nicht zuletzt der für die Arithmetik so wichtige Mengenbegriff entwickeln und verfeinern. Diese Lust am Bauen und Konstruieren kann leicht für ein strukturiertes, sachbezogenes Geometrietreiben aufgegriffen und weitergeführt werden. Das sollen u. a. die folgenden Beispiele zeigen.

Würfel mit farbigen Flächen   2.–3. Schuljahr

Man braucht 27 Holzwürfel, die zu größeren 3 x 3 x 3-Würfeln zusammengesetzt werden können. Anschließend werden die nach außen sichtbaren Flächen eingefärbt (z. B. rot). Hieraus ergibt sich: 8 Würfel erhalten drei aneinander grenzende farbige Flächen, 12 Würfel erhalten zwei aneinander grenzende farbige Flächen, 6 Würfel erhalten eine und 1 Würfel keine farbige Fläche. Die Kinder können spontan unterschiedlich gemusterte Würfel bauen. Es können auch solche Bauvorschriften gegeben werden:

■ Baue einen Würfel, der rundherum rot ist.
■ Baue einen Würfel, der rundherum nicht rot ist.
■ Baue einen Würfel mit Schachbrettmuster.
■ Baue einen Würfel, der die Augen eines Spielwürfels zeigt.
■ Baue einen Würfel mit einem Muster, das dir gefällt!
   Zeichne ihn auf kariertes Papier.

Würfelvierlinge   2.–3. Schuljahr

Man benötigt 32 Würfel. Immer 4 Würfel werden so miteinander verleimt, dass sich folgende Figuren ergeben:

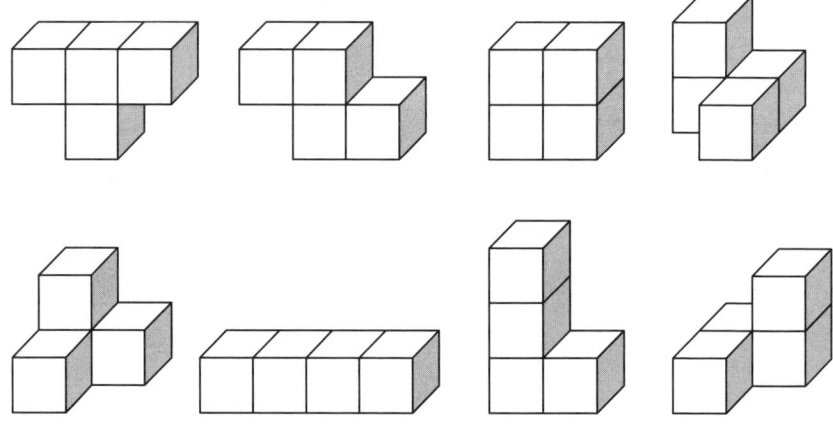

Das könnten passende Arbeitsaufträge sein (vgl. KÄPNICK/FUCHS 2004, S. 119 ff.):

▪ Lege Muster und zeichne sie auf Karopapier ab.

▪ Lege ein Quadrat (dieses wird vorgegeben) mit Vierlingen aus. Notiere, welche Vierlinge du benutzt.

▪ Baue einen 2 x 2 x 2-Würfel aus Vierlingen. Notiere, welche Vierlinge du benutzt.

▪ Aus wie vielen kleinen Würfeln besteht ein 2 x 2 x 2-Würfel?

▪ Suche verschiedene Möglichkeiten, einen 4 x 4 x 4-Würfel zu bauen. Entdeckst du den Trick? Hier empfiehlt es sich, kariertes Papier zur Verfügung zu stellen. Die Kinder können in 4 x 4-Felder Muster zeichnen, entsprechend ihrer gefundenen Würfel und so einen Hinweis für den „Trick" finden.

▪ Versuche aus folgenden Würfelfiguren einen 3 x 3 x 3-Würfel zusammenzusetzen:

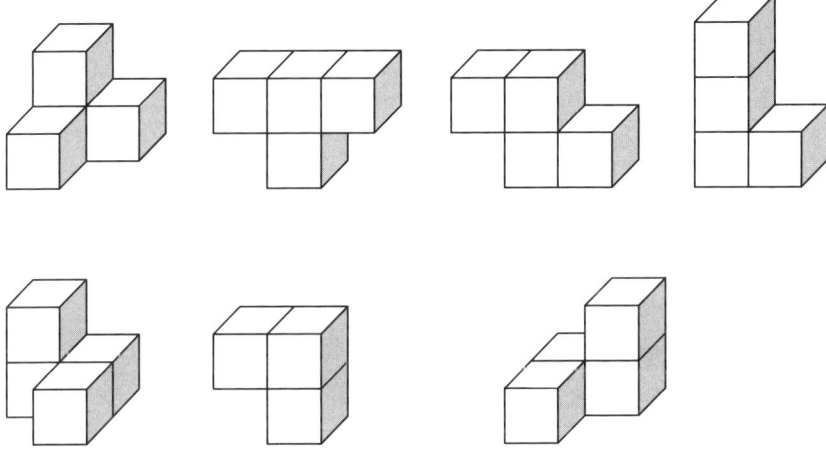

Der Somawürfel   2.–4. Schuljahr

RICKMEYER (1996, S. 4 ff.) schlägt vor, die Teile des Somawürfels zur besseren Verständigung einzufärben. Dieses Vorgehen ist dann außerordentlich vorteilhaft, wenn Kinder selbst Bauwerke aus den Teilen des Somawürfels herstellen und diese von anderen Kindern nachgebaut werden sollen. Die Einzelteile des Somawürfels bestehen aus 6 Würfelvierlingen und einem Würfeldrilling:

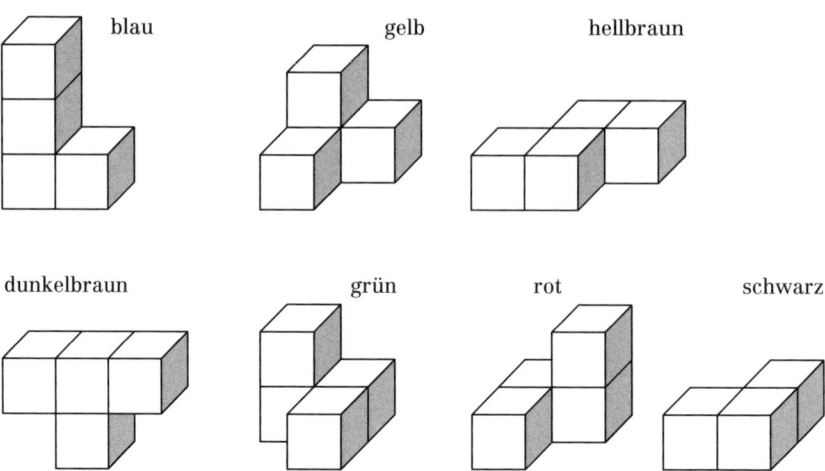

blau   gelb   hellbraun

dunkelbraun   grün   rot   schwarz

Eine Somakartei kann im Rahmen einer Geometriewerkstatt gut eingesetzt werden. Sie kann die Kinder dazu anregen, weitere Karteikarten herzustellen, die von anderen Kindern bearbeitet werden können. Beispiele dazu finden sich ebenfalls bei RICKMEYER (ebd.) und als Material auf den folgenden beiden Seiten.

Mit fortschreitenden Zeichenfähigkeiten, können von den Kindern außerdem Bauanleitungen erstellt werden, die dann auch die unterschiedlichen Seitenansichten mitberücksichtigen. Hierbei ist wichtig, dass die Kinder wissen, dass es sich um eindimensionale Zeichnungen handelt.

Beispiel: Das Sofa

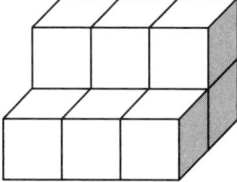   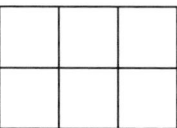   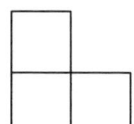

Bauplan für das Sofa von vorne, von hinten und von der Seite:

2	2	2
1	1	1

1	1	1
2	2	2

3	
3	3

Material – Der Somawürfel 1

Die Gasse

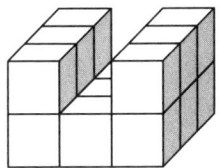

Du brauchst den gelben,
den grünen, den roten
und den schwarzen Stein.

Die Burg

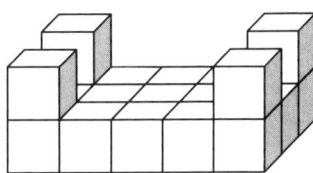

Du brauchst den gelben,
den grünen, den roten,
den schwarzen und den
blauen Stein.

Das Bett

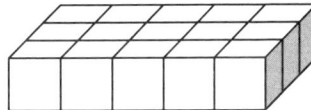

Du brauchst den blauen,
den schwarzen und den
dunkelbraunen Stein.

Die Giraffe

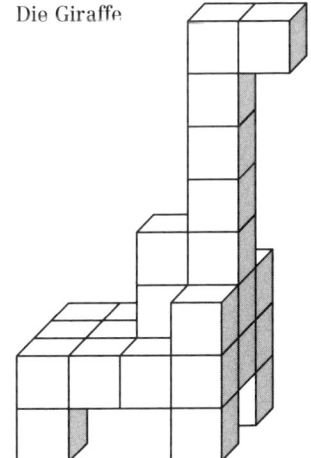

Du brauchst alle Somawürfel-
teile!

Material – Der Somawürfel 2

Der Dampfer

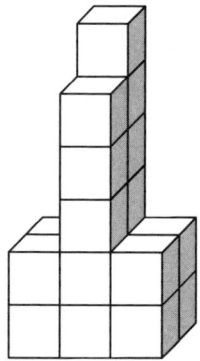

Du brauchst den dunkelbraunen,
den hellbraunen, den schwarzen,
den gelben und den grünen Stein.

Die Mauer

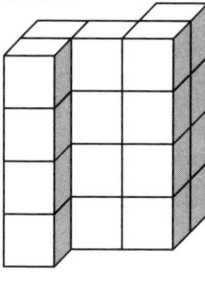

Du brauchst den blauen, den
hellbraunen, den
dunkelbraunen, den grünen und
den gelben Stein.

Ein Sessel

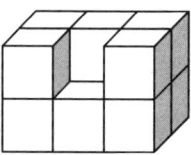

Du brauchst den schwarzen, den
gelben und den dunkelbraunen
Stein. Findest du noch eine
andere Lösung?

Zwei Sessel

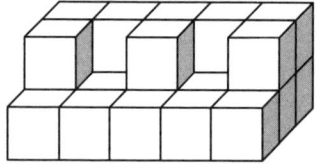

Du brauchst den schwarzen, den
blauen, den hellbraunen, den
grünen, den dunkelbraunen und
den roten Stein.

Material – Der Somawürfel 3

Das Fenster

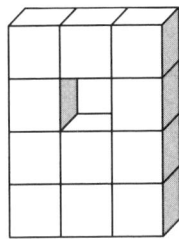

Du brauchst den schwarzen, den blauen und den dunkelbraunen Stein. Findest du noch eine andere Lösung?

Der Flieger

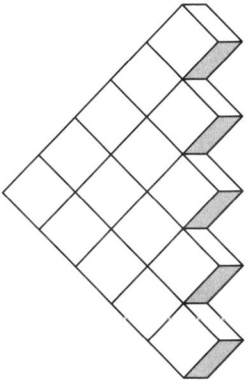

Du brauchst den schwarzen, den blauen, den hellbraunen und den dunkelbraunen Stein.

Der Würfel

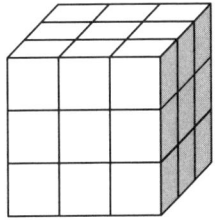

Du brauchst alle Steine. Findest du verschiedene Möglichkeiten?

© Cornelsen Verlag Scriptor, Berlin · Die Grundschul-Fundgrube für Mathematik

3.2 Kopfgeometrie

„Will der Lehrer die geometrischen Vorstellungskräfte des Kindes entwickeln, so muss er sich entschließen, an geeigneten Stellen „Kopfgeometrie" zu treiben. Diese Geometrie ist ebenso wichtig wie das Kopfrechnen" (FRANKE 2000, S. 43).

Mit Kopfgeometrie sind alle im Kopf zu lösenden Aufgaben aus der Geometrie gemeint. Sie sollen das visuelle und räumliche Vorstellungsvermögen schulen und weiterentwickeln. So wichtig das Kopfrechnen für die Automatisierung und Schnelligkeit bei der Lösung arithmetischer Aufgaben ist, so wichtig ist die Kopfgeometrie für eben diese Schnelligkeit und Sicherheit bei der Entwicklung und Förderung der Raumvorstellung. Die Kinder müssen sich Gegenstände – geometrische und andere – im Kopf vorstellen und mit Handlungen verknüpfen. Das ist für viele gar nicht so einfach. Deshalb ist es vor allem in der Grundschule ratsam, solche Übungen auch mit Material zu verknüpfen.

Das hilft insbesondere, wenn die Lösung eines kopfgeometrischen Problems dargestellt werden soll. Die Lösung der Aufgabe selbst sollte allerdings im Kopf stattfinden.

Nach Senfleben ergibt sich folgende Systematisierung für kopfgeometrische Aufgaben (RADATZ u. a. 1996, S. 115):

1. Reine Kopfgeometrie mit versprachlichter Aufgabenstellung ohne Veranschaulichungen
2. Kopfgeometrie mit konkreten Hilfsmitteln, die das Problem veranschaulichen
3. Kopfgeometrie mit Materialien, an denen die Kinder ihre Lösungen entwickeln können
4. Kopfgeometrie mit konkreten Veranschaulichungen in der Problem- und Lösungsphase

Kopfgeometrische Aufgaben sollten wichtiger Bestandteil des Geometrieunterrichts sein. Sie regen zu Entdeckungen an, schulen die Ausdrucksfähigkeit der Kinder und erweitern bzw. entwickeln ihren Wortschatz auch in der Fachsprache. Sie lernen dabei, geometrische Körper, ebene Figuren und Lagebeziehungen zu beschreiben.

Das soziale Lernen wird gefördert, da viele Aufgaben zu Diskussionen mit dem Partner anregen, die auch gewollt und gefördert werden. Und nicht zuletzt machen gute kopfgeometrische Aufgaben Kindern Freude, die sich dann leicht auf das gesamte Fach Mathematik übertragen lässt. Im Folgenden dazu einige Beispiele (ebd.).

Der Weg durchs Schulgebäude   1.–2. Schuljahr

Die Kinder schließen die Augen. Man fordert sie auf, in Gedanken die Klasse zu verlassen und nach einer Beschreibung, die man ihnen gibt, einen Weg durch das Schulgebäude zu gehen. Anschließend sollen die Kinder folgende Fragen beantworten, die man entsprechend anpassen muss:

▪ Wo kommst du aus?

▪ Wo wärst du hingekommen, wenn du, an einer Weggabelung nicht rechts, sondern links gegangen wärst?

▪ An wie vielen Türen kommst du vorbei? Weißt du, welche Klassen sich dort befinden? Wie viele Stufen hatte die Treppe die du hinauf- bzw. hinunter-gegangen bist? Usw.

Anschließend kann dieser Weg mit der gesamten Klasse – diesmal mit offenen Augen – nachgegangen werden. Dabei kann erörtert werden, was hilfreich bzw. was hinderlich oder schwierig war, den Weg auch im Kopf gehen zu können. Im Vorfeld solcher Übungen kann es angebracht sein, mit den Kindern Wege durch das Schulgebäude zu durchlaufen. Ein Schüler gibt die Kommandos, die anderen folgen: „Wir gehen durch die Klassentür, dann nach rechts, die Treppe rauf und geradeaus. Wo kommen wir an?"

Im Klassenraum   1.–3. Schuljahr

▪ Wer sitzt rechts von „X" und links von „Y"?

▪ Wer sitzt vor „A", aber hinter „B"?

▪ Ich sehe etwas, das ist rot und steht links neben dem Waschbecken. Was ist das?

▪ Rechts neben der Uhr, auf dem Regal und unter dem Kalender ist etwas Blaues. Was ist das?

Schaffen die Kinder es, diese Rätsel ohne nachzusehen zu lösen?

Die Kinder schließen die Augen. Man positioniert sich im Klassenraum und erzeugt ein Geräusch, z. B. mit einer Rassel, einem Glockenspiel oder einer Handtrommel. Wo hast du das Geräusch gehört?
Je nach Sitzordnung der Kinder können verschiedene Antworten richtig sein. Dies kann dann im Klassenverband diskutiert werden.

Materialgestützte Kopfgeometrie   3.–4. Schuljahr

Man benötigt fünf Alltagsgegenstände, einen Fühlbeutel mit geometrischen Körpern, Streichholzschachteln, Holzwürfel.

▪ Fünf Gegenstände liegen in der Mitte des Stuhlkreises in einer bestimmten Reihenfolge. Nachdem die Kinder sie sich eingeprägt haben und dann die Augen geschlossen haben, werden sie gemischt. Wer schafft es, die Reihenfolge wieder herzustellen?

▪ In die Mitte des Stuhlkreises werden verschiedene Gegenstände gelegt. Nachdem die Kinder sie sich eingeprägt und die Augen geschlossen haben, werden ein oder mehrere Gegenstände entfernt oder ausgetauscht. Welcher Gegenstand fehlt? Welcher Gegenstand wurde ausgetauscht?

▪ Gegenstände in der Mitte des Stuhlkreises werden verändert. Dies kann durch Veränderungen am Gegenstand selbst, oder auch durch seine Raumlage geschehen. Wer kann die Veränderung beschreiben?

▪ In einem Fühlbeutel befinden sich verschiedene Figuren bzw. geometrische Körper. Wer kann mit geschlossenen Augen die Kugeln, Würfel, Quader ... heraussuchen?

▪ Schneiden in der Vorstellung: Hier werden geometrische Grundformen in Teilfiguren zerschnitten z. B.: Schneide ein Quadrat, ein Rechteck, ein Dreieck in der Mitte durch. Welche Teilfiguren entstehen? Schneide ein Quadrat so durch, dass zwei gleiche Dreiecke entstehen.

▪ Kippbewegungen mit Streichholzschachteln: Die Kinder kippen eine Streichholzschachtel in verschiedene Richtungen und zeichnen die Ergebnisse auf. Anschließend werden ihnen Muster von Kippvorgängen gegeben, die die Kinder beschreiben sollen:

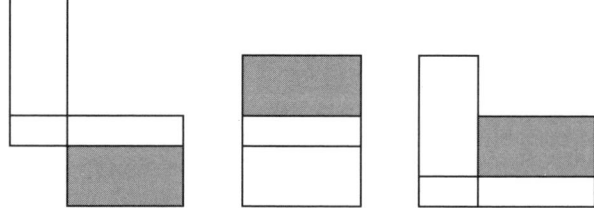

Den Kindern werden hierbei auch falsche Muster angeboten, die sie herausfinden sollen (vgl. FRANKE 2000, S. 49).

▪ Bauen nach mündlicher Anweisung: „Baue aus Würfeln einen Dreierturm. Setze direkt daneben zwei weitere Dreiertürme. Baue direkt vor die Dreiertürme je einen Zweierturm und setze vor diese jeweils einen Würfel. Welches Gebäude entsteht?"

Die Kinder können sich gegenseitig solche Bauaufträge geben, diese ausführen und die Lösung abzeichnen. Dabei wird ihnen deutlich, wie wichtig die genaue Wortwahl ist, damit der Partner auch zu einer korrekten Lösung kommt.

Die so entstandenen Gebäude können dann, zunächst aus dem Kopf, auf die verschiedenen Seitenansichten übertragen werden:
Wie sieht das Gebäude von rechts, von links, von vorne, von hinten aus?
Zeichne erst aus dem Kopf und überprüfe dann.

3.3 Wege und Netze

Fast jeder Erwachsene kennt die Anforderungen, die an ihn gestellt werden, muss er sich in einem Verkehrswegenetz einer U-Bahn oder Straßenbahn, in einer Wegekarte eines Zoos oder in einem Stadtplan zurechtfinden. Topologische Fragestellungen im Geometrieunterricht greifen diese Anforderungen auf und trainieren das räumliche Vorstellungsvermögen sowie die Raumorientierung.

Info

Ein topologisches Netz besteht aus Ecken und Kanten. In den Ecken können mehrere Kanten zusammentreffen. Es gibt geschlossene und offene Netze, sowie durchlaufbare und nicht durchlaufbare Netze. Durchlaufbare Netze lassen sich in einem Zug zeichnen, ohne den Stift abzusetzen und ohne dass eine Kante doppelt benutzt wird.

Das Haus vom Nikolaus   3.–4. Schuljahr

Das wohl bekannteste Netz dieser Art ist das „Haus vom Nikolaus".

An diesem Netz lassen sich einige interessante Fragestellungen entwickeln, die für das Verstehen der Durchlaufbarkeit von Netzen wichtig sind:

- Kann das Haus von jeder Ecke begonnen in einem Zug gezeichnet werden?
- Von welchen Ecken ausgehend kann das Haus nicht in einem Zug gezeichnet werden, von welchen Ecken aus kann das gehen?
- Warum ist das so? Gibt es bei den Ecken Unterschiede? Welche sind das?
- Was kann man tun, damit das Haus auch von anderen Ecken ausgehend in einem Zug gezeichnet werden kann? Muss man das Haus verändern?
- Kann man „anbauen"? Was verändert sich dann?

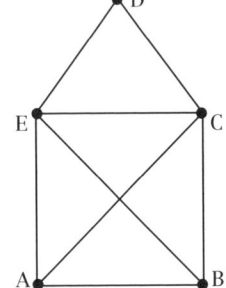

Die Kinder sollen die Gesetzmäßigkeiten zur Durchlaufbarkeit von Netzen entdecken und diese auch begründen. Eine Unterrichtsreihe, die sich dieser Fragestellung widmet, kann folgendermaßen mit einem Quadrat eröffnet werden (vgl. RADATZ u. a. 1996, S. 181 f.):

- Lässt es sich in einem Zug durchlaufen?
- Warum ist das so?
- Zeichne in das Quadrat eine Diagonale.
- Lässt es sich weiterhin in einem Zug durchlaufen?
- Was passiert, wenn du eine weitere Diagonale einzeichnest? Jetzt lässt es sich nicht mehr durchlaufen. Findest du eine Erklärung?

Das Königsberger Brückenproblem   3.–4. Schuljahr

Beim Königsberger Brückenproblem sollte vorher die geografische Situation der Stadt erläutert werden:

Die Stadt Königsberg nahe der Ostsee war bis 1945 die Hauptstadt Ostpreußens. Heute gehört sie zu Russland und heißt Kaliningrad. Durch diese Stadt fließt ein Fluss namens Pregel, über welchen 7 Brücken gespannt sind, die die verschiedenen Stadtbezirke miteinander verbinden. Die Einwohner der Stadt beschäftigten sich vor etwa 300 Jahren mit der Frage, ob man die 7 Brücken über die Pregel nacheinander überschreiten könne, ohne eine der Brücken zweimal zu betreten oder einen Weg doppelt zu gehen.

Hilfreich ist es, das Problem erst einmal mit allen Kindern zu besprechen. Hierzu wird ein großer, vereinfachter Plan der Stadt zu Demonstrationszwecken angefertigt. Dieser wird dann in der Reflexion der Lösungswege noch einmal wichtiges Requisit. Die Kinder bearbeiten das Königsberger Brückenproblem in Kleingruppen und bekommen dazu eine kleinere Ausgabe des Planes zur Verfügung (s. Material).

LÖSUNG Es ist nicht möglich, wie auch die Zeichnung zeigt.

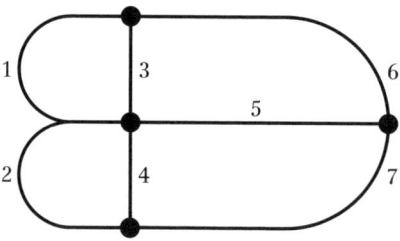

Material – Das Königsberger Brückenproblem

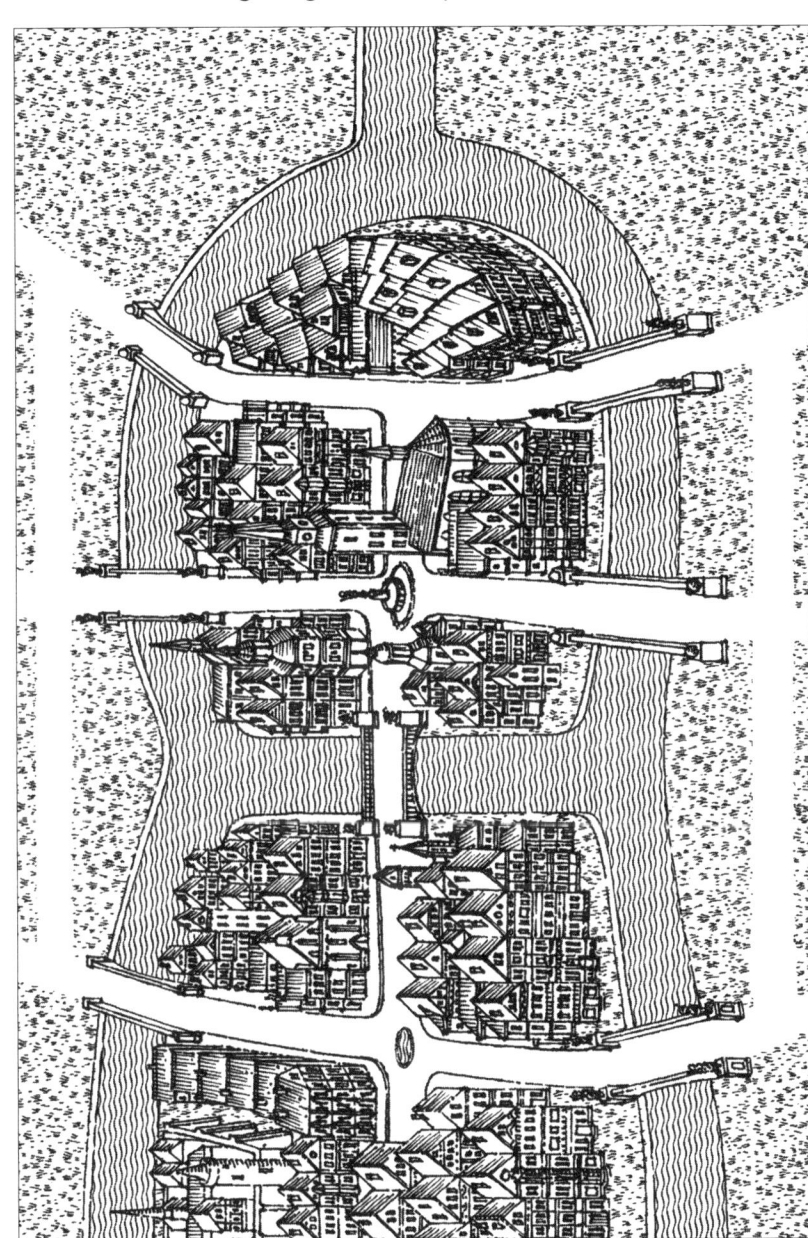

© Cornelsen Verlag Scriptor, Berlin · Die Grundschul-Fundgrube für Mathematik

Die zänkischen Nachbarn   3.–4. Schuljahr

In einem Dorf leben Herr Lehmann, Herr Schulz und Herr Meier. Sie sind
Nachbarn, aber können sich überhaupt nicht leiden. Im Dorf gibt es einen
Bäcker, ein Lebensmittelgeschäft und eine Gaststätte. Gibt es einen Wegeplan für die drei zänkischen Nachbarn, sodass jeder von seinem Haus aus jedes der drei Geschäfte erreichen kann, ohne dem anderen zu begegnen oder
seinen Weg zu kreuzen?

LÖSUNG Es gibt keinen solchen Wegeplan. Es sind 9 Verbindungen notwendig, um alle zu versorgen. Durch 8 Verbindungen entsteht aber eine geschlossene Linie, die die letzte Verbindung nur durch eine Kreuzung über-
winden kann.

Netze durchlaufen   3.–4. Schuljahr

Für manche Kinder ist es eine schwierige Aufgabe, die Durchlaufbarkeit eines Netzes nur mit Papier und Bleistift durchzuführen. Ihnen hilft es, z. B. einen Pfeifenputzer oder Draht zu benutzen, um ein Netz zu biegen. Gelingt
dies, so ist das Netz zu durchlaufen.

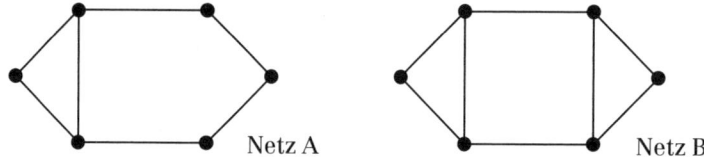
Netz A   Netz B

Netz A ist in einem Zug zu durchlaufen. Fügt man eine Strecke hinzu, wie in
Netz B, so ist es nicht mehr in einen Zug zu durchlaufen. Woran liegt das?
Die Aufgabe der Kinder liegt nun darin, eine oder mehrere Strecken so zu er-
gänzen, dass das Netz wieder in einem Zug durchlaufen werden kann (vgl.
RADATZ u. a. 1996, S. 182).
Die Kinder sollen Netze daraufhin überprüfen, ob man sie in einem Zug
durchlaufen kann, und dabei eine entsprechende Gesetzmäßigkeit oder Re-
gel entdecken. Dazu bietet man ihnen eine Tabelle mit Netzen an (s. Materi-
al), an denen sie die Durchlaufbarkeit untersuchen sollen (ebd.).
Die Kinder tragen in die zweite Spalte zunächst ihre Vermutung ein, ob das
Dann tragen sie in die nächste Spalte die Anzahl der Kanten ein, die in einer
Ecke zusammenkommen.

Material – Netze durchlaufen

Netz	Lässt sich das Netz in einem Zug durchlaufen?	Anzahl der Kanten, die in einer Ecke zusammentreffen	Stimmt meine Vermutung?
	ja	A: 2; B: 3; C: 2; A: 2;	

Im nächsten Schritt verifizieren sie ihre Vermutung. Diese Untersuchung kann sehr gut in Partner- oder Gruppenarbeit durchgeführt werden. Die Kinder haben dann schon während der Erarbeitungsphase die Möglichkeit, sich intensiv über ihre Erkenntnisse auszutauschen. Anschließend werden die Gruppenergebnisse im Klassengespräch erörtert, überprüft und festgehalten.

3.4 Streichholzgeometrie

Streichhölzer   2.–4. Schuljahr

Streichhölzer sind einfach und in großer Menge zu beschaffen. Geeignet sind auch Zahnstocher. Sie sind im Mathematikunterricht vielfältig einsetzbar, z. B. bei der Mengenbildung und bei der Bündelung in der Arithmetik. Im Geometrieunterricht können sie als Maßeinheit beim ersten Umgang mit dem Begriff des Umfangs eingesetzt werden. Dazu legen die Kinder verschiedene Figuren aus Streichhölzern:

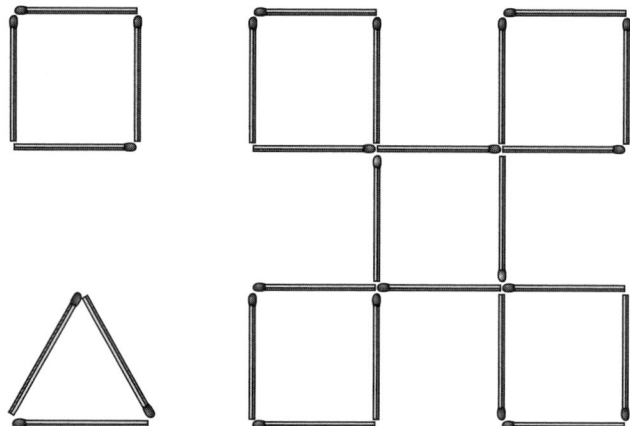

Nun werden die Streichholzumrandungen verglichen. Welche Figur hat die längste, bzw. die kürzeste Umrandung. Die Kinder können dies herausfinden, indem sie die Streichhölzer zählen oder sie aneinander reihen. Dabei wird auch sofort deutlich, dass die Figur mit dem größten Umfang nicht zwingend auch die größte Fläche haben muss. In einer weiteren Übung kann dies noch genauer untersucht werden, wenn die Kinder aus einer vorgegebenen Anzahl von Streichhölzern alle möglichen Figuren konstruieren sollen.

3.5 Geometrische Spiele

Tangram 1.–4. Schuljahr

Das wohl bekannteste Legespiel ist das „Tangram". Ein Quadrat wird dabei in 7 Teile (Grundformen) zerlegt:

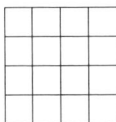 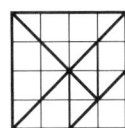 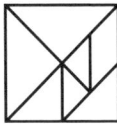

Es ergeben sich schier unerschöpfliche Möglichkeiten, flächengleiche Figuren zu bilden. Die Aufgabe der Kinder ist es, selbst zu Erfindern der Figuren zu werden, oder aber nach Vorschrift Formen mit diesen Teilen auszulegen. Dabei kommen folgende Ziele zum Tragen:

1 Geometrische Grunderfahrungen sollen angebahnt und gefördert werden.
2 Durch die Übungen erfolgt eine Schulung des logischen Denkens und der visuellen Wahrnehmung.
3 Die Auge-Hand-Koordination wird geschult und verfeinert.
4 Fähigkeiten wie Ordnen und Unterscheiden von Formen werden erlernt und gefestigt.
5 Beziehungen zwischen Teilen und dem Ganzen sollen erkannt werden.
6 Diese Übungen erfordern und fördern wesentlich die räumliche Orientierungsfähigkeit der Kinder (Links-rechts-Zuordnung).

In der Abbildung unten sind weitere Tangram-Spiele abgebildet, die mit Hilfe der eingezeichneten Hilfslinien gut selbst hergestellt werden können.
Bei der Durchführung des Unterrichts sollte man das Material nach Schwierigkeitsgrad differenziert anbieten. Viele Kinder benötigen, um erfolgreich arbeiten zu können, neben einer Umrisszeichnung der auszulegenden Figur, auch Hilfslinien innerhalb der Figur.

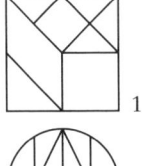 1
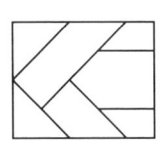 2
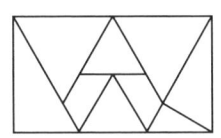 3
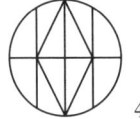 4
 5
 6

Material – Tangram 1

Schneide dir die Flächenformen aus und lege die Häuser und Schiffe damit nach.

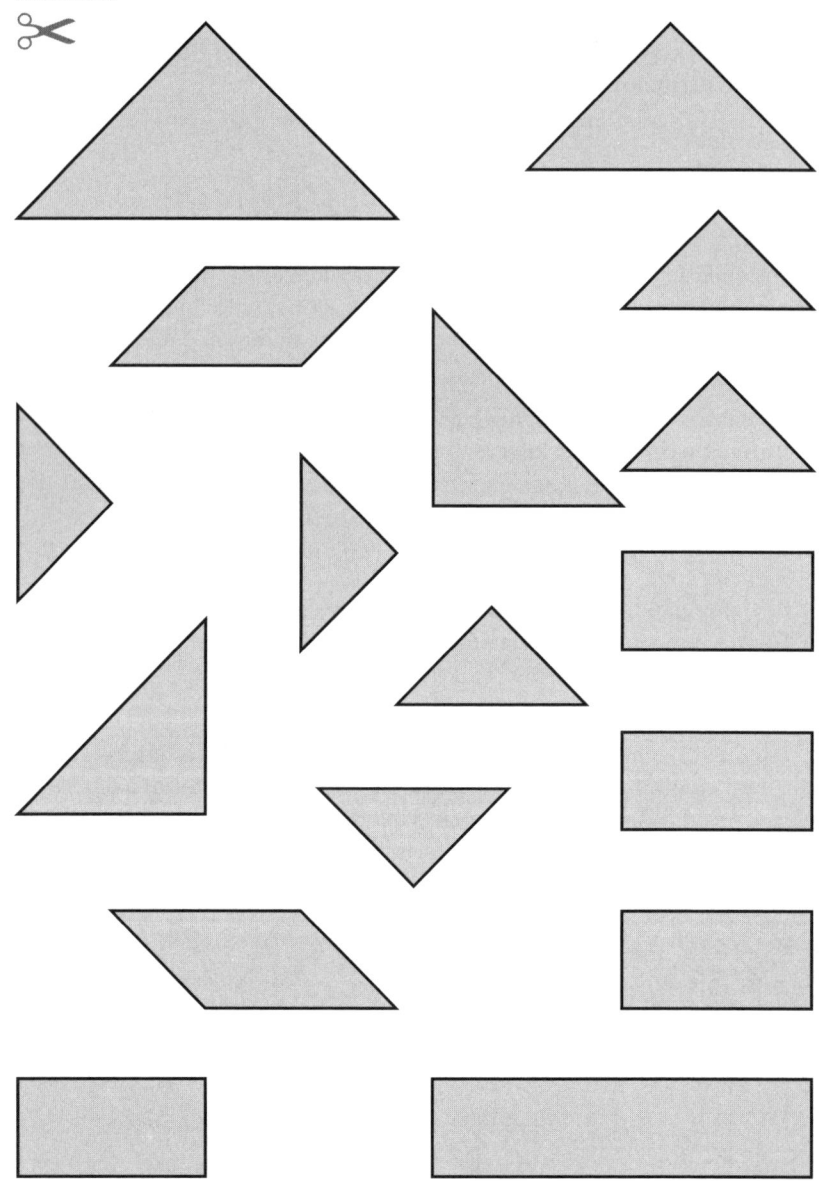

Material – Tangram 2

© Cornelsen Verlag Scriptor, Berlin · Die Grundschul-Fundgrube für Mathematik

Legespiel aus Dreiecken 2.–4. Schuljahr

Ganz einfach und schnell herzustellen ist dieses Legespiel: Benötigt wird ein quadratisches Blatt Papier in der Größe von z. B. 4 x 4 cm, wie es in einem Zettelblock angeboten wird. Dieses Quadrat wird durch Falten (diagonal und parallel zu den Seiten) in acht rechtwinklige Dreiecke unterteilt.

Die acht Dreiecke werden ausgeschnitten. Mit ihnen können nun wiederum Flächen frei oder nach Vorschrift gelegt werden. Besonders reizvoll ist dabei die Aufgabenstellung, die geometrischen Grundformen Quadrat, Rechteck und Dreieck zu legen.

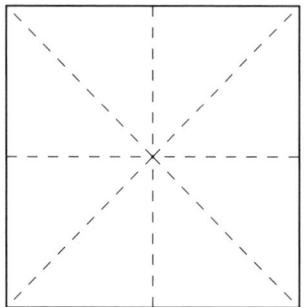

■ Wie viele verschiedene Möglichkeiten werden gefunden?

■ Lege das größte, das kleinste Dreieck, Rechteck!

■ Können wir auch ein Parallelogramm legen?

Vier gewinnt 3.–4. Schuljahr

Zwei Spieler können dieses Spiel spielen, das die räumliche Vorstellung und auch die Vorstellung über den Flächeninhalt fördert.

Jeder Spieler bekommt 32 quadratische Plättchen (z. B. 4 x 4 cm), jedes Set mit einer unterschiedlichen Farbe. Das Spielfeld ist ein großes, aus 8 x 8 kleinen Quadraten gebildetes Quadrat (32 x 32 cm). Die Kinder legen abwechselnd je ein Kärtchen ihrer Farbe ab. Wer vier Kärtchen in seiner Farbe in einer Reihe ablegen konnte, hat einen „Vierer". Ziel des Spiels ist es, möglichst viele „Vierer" auf dem Spielfeld zu platzieren (vgl. auch RADATZ u. a. 1996, S. 146 f.).

Puzzles 2.–4. Schuljahr

Puzzles können für den Unterricht leicht, preiswert und in kurzer Zeit selbst hergestellt werden. Die Kinder bringen Bildpostkarten mit zur Schule, z. B. aus den Urlaubsorten. Auf die Rückseiten der Karten werden mit dem Lineal gerade Linien aufgetragen, an denen entlang die Karte dann zerschnitten wird – fertig ist ein Puzzle. Werden die Karten vorher laminiert und erhalten dann die zugehörigen Teile je das gleiche Symbol auf der Rückseite, so bekommt man ein langlebiges Material, welches stets in der Mathe-Ecke aufbewahrt sein kann.

Auf die gleiche Weise lassen sich alle geometrischen Grundformen in Puzzles verwandeln. Damit die Einzelteile nicht durcheinander geraten, empfiehlt es sich für jede Form eine andere Farbe zu wählen. Gleichzeitig kann man die Rückseiten der einzelnen Puzzleteile mit einer kleinen Zeichnung der entsprechenden Grundform versehen.

Würfelgebäude bauen   3.–4. Schuljahr

Fünf kleine Holzwürfel und ein Kartenset mit Abbildungen von aus fünf Würfeln erstellten Würfelgebäuden bilden das Material dieses Spiels. Zwei und mehr Spieler können miteinander spielen. Ein Würfelgebäude aus fünf Würfeln bildet die Ausgangssituation. Jeder Spieler hat Karten mit darauf abgebildeten Würfelgebäuden in der Hand. Der Spieler, der an der Reihe ist, muss nun prüfen, ob er durch das Umlegen genau eines Würfels ein Gebäude erzeugen kann, dessen Abbildung er in der Hand hält. Gelingt dies, so kann er seine Karte ablegen. Das so entstandene Würfelgebäude ist nun Ausgangspunkt für den nächsten Spieler.

Dieses Spiel gibt es mittlerweile unter dem Namen „Potz Klotz" auch zu kaufen. Es kann aber durchaus reizvoll sein, es mit den Kindern zusammen selbst herzustellen. Dazu müssen zunächst alle möglichen unterschiedlichen Würfelgebäude gefunden werden, die sich aus fünf Würfeln konstruieren lassen. Unterschiedlich heißt, dass sich ein Würfelgebäude nicht durch Drehen oder Spiegeln eines anderen Gebäudes erzeugen lässt. Das Aufzeichnen der Gebäude erfordert viel zeichnerisches Geschick, vor allem, wenn es sich um Schrägbilder handelt. Hier ist das Computerprogramm „Bau was" sehr hilfreich, das sich im Internet (www.bauwas.de) herunterladen lässt. Mit diesem Programm schaffen es auch schon Grundschulkinder, Würfelgebäude zu konstruieren. Beispiele für Würfelgebäude:

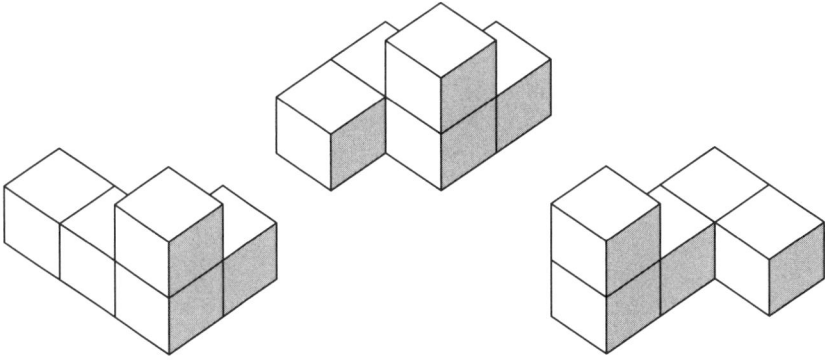

Gebäudespiel   4. Schuljahr

Material für dieses Spiel sind ein Spielplan mit Quadratraster (5 cm x 5 cm)
sowie Quader aus Styropor oder Holz in den Maßen 20 cm x 15 cm x 5 cm.
Der Spielplan wird zusätzlich mit den vier Himmelsrichtungen N, S, W, O versehen. Die Quader sind lediglich durch ihre Farbe zu unterscheiden: rot,
blau, grün. Ferner gehören noch verschiedene Kartensätze zu diesem Spiel.
Die Kartensätze bestehen aus je einem Grundriss sowie den vier dazugehörigen Seitenansichten und können in variierten Aufgabenstellungen eingesetzt werden, z. B.:

■ Zur Platzierung der Holzquader Grundrisskärtchen zeichnen. Diese Karten als Aufgabenkarten zur Platzierung der Holzquader nutzen.

■ Platzierung der Holzquader nach vorgegebenem Grundriss und Beschreibung der Lage.

■ Beschreibung der Lagebeziehungen von verschiedenen Seiten ausgehend.

■ Zuordnung passender Seitenansichten von Himmelsrichtungen ausgehend.

■ Zeichnung von Seitenansichten nach zuerst vorgegebenem Grundriss, dann
nach eigenen Grundrissen. Der Spielplan leistet hier vorbereitend eine Auseinandersetzung mit dem Koordinatensystem in abgewandelter Form.

■ Nach vorgegebenen Sets von Seitenansichtskarten die Holzquader richtig
aufstellen und durch den Grundriss kontrollieren.

■ Zeichnen von Grundriss- und Seitenansichtskarten nach eigenen Vorstellungen. Karten als Aufgabenfundus für das Klassenspiel verwenden.

Die Holzquader werden nach bestimmten, durch Aufgabenkarten vorgegebene Lagebeziehungen wie „steht vor", „steht hinter", „steht 3 (2, 4 ...) Felder rechts/links von", „liegt über/unter" usw. aufgestellt.
Beim Aufstellen der Holzquader nach Seitenansichten sind zur eindeutigen
Lagebestimmung mindestens zwei sich nicht gegenüberliegende Ansichten
nötig. In Fällen, in denen etwa zwei Holzquader die gleiche parallele Stellung
einnehmen und daher aus einer Seitenansicht ein Quader verdeckt wird,
wird eine dritte Seitenansicht zur eindeutigen Bestimmung notwendig. Es
sind auch Fälle denkbar, in denen selbst bei Kenntnis aller vier Seitenansichten keine eindeutige Bestimmung der Lage aller beteiligten Holzquader
zu erschließen ist. Die Karte mit dem Grundriss dient in allen Fällen zur Kontrolle der Lösung.
Dieses Spiel ist inzwischen auch im Fachhandel erschienen. Es ist allerdings
zu empfehlen, es selbst anzufertigen, da dann die Motivation der Kinder hö-
her ist, sich damit zu beschäftigen.

Sabine Sterkenburgh

4 Zählen und Werten

Daten zu erheben, anschaulich darzustellen sowie Tabellen und Diagramme zu interpretieren, gehört inzwischen zu den verpflichtenden Inhalten des Mathematikunterrichts in der Grundschule.
Ein kompetenter Umgang mit Daten – als Methode zur sachangemessenen Auseinandersetzung mit quantifizierbaren Sachverhalten aus der Lebenswirklichkeit – zeichnet sich in der Grundschule dadurch aus, dass Schülerinnen und Schüler in der Lage sind,

- Daten in Befragungen, Untersuchungen, Beobachtungen usw. zu erheben und ein propädeutisches Verständnis von der Repräsentativität von Stichproben aufzubauen,
- Daten zu vergleichen, zu sortieren und zu strukturieren sowie zur Klärung von Sachfragen zu verarbeiten,
- Daten in verschiedenen Formen übersichtlich darzustellen (Strichlisten, Tabellen, Schaubilder),
- Daten in ihren unterschiedlichen Darstellungsformen zu verstehen, d. h. quantitative, relationale und einfache proportionale Aussagen aus den Darstellungen ableiten und sachangemessen bewerten zu können,
- Daten von einer Darstellung in eine andere übertragen zu können.

Datenkompetenz muss frühzeitig angebahnt und kontinuierlich erweitert werden. Dem Aufbau des statistischen Denkens sind allerdings – insbesondere in den unteren Jahrgangsstufen – Grenzen gesetzt. Zu berücksichtigen sind Beschränkungen

- bezüglich der Zahlenräume in den einzelnen Klassenstufen,
- bezüglich des Zahlbegriffs (natürliche Zahlen),
- bezüglich des Aufbaus von und des Umgangs mit einzelnen Größen (Umwandeln, Berechnungen mit Kommazahlen),
- bezüglich der Rechenfertigkeiten,
- bezüglich des kindlichen Erfahrungsraums und des Verständnisses komplexer Sachsituationen,
- bezüglich der Lesekompetenz,
- bezüglich des Erfassens von Relationen und Proportionen,
- bezüglich der Kenntnis sachgerechter Begrifflichkeiten („durchschnittlich", „Stichprobe", „repräsentativ", „entspricht", „ein Viertel von"...).

Dennoch gibt es in der Grundschule genügend Anlässe, die geeignet sind, ein propädeutisches statistisches Verständnis zu entwickeln. Hierbei ist darauf zu achten, dass

- die Daten sinnstiftenden Kontexten entstammen, vorrangig der Lebenswirklichkeit der Kinder,
- das Verständnis für grafische Darstellungen konkret und handlungsorientiert aufgebaut wird – von anschaulichen zu abstrakteren Formen –,
- den Kindern zielleitende Fragestellungen zur Interpretation von grafischen Darstellungen angeboten werden,
- ein sachangemessener Wortschatz aufgebaut wird.

Vor allem gilt es dabei, Neugier und Interesse an statistischen Fragestellungen zu wecken.

Im Folgenden werden – bezogen auf die einzelnen Schuljahre – Sachsituationen für den Umgang mit statistischen Daten benannt sowie beispielhaft methodische Hinweise für die Erarbeitung zunehmend abstrakterer und komplexerer Darstellungsformen gegeben.

4.1 Anfänge im 1. Schuljahr

Wegen des beschränkten Zahlenraums im 1. Schuljahr ergeben sich die Zählanlässe zur Datenerhebung meist aus Themenbereichen, die das Klassenleben betreffen, auch natürlich auf Grund der persönlichen Nähe der Kinder zu ihrer eigenen Bezugsgruppe.

Die ersten grafischen Veranschaulichungen werden handlungsorientiert und ikonisch entwickelt. Bildhafte, persönlich gestaltete Darstellungen ermöglichen es den einzelnen Kindern, sich in den Datensammlungen wiederzufinden und erleichtern ihnen zunächst den Zugang zu einer ganzheitlichen Betrachtung.

Bei der Interpretation der Daten geht es – neben der Ermittlung von Anzahlen – schwerpunktmäßig um ein vergleichendes Betrachten, das heißt um ein Erfassen von arithmetischen Beziehungen zwischen den einzelnen Datenmengen.

Kakaogeld einsammeln   1. Schuljahr

Bereits in der zweiten oder dritten Schulwoche wird das erste Mal das Pausengetränk bestellt. Für die Kinder ist das meist ein aufregendes und wichtiges Geschehen.

Die Kinder heften an die Magnettafel ihr Portrait-Foto (möglichst in der ersten Schulwoche für jedes Kind zu erstellen, auf Pappe aufkleben oder laminieren, auf der Rückseite mit Magnetstreifen versehen) unter die entsprechende Rubrik (Kakao, Vanille, Milch). Werden die einzelnen Fotos jeweils übereinander angeordnet, entsteht „automatisch" ein erstes Säulendiagramm (vgl. KAESELER O. J., S. 14).

Auch ohne abzuzählen lässt sich ablesen, welches Getränk am häufigsten bestellt wurde, welches von den wenigsten Kindern.
Die Bestellungen werden abschließend von einzelnen Kindern in einen „Bestellzettel" eingetragen:

Kakao	Vanille	Milch
14	2	4

Geburtstagskalender   1. Schuljahr

In der Regel wird im ersten Schuljahr ein Klassen-Geburtstags-Kalender gebastelt oder die Geburtstage der Kinder werden in ein Bild eingetragen und ausgehängt. Die bildhafte Gestaltung eines Schaubildes ermöglicht eine Mathematisierung dieses für die Kinder so bedeutungsvollen persönlichen Themas.

Jedes Kind schneidet eine vorgegebene Umrissfigur aus. In den
Kopf der Figur kommt das Geburtsdatum (meist muss die Lehrerin
es eintragen, da die wenigsten Kinder es genau wissen), in den
Bauch der Name des Kindes.
Man hilft beim Lesen der Monatsnamen und beim Einsortieren in
die Spalten des vorbereiteten Plakats. Eine Diskussion wird angeregt, wie die
Figuren gelegt werden können, sodass man „auf einen Blick", also ohne
nachzuzählen, erkennen kann, in welchem Monat viele oder wenige Kinder
Geburtstag haben. Hand an Hand werden die Figuren dann aufgeklebt.

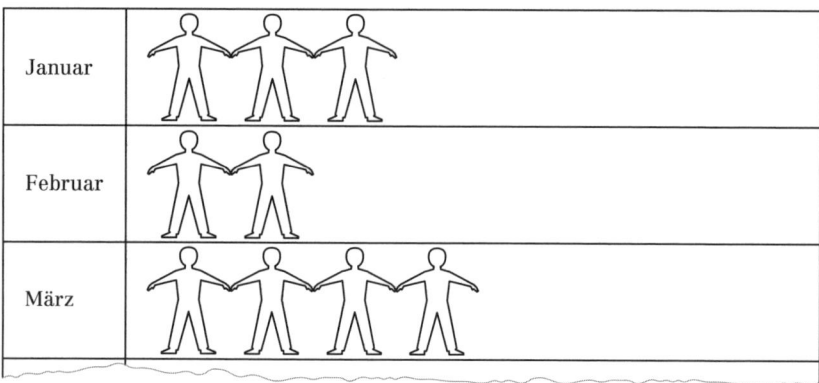

Anhand des Diagramms erfahren die Kinder einiges über die Geburtstage in
ihrer Klasse, z. B.:

- ■ Sind die Geburtstagskinder gleichmäßig auf die 12 Monate verteilt oder
  gibt es einen Monat mit besonders vielen Geburtstagen?
- ■ In welchem Monat haben die meisten (wenigsten) Kinder Geburtstag?
- ■ Gibt es einen Monat, in dem kein Kind Geburtstag hat? In welchen Monaten haben gleich viele Kinder Geburtstag?
- ■ In welchem Monat haben genau doppelt so viele Kinder Geburtstag wie
  z. B. im März?

Das Alter der Kinder in unserer Klasse   1. Schuljahr

Rund um das Thema Geburtstag wird die Frage geklärt, wie alt die Kinder
der Klasse sind. Fragestellung: Sind wohl die meisten Kinder 5, 6 oder 7 Jahre alt?
Die Kinder schreiben ihren Namen auf Haftzettel und kleben diese nebeneinander auf ein Plakat in die vorgefertigte Tabelle. So entsteht ein Streifendiagramm und die oben gestellte Frage lässt sich leicht beantworten.

Jahre	Kinder
5	
6	René Sarah Timm Malte Sabrina Celin Ute Phillip
7	Anja Regina Jörg Uwe Helene David Zehra Nicole Julien Niki Lisa Sabine Kai
8	

Nach jedem Geburtstag eines Kindes wird das Schaubild aktualisiert, d. h. der Zettel des Kindes rückt eine Zeile nach unten. Alle paar Wochen wird das neue Diagramm fotografiert. Nach einem Jahr werden die einzelnen Foto-Dokumentationen nach der zeitlichen Reihenfolge sortiert und die Veränderungen besprochen. Insbesondere das erste und letzte Diagramm fallen auf: Was hat sich verändert? Was ist gleich geblieben?

Spielergebnisse festhalten   1. Schuljahr

Bei Spielen mit vielen Spielrunden erhält der Gewinner nach jeder Runde ein Streichholz. Nach Beendigung des Spiels muss der „Gesamtsieger" ermittelt werden. Wie kann man – auch ohne alle Hölzer zählen zu müssen – feststellen, wer gewonnen hat? Die meisten Kinder ordnen die Hölzer eins zu eins zu. An dieser Stelle kann die bekannte Form der Fünferbündelung eingeführt werden. Die Kinder können nun zukünftig direkt Strichlisten anlegen.

Abstimmungsergebnisse   1. Schuljahr

Die verschiedensten Anlässe, bei denen Kinder etwas mitbestimmen können, sollten im Unterricht für die Darstellung und die Betrachtung von Abstimmungsergebnissen genutzt werden. Solche Anlässe können sein:
- Was soll von dem Geld der Klassenkasse für die Pausenkiste angeschafft werden: Seilchen, Ringwurfspiel, Softball?
- Sollen sich in der Meldekette Jungen und Mädchen immer abwechseln?
- Soll in der Frühstückspause Buch A, B oder C vorgelesen werden?

Die Kinder halten die Abstimmungsergebnisse in Form von Strichlisten fest oder tragen die Anzahlen der jeweiligen Nennungen in eine Tabelle ein.

Der Natur auf der Spur   1. Schuljahr

Sinnvolle Zählanlässe ergeben sich im Rahmen des Sachunterrichts aus der Untersuchung von Pflanzen. Hierbei werden mit mathematischen Mitteln Regelmäßigkeiten und Ausnahmen in der Natur erfasst.

Untersucht werden können z. B.
■ die Anzahl von Blütenblättern bestimmter Blumensorten,
■ die Anzahl von Kernen in bestimmten Obstsorten,
■ die Anzahl der „Finger" an einem Kastanienblatt.

Auch am eigenen Körper lassen sich regelmäßige Anzahlen feststellen, z. B.
■ die Anzahl der Gelenke an Fingern und Zehen,
■ die Anzahl der Zähne im Milchgebiss eines Kindes.

Immer zwei oder drei Kinder zählen getrennt, z. b. die Blütenblätter verschiedener Blumensorten und tragen ihre Ergebnisse in eine Tabelle ein.

Magnolien	9	9	9			
Narzissen	6	6				
Tulpen	6	6				

Beim Betrachten der Zählergebnisse taucht die Frage auf: Ist es nur ein Zufall oder haben alle Magnolien 9, alle Narzissen 6 Blütenblätter (usw.)? Weitere Untersuchungen bestätigen die Vermutungen oder weisen auf Ausnahmen hin.

Weitere „statistische" Fragestellungen sind:
■ Haben Äpfel wirklich 10 Kerne – wie es in dem Lied vom kleinen Apfel heißt?

> 1. In einem kleinen Apfel,
>   da sieht es lustig aus:
>   Es sind darin fünf Zimmer,
>   so wie in einem Haus!
>
> 2. In jedem Zimmer wohnen
>   zwei Kerne braun und klein.
>   Die schlafen fest und träumen
>   vom hellen Sonnenschein.
>
> 3. Sie schlafen lange weiter
>   und träumen in dem Traum,
>   dass sie selbst einmal wachsen
>   zu einem Apfelbaum.

■ Haben Birnen wohl genauso viele Kerne wie Äpfel?

Wer hat den „längsten" Namen? 1. Schuljahr

Die Namen der Kinder spielen beim Kennenlernen eine wichtige Rolle. Zugleich fördert das Feststellen der Anzahl der Buchstaben in den Namen die optische und akustische Analyse.

Die Kinder schreiben ihren Namen in großen Druckbuchstaben in ein großformatiges Karoraster.

Die Namensstreifen werden bündig untereinander geheftet. Auf einen Blick ist zu erkennen, wer den längsten Namen hat.

Weitere Fragestellungen können sein:

- ▩ Wie viele Buchstaben haben die meisten Namen? (Sortieren der Namensstreifen nach Anzahl der Buchstaben)
- ▩ Wie viele Namen haben ein A? (Sortieren oder Auszählen mit Hilfe einer Strichliste)
- ▩ Wie viele Namen kommen aus der deutschen, französischen, englischen, türkischen, schwedischen ... Sprache? (Eltern befragen!)
- ▩ Welcher Buchstabe kommt am häufigsten in unseren Namen vor – welche(r) gar nicht? (Auszählen der Buchstaben mit Hilfe einer Strichliste; Eintragen in eine Tabelle)

1	2	3	4	5	6	7	8	9
E	V	A						
C	H	A	R	L	O	T	T	E
P	H	I	L	L	I	P		
S	V	E	N	J	A			
T	I	M						
T	O	B	I	A	S			

Wir in unserer Klasse 1. Schuljahr

Für einen Elternabend wird das Projekt „Unsere Klasse stellt sich vor" angeregt. Neben den verschiedensten Aktivitäten kann dieses Thema genutzt werden, um Daten sowohl bewusst zu ermitteln als auch grafisch darzustellen.

Durch Auszählen wird z. B. ermittelt, wie viele
- Jungen und Mädchen,
- Kinder mit blonden/braunen/schwarzen Haaren,
- Kinder, die noch Geschwister haben (wie viele jeweils?),
- Kinder, die Haustiere haben (welche?),
- Kinder aus Deutschland/aus anderen Ländern,
- Kinder, die in einem Sportverein sind (in welchem?)

in der Klasse sind.

Weitere Gesichtspunkte für Erhebungen:
- unsere Lieblingslieder für den Morgenkreis,
- unsere Lieblingsspiele im Sportunterricht/in der Hofpause,
- unser Lieblingsgetränk in der Frühstückspause,
- unsere Lieblingsbilderbücher aus der Klassenbücherei,
- unsere Lieblingsfarben,
- unser Lieblings(lern)spiel für die Freiarbeit.

Wegen der begrenzten Lesekompetenz müssen die Erstklässler für zahlreiche Erhebungsgegenstände Symbole erfinden. Bei den grafischen Darstellungen erkennen sie, dass konkrete Abbildungen viel zu aufwändig sind. Abstrahierungen müssen gefunden werden, für konkrete Darstellungen von Kindern z. B. nur noch Strichmännchen oder Kreise (als Köpfe!).

4.2 Erweiterung des Zahlenraums im 2. Schuljahr

Mit der Erweiterung des Zahlenraums wird es schwieriger, ermittelte Anzahlen wie im ersten Schuljahr 1 : 1 abzubilden. Für die Darstellung von Daten in Schaubildern müssen ökonomischere Formen und größere Einheiten gefunden werden. Hierbei kann – insbesondere bei konkreten Veranschaulichungen – auf die dekadische Zahldarstellung (Bündelungsidee: Bündeln zu 10) zurückgegriffen werden, wobei diese durch die Form der Darstellungen gleichzeitig gestützt wird.
Neben der Erhebung von anzahlmäßig erfassbaren Gegebenheiten können im 2. Schuljahr auch erste Größenangaben dargestellt und verglichen werden. Das Blickfeld der Kinder erweitert sich über die eigene Klasse hinaus, statistische Fragestellungen aus dem Sachunterricht gewinnen weiter an Bedeutung.

Der Natur auf der Spur   2. Schuljahr

Unterschiedliche Merkmale von Getreidesorten sind nicht nur die Form der Ähren/Rispen oder das Vorhandensein und die Länge von Grannen, sondern auch die Anzahlen der Körner in den einzelnen Ähren.
Die Anzahl der Körner von Weizen, Roggen oder Gerste werden durch Abzählen ermittelt. Dabei werden immer 10 Körner auf ein ovales Feld gelegt und mit Flüssigkleber (Fläche einstreichen!) aufgeklebt.
Die ermittelten Anzahlen für eine Sorte unterscheiden sich beim Auszählen um ca. 5.
Die Anzahlen werden genannt und die oberen und unteren Abweichungen gestrichen. So erhält man einen ungefähren Durchschnittswert.

Weizen	Roggen
38	72
39	73
40	74
41	75
42	76
43	77
43	77

Die Untersuchungsergebnisse können als konkretes Schaubild dargestellt oder zeichnerisch festgehalten werden.

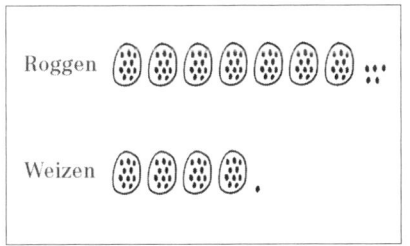 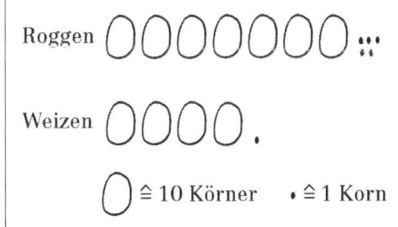

Meine Familie   2. Schuljahr

Am Lebensalter von Familienangehörigen lassen sich Generationen ablesen. Unter Umständen ergeben sich aber auch merkwürdige Konstellationen. So kann z. B. der Cousin genauso alt sein wie eine Tante. Derartige Daten regen zum Nachdenken und zum genaueren Nachfragen an.

Die Altersangaben von Familienangehörigen werden ermittelt. Es kann den Kindern überlassen werden, welche Auswahl sie treffen.
Die Daten werden in einem Schaubild festgehalten, wobei passende Repräsentanten und Größeneinheiten festgelegt werden. Wegen des persönlichen Bezugs zum Thema kann die Darstellung zunächst durchaus anschaulich sein.

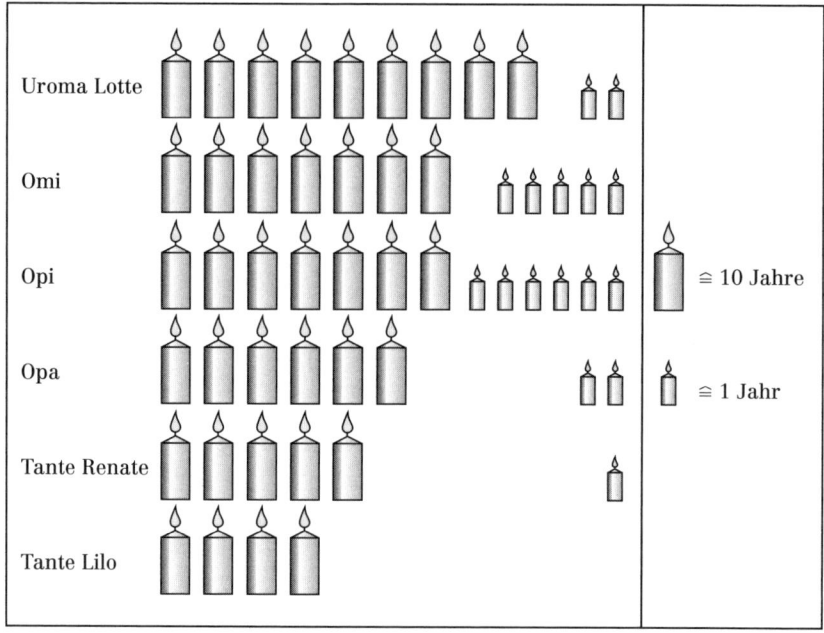

Für Altersangaben sind das Zahlenband bzw. der Zahlenstrahl ein besonders geeignetes Darstellungsmittel. Durch die entsprechenden Eintragungen auf mehreren Zahlenstrahlen lässt sich leicht ein Streifendiagramm erstellen.

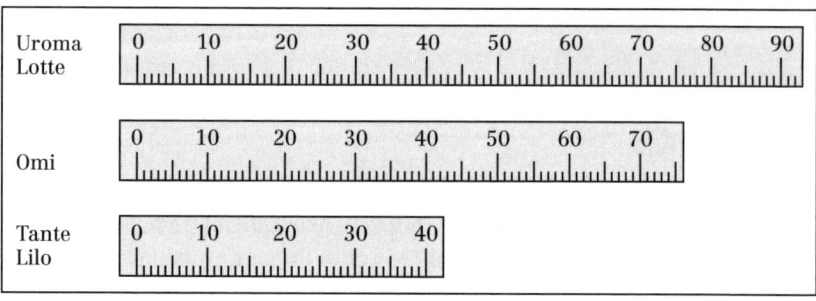

Von den Einzeldaten der Kinder wird der Blick auf die Datenmenge in der Klasse gelenkt, z. B. auf „das Alter unserer (Ur)Großeltern". Die Nennung der einzelnen Lebensalter ist für einen Vergleich nicht sehr aufschlussreich, eher schon die Zuordnung zu bestimmten Zeiträumen. Die Nennungen werden als Strichliste in die Tabelle eingetragen.

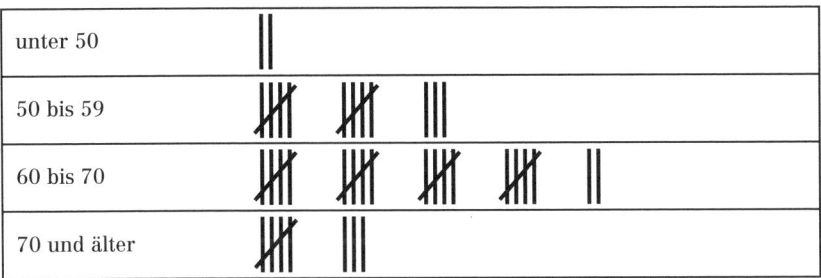

unter 50	‖
50 bis 59	卌 卌 ⦀
60 bis 70	卌 卌 卌 卌 ‖
70 und älter	卌 ⦀

Mögliche Fragestellungen können sein:
■ Wer hat die älteste, die jüngste Uroma/Oma, den ältesten, jüngsten Uropa/Opa?

In diesem Kontext kann auch das Höchstalter von Haustieren im Guiness-Buch der Rekorde nachgeschlagen und mit dem ältesten Menschen verglichen werden:

Hausmaus: 7 Jahre
Meerschweinchen: 14 Jahre
Wellensittich: 29 Jahre
Katze: 34 Jahre
Pferd: 42 Jahre
Esel: 100 Jahre
Mensch: 121 Jahre

Kalender – Schultage und freie Tage   2. Schuljahr

Benötigt wird ein Streifenkalender. Die Kinder markieren in Partnerarbeit die Samstage/Sonntage/Feiertage auf den einzelnen Monatsstreifen. Die Lehrerin verteilt an jedes Partnerpaar den Ferien-Zeitraum für den jeweiligen Monat. Auch die Ferientage werden auf dem Monatsstreifen markiert. Alle freien Tage werden herausgeschnitten und – ebenso wie die verbleibenden Schultage – mit Tesafilm zu Balken aneinander geklebt. Die fertigen Balken werden auf farbige Blätter kopiert (blau: Schultage, gelb: freie Tage), ausgeschnitten und zu einem Säulendiagramm zusammengesetzt.

Freie Tage			
April		**Mai**	
Sa	1	Mo Tag der Arbeit	1
So	2	Sa Muttertag	13
Mo	3	So	14
Di	4	Sa	6
Mi	5	So	7
Do	6	Sa	20
Fr	7	So	21
Sa	8	Do Christi Himmelfahrt	25
So Palmsonntag	9	Sa	27
Mo	10	So	28
Di	11		
Mi	12		
Do	13		
Fr Karfreitag	14		
Sa	15		
So Ostern	16		
Mo Ostern	17		
Di	18		
Mi	19		
Do	20		
Fr	21		
Sa	22		
So	23		
Sa	29		
So	30		

Schultage			
April		**Mai**	
Mo	24	Di	2
Di	25	Mi	3
Mi	26	Do	4
Do	27	Fr	5
Fr	28	Mo	8
		Di	9
		Mi	10
		Do	11
		Fr	12
		Mo	15
		Di	16
		Mi	17
		Do	18
		Fr	19
		Mo	22
		Di	23
		Mi	24
		Fr	26
		Mo	29
		Di	30
		Mi	31

- In welchen Monaten sind die meisten Schultage und die wenigsten freien Tage?
- Gibt es Monate mit ungefähr gleich vielen Schultagen?
- In welcher Jahreszeit ist am häufigsten Schule, in welcher am seltensten?

Wenn man alle blauen und alle gelben Monats-Streifen aneinander heftet, kann auch ohne zu zählen abgelesen werden, ob es in einem Jahr mehr Schul- oder mehr freie Tage gibt.

Häufigkeitsverteilung von Buchstaben   2. Schuljahr

Das bei Kindern beliebte Spiel „Galgenmännchen" regt dazu an, sich über die Häufigkeit des Vorkommens bestimmter Buchstaben Gedanken zu machen. Das Wissen darum vermag die Trefferquote beim Erraten von Buchstaben zu erhöhen bzw. ermöglicht die bewusste Auswahl von Wörtern mit möglichst vielen seltenen Buchstaben („Xylophon").
Die Kinder erhalten eine Geschichte von ca. 100 Wörtern. Die 27 Buchstaben des Alphabets (zuzüglich der drei Umlaute) werden an einzelne Kinder „aufgeteilt" und von diesen ausgezählt. Es macht Sinn, jedem Kind einen häufig und einen seltener vorkommenden Buchstaben zuzuordnen. Beim Auszählen erweist sich das Anfertigen einer Strichliste als effektive Zählmethode, da Konzentration und Gedächtnis entlastet werden. Wie die Abbildung zeigt, lässt sich die Strichliste direkt mit der Darstellung im Streifendiagramm kombinieren: Die Kinder tragen die Fünferbündel immer in ein Kästchen ein.

Die Kinder übertragen das Diagramm als vertikales Säulendiagramm auf ein kariertes Blatt. Hierbei lässt sich die Einheit direkt aus dem Streifenbild ableiten: ☐ bedeutet 5 Buchstaben.

▪ Welche Buchstaben kommen am häufigsten vor?
▪ Welche nur ganz selten?
▪ Ist das nur bei dieser Geschichte so oder auch bei anderen? (Weitere Untersuchungen können als Hausarbeit durchgeführt werden.)
▪ Welche 5 Buchstaben kommen in einer anderssprachigen (z. B. türkischen) Geschichte am häufigsten/seltensten vor?

Das eigene Diagramm kann mit einer offiziellen Statistik zur Häufigkeitsverteilung der Buchstaben aus dem Internet verglichen werden:

E N I S R A T D H U L C G M O B W F K Z P V J Y X Q

▪ Stimmt unsere Rangfolge mit der offiziellen Statistik zur Buchstabenhäufigkeit überein? (Vergleich der Rangfolgen, insbesondere der 7 häufigsten Buchstaben; *http://www.netzwelt.de/lexikon/Deutsches_Alphabet.html*)

Interessant ist auch ein Vergleich mit der Häufigkeitsverteilung und der Punktwertung der einzelnen Buchstaben beim Scrabble-Spiel.

▪ Ordne die Scrabble-Buchstaben nach ihrer Verteilung.
▪ Warum kommt das E beim Scrabble-Spiel 15-mal vor, andere Buchstaben nur einmal?
▪ Warum bekommt man für ein E beim Scrabble-Spiel nur 1 Punkt, beim Q oder Y jedoch 10 Punkte?

A 1 – 5	H 2 – 4	Ö 8 – 1	V 6 – 1
Ä 6 – 1	I 1 – 6	P 4 – 1	W 3 – 1
B 3 – 2	J 6 – 1	Q 10 – 1	X 8 – 1
C 4 – 2	K 4 – 2	R 1 – 6	Y 10 – 1
D 1 – 4	L 2 – 3	S 1 – 7	Z 3 – 1
E 1 – 15	M 3 – 4	T 1 – 6	Blanko 2
F 4 – 2	N 1 – 9	U 1 – 6	
G 2 – 3	O 2 – 3	Ü 6 – 1	

Wachstum einer Pflanze   2. Schuljahr

Neben den Geldwerten sind es vor allem erste Längenmaße, die im 2. Schuljahr als Größen thematisiert werden. Hierdurch ergibt sich die Möglichkeit, Messergebnisse darzustellen. Die Kinder legen Getreidekörner (Bohnensamen usw.) in die Erde eines Blumentopfes. Schon nach wenigen Tagen zeigt sich die Spitze eines Pflänzchens. Nun kann das Wachstum der Pflanze beobachtet werden. Die Messergebnisse werden anschaulich festgehalten: Dazu werden der gemessenen Länge entsprechend grüne Papierstreifen ausgeschnitten und auf einem Plakat aufgeklebt. Die einzelnen Zentimeter werden – zur schnelleren Ablesbarkeit – als Striche auf den Streifen eingetragen.

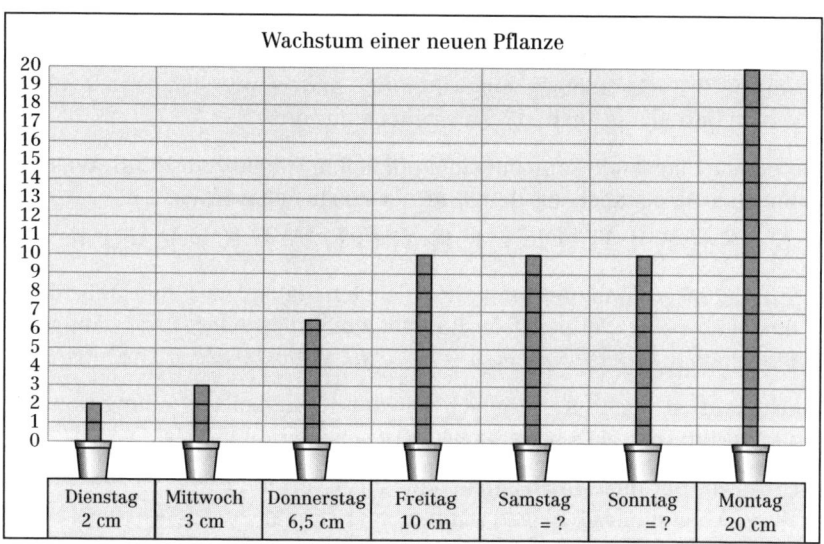

Wachstum einer neuen Pflanze

| Dienstag 2 cm | Mittwoch 3 cm | Donnerstag 6,5 cm | Freitag 10 cm | Samstag = ? | Sonntag = ? | Montag 20 cm |

■ Wächst die Pflanze an jedem Tag ungefähr gleich schnell?
■ Ist sie an einem Tag besonders schnell / langsam gewachsen?
■ Wie groß könnte sie am Samstag und am Sonntag gewesen sein?
■ Ab wann verlangsamt sich das Wachstum?

Wenn einzelne Gruppen eine eigene Pflanze beobachten und ein „Pflanzentagebuch" herstellen, können die Schaubilder verglichen werden:
■ Wachsen alle Pflanzen gleich schnell, welche Unterschiede fallen auf?
■ Behält die längste Pflanze des vierten Beobachtungs-Tages ihren Vorsprung?
■ Wie wirken sich unterschiedliche Bedingungen (Helligkeit, Boden usw.) auf das Wachstum aus?

Zur propädeutischen Vorbereitung des Maßstabsbegriffs werden nach einigen Tagen die Schaubilder der einzelnen Gruppen fotografiert und in unterschiedlichen Größen ausgedruckt (oder am Kopierer gezoomt). Die Kinder sortieren die verschiedenen Kopien den ursprünglichen „Pflanzentagebüchern" zu und begründen ihre Entscheidung: Die Relationen zwischen den einzelnen Streifen bleiben gleich! Sie stellen fest, dass 1 cm auf der Kopie einer größeren Länge in der Wirklichkeit entspricht, bzw. dass die Abbildung eines Zentimeters auf der Kopie kleiner ist als in der Realität. Je stärker die Verkleinerung, umso kleiner das „Maß" für 1 Zentimeter. Der „Maßstab" wird auf der jeweiligen Kopie festgehalten, z. B.: 0,25 cm gezeichnet in Wirklichkeit 1 cm.

Körpermaße   2. Schuljahr

Haben die größten Kinder auch die größten Füße, die längste Armspannweite, die längsten Zeigefinger?
Es werden vier bis fünf Kinder unterschiedlicher Größe ausgewählt. Die gemessene Körperlänge sowie die Länge der einzelnen Körperteile werden in eine Tabelle eingetragen, die Längen miteinander verglichen, sortiert und durchnummeriert.

Kind	Körper		Fuß		Armspanne	Zeigefinger
Svenja	1 m 20 cm	1	20 cm	1		
Dirk	1 m 18 cm	2	18 cm	3		
Hasan	1 m 10 cm	3	18 cm	3		
Karin	1 m 3 cm	4	19 cm	2		
Birgitt	1 m 1 cm	5	19 cm	2		

Weitere Fragestellungen für statistische Erhebungen zum Themenbereich „Körpermaße":

- Sind die Kinder, die bei der Geburt am größten waren, heute auch am größten?
- Haben Kinder mit den längsten Armen auch die längsten Beine?
- Können Kinder mit den längsten Beinen auch am weitesten springen?
- Wie viele Kinder sind in zwei Monaten mehr als 1 cm gewachsen?
- Wachsen wir alle zwei Monate immer gleich viele Zentimeter?
- Welche Körperteile sind nach einem halben Jahr am meisten gewachsen?

Unsere Jahrgangsstufe 2   2. Schuljahr

Mit der Erweiterung der Umfragen über die eigene Klasse hinaus wird die statistische Erhebung stärker anonymisiert, der Blick wird auf die rein quantitative Erfassung von Teilpopulationen gelenkt.

Alle Befragungsaktivitäten zum Thema „Unsere Klasse" aus dem ersten Schuljahr können aufgegriffen, aktualisiert und durch die Daten aus den Parallelklassen erweitert werden. Ausgangsfragestellung ist dabei z. B.: „Spielen die meisten Kinder aus dem zweiten Schuljahr am liebsten Fußball in der Hofpause oder ist das nur bei uns in unserer Klasse der Fall?" Dazu werden die Daten der Gesamtpopulation mit der Klassenstichprobe verglichen. Strichlisten-Streifendiagramme (siehe S. 83) ermöglichen auf einen Blick die Beantwortung der Frage(n).

In diesem Kontext kann das „Lesen" verschiedener Darstellungen in einem eigens aufbereiteten Lernangebot gezielt geübt werden.

Die Anzahlen der Jungen und Mädchen in den zweiten Schuljahren werden erfragt. Die Lehrerin stellt die Daten auf unterschiedliche Art dar, baut allerdings einzelne „Fehler" ein. Wer findet die Fehler?

| In der Klasse 2a sind 10 Mädchen und 13 Jungen |
| In der Klasse 2b sind 11 Mädchen und 15 Jungen |
| In der Klasse 2c sind 11 Mädchen und 12 Jungen |

Klasse	Mädchen	Jungen
2a	10	13
2b	11	15
2c	11	12

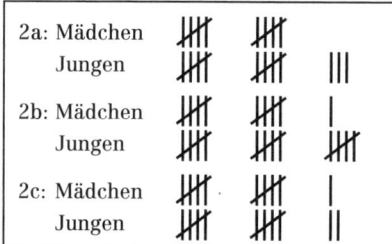

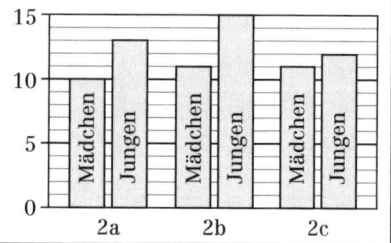

4.3 Erweiterterung des Spektrums im 3. Schuljahr

Im dritten Schuljahr ergibt sich durch den Zahlenraum bis 1000 und das Kennenlernen neuer Größeneinheiten ein weites Spektrum für die Erhebung und Interpretation von Daten. Das Abzählen von Ereignissen im Tausenderraum wird allerdings aufwändiger und tritt von daher zur Datenermittlung etwas zurück. Dafür bieten sich in verstärktem Maße Gelegenheiten, Größen darzustellen und Diagramme zur Veranschaulichung quantifizierbarer naturkundlicher Sachverhalte zu nutzen. Auch kann zunehmend auf vorhandene „authentische" Datenerhebungen und -darstellungen zurückgegriffen werden. Außerdem wird das Verständnis für Durchschnittswerte angebahnt, ebenso das Bewusstsein für die Gültigkeit von Stichproben.

Der Wechsel zwischen verschiedenen Darstellungsformen kann verstärkt geübt und die Angemessenheit bestimmter Veranschaulichungen reflektiert werden.

Der Natur auf der Spur   3. Schuljahr

Im Rahmen der Erweiterung des Zahlenraums wird wieder nach konkreten Zählanlässen gesucht. Dabei kann von statistischen Fragestellungen ausgegangen werden, wie z. B.:

- Haben alle Maiskolben (ungefähr) gleich viele Körner?
- Haben alle Kiefernzapfen (ungefähr) gleich viele Schuppen?
- Haben alle Sonnenblumen (einer Sorte) (ungefähr) gleich viele Kerne?
- Haben rote, grüne, gelbe Paprikaschoten gleich viele Kerne?
- Haben größere Schoten mehr Kerne als kleinere?

Die Kinder zählen in Gruppen die Körner eines Maiskolbens, indem sie je 10 Körner auf eine kreisförmige Fläche aufkleben (Fläche mit Flüssigkleber dick einschmieren, Körner darauf setzen – s. 2. Schuljahr). Da die Anzahl immer noch nicht schnell genug zu erfassen ist, werden immer 10 Kreise zu einer größeren Einheit zusammengefasst. So entsteht am Ende folgendes Schaubild:

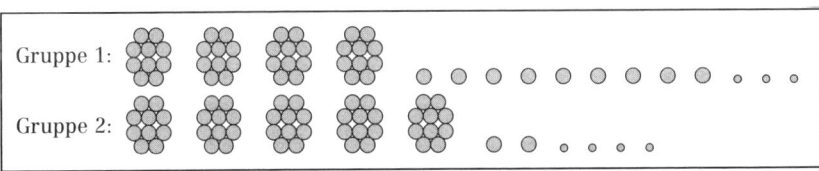

Dieses „konkrete" Schaubild lässt sich zeichnerisch wie folgt darstellen:

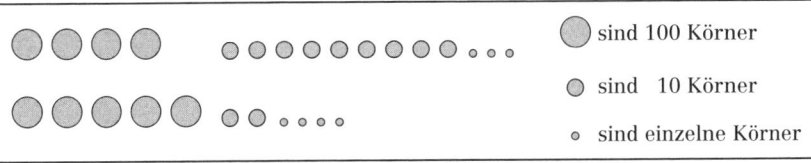

Schülerzahlen   3. Schuljahr

Im 3. Schuljahr können die Kinder zu differenzierteren Analysen herausgefordert werden.

■ Sind in den dritten Schuljahren der Nachbarschule mehr Jungen oder mehr Mädchen? Begründe.

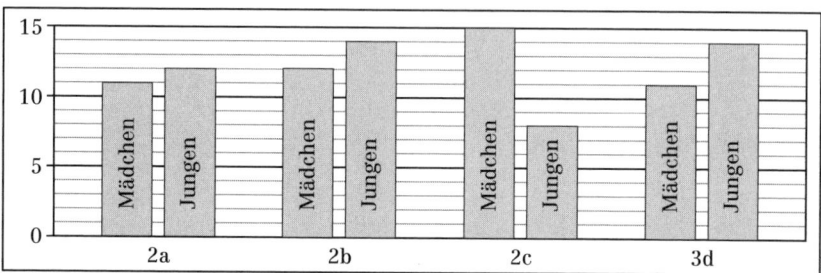

Entwicklung der Schülerzahlen   3. Schuljahr

Auf der Suche nach Anzahlen bis 1000 stellen die Schüler zumeist auch Vermutungen bezüglich der Schülerzahl an ihrer Schule an. Die Lehrerin bringt zusätzlich den Impuls mit ein: „Hatte unsere Schule immer so viele Schüler?" Die Sekretärin oder die Schulchronik geben Auskunft über die vergangenen 10/20/... 50 Jahre. Die Daten ausgewählter Jahrgänge (15 bis 20) werden in eine Tabelle eingetragen und (arbeitsteilig) in einem Säulendiagramm auf Karopapier dargestellt (ein Kasten = 5 Schüler).

Die Kinder und die Lehrerin formulieren Quizfragen für die anderen Mitschüler aus den 3. und 4. Schuljahren oder für die Eltern wie z. B.:

■ In welchem Jahr waren die meisten Schüler an unserer Schule?

■ In welchem Jahr waren die wenigsten Schüler an unserer Schule?

■ In welchem Jahr waren genau 20 Schüler mehr an der Schule als heute?

■ In welchen Jahren sind die Schülerzahlen gesunken?

■ In welchen Jahren waren die Schülerzahlen (fast) genau gleich?

■ In welchen zwei aufeinander folgenden Jahren gab es den größten Unterschied zwischen den Schülerzahlen?

■ In welchen drei aufeinander folgenden Jahren sind die Schülerzahlen von Jahr zu Jahr gestiegen?

■ In welchem Jahr besuchten genau 341 Schüler unsere Schule?

■ In wie vielen Jahren hatten wir über 400 Schüler an unserer Schule?

■ In welchen Jahren hatten wir zwischen 300 und 350 Schüler?

Umfragen in der Klasse oder Klassenstufe   3. Schuljahr

Es ist interessant, einen oder mehrere Aspekte aus den Umfragen des vorangegangenen Schuljahrs aufzugreifen und im Sinne einer „Längsschnittuntersuchung" mit den Ergebnissen aus dem Vorjahr zu vergleichen: Was hat sich in der Rangfolge verändert, was ist geblieben, was ist neu hinzugekommen?

Taschengeld   3. Schuljahr

Zu diesem Thema werden zahlreiche statistische Erhebungen durchgeführt. Immer wieder kann man entsprechende Veröffentlichungen in der Zeitung lesen. Allerdings sollten Befragungen zu diesem Thema in der Klasse mit Sensibilität gehandhabt werden, da sich manche Kinder in Bezug auf die Höhe ihres Taschengeldes sicherlich benachteiligt fühlen. Mögliche Fragestellungen sind:

- Wozu wird das Taschengeld bei den Kindern unserer Klasse ausgegeben?
- Wie viele Kinder bekommen ihr Taschengeld wöchentlich/monatlich/unregelmäßig/bei Bedarf?

Zunächst wird eine Sammlung von Dingen, für die Taschengeld ausgegeben wird, erstellt. Die einzelnen Dinge werden klassifiziert (z. B.: „Süßigkeiten", „Eintrittspreise", „Schulsachen" usw.) und dann aufgelistet. Die Befragung sollte anonym erfolgen. Die Ergebnisse der Klasse werden in einer Tabelle oder Strichliste dargestellt. Sie können eventuell mit Rechercheergebnissen aus dem Internet (z. B.: www.wiesonur.de) verglichen werden.

Zeit für Hausaufgaben pro Woche   3. Schuljahr

Diskussionen um die Hausaufgaben tauchen immer wieder in der Klasse auf. Meist stöhnen die Kinder: „Das ist viel zu viel!" Anlass, diese Vermutung durch eine statistische Erhebung zu bestätigen oder zu widerlegen. Die Kinder führen zwei Wochen lang Buch über die Dauer ihrer täglichen Hausarbeit in Tabelle 1 (s. Material). Die Ergebnisse der Erhebung werden für jede Woche in eine gesonderte Tabelle eingetragen (s. Tabelle 2, Material). Die Übertragung der Daten in ein Säulendiagramm erleichtert die Auswertung:

- Gibt es Wochentage, die besonders stark voneinander abweichen? Woran liegt das?
- Gibt es an den einzelnen Tagen eine breite Verteilung bei den Zeitspannen oder werden bestimmte Zeiträume besonders häufig genannt?

Material – Zeit für Hausaufgaben pro Woche

Wochentag	Hausaufgaben-Beginn	Hausaufgaben-Ende	Dauer
Montag			_____ h _____ min
Dienstag			_____ h _____ min
Mittwoch			_____ h _____ min
Donnerstag			_____ h _____ min
Freitag			_____ h _____ min

Anzahl der Nennungen ___ Woche vom _____ bis _____

	Montag	Dienstag	Mittwoch	Donnerstag	Freitag
bis 10 Minuten					
11 bis 20 Minuten					
21 bis 30 Minuten					
31 bis 40 Minuten					
41 bis 50 Minuten					
51 bis 60 Minuten					
61 bis 70 Minuten					
71 bis 80 Minuten					
81 bis 90 Minuten					
mehr als 90 Minuten					

▪ Was könnten die Gründe für eine breitere Verteilung sein?
▪ Zeigen sich Unterschiede zwischen den beiden Wochen? Welche? Woran könnte das liegen?

Die Erhebung führt zu weiterführenden Überlegungen wie:
▪ Wenn manche Kinder langsamer arbeiten und deshalb länger an den Hausarbeiten sitzen, sollten dann differenzierte Hausarbeiten aufgegeben werden?
▪ Sollten die Kinder bei konzentrierter Arbeit die Möglichkeit erhalten, nach einer festgelegten Zeit ihre Hausarbeiten abzubrechen?

„Top-Ten" der beliebtesten Hits   3. Schuljahr

Einmal im Monat werden die Lieblingshits der Klassenstufe ermittelt. Diese werden von den Mitschülern auf kleine Zettel geschrieben. In der Klasse werden die Zettel nach den benannten Hits geordnet und ausgezählt. Eine Hitliste wird erstellt, die Anzahlen der einzelnen Nennungen darin festgehalten. Am Tag der „Veröffentlichung" wird der Lieblingshit in der Frühstückspause im Schulhaus abgespielt. Die monatlichen Hitlisten werden ausgehängt.
▪ Was ändert sich von Monat zu Monat?
▪ Welche Hits halten sich über mehrere Monate auf den vorderen Plätzen, welche „stürzen" ganz schnell wieder ab?
▪ Welche Hits auf Platz 1 wurden ganz besonders häufig benannt?
▪ Welche Hits „klettern" nach oben, welche bleiben auf den unteren Rangplätzen, ehe sie ausscheiden?

Interessant ist es, wenn diese Befragung auch innerhalb der Jahrgangsstufe 4 durchgeführt und veröffentlicht wird.
▪ Haben die Viertklässler einen anderen Musikgeschmack als die Drittklässler?

Umfragen an unserer Schule   3. Schuljahr

Da bei Umfragen in der Schule das Auszählen auf Grund der recht hohen Population sehr aufwändig ist, sollten nur einige wenige Themenbereiche, die die Kinder besonders interessieren oder die im Rahmen einer Planungsentscheidung „Ernstcharakter" haben, ausgewählt werden, z. B.:
▪ Welche Art von Büchern soll für die Schülerbücherei angeschafft werden (Bilderbücher, Märchen, Sachbücher, Abenteuerromane, Krimis, Tierbücher, Comics ...)?

■ Welches Thema soll für die Projektwoche gewählt werden („Eine Reise um die Welt", „Ritter", „Märchen", „Wasser" ...)?
■ Für welchen Zweck sollen die Einkünfte aus dem „charity-walk" gespendet werden (SOS-Kinderdorf, UNICEF, Tierschutz ...)?

Auch aus den Freundschaftsbüchern der Kinder ergeben sich zahlreiche Themen für Umfragen an einer Schule – schwerpunktmäßig in den 3. und 4. Schuljahren – wie:
■ Lieblingsgruppe
■ Lieblingssong
■ Lieblingstier
■ Lieblingsbuch
■ Berufswunsch
■ Lieblingsfach
■ Hobby

Ausgehend z. B. von einer Zeitungsnotiz über das (beklagenswerte!) Leseverhalten deutscher Kinder wird eine Umfrage zum Freizeitverhalten der Kinder in den dritten und vierten Schuljahren angeregt. Es macht Sinn, vorher in der Klasse mögliche Aktivitäten zu sammeln und für die Umfrage aufzulisten, da freie Äußerungen oft nicht eindeutig zuzuordnen sind und die Merkmale besser eingegrenzt werden können.

Auch sollten möglichst drei Aktivitäten angekreuzt werden können, da eine Festlegung auf nur eine Tätigkeit schwer fällt. Für jede Klasse wird ein Säulendiagramm mit den fünf am häufigsten genannten Aktivitäten erstellt. Der Vergleich der einzelnen Klassen zeigt Gemeinsamkeiten, aber auch besondere Abweichungen. Erst ein Diagramm, das alle Ergebnisse der befragten Klassen darstellt, ermöglicht eine klare Aussage über das Freizeitverhalten an der Schule – vielleicht wird an der eigenen Schule ja doch in der Freizeit viel gelesen?

Eine Internet-Recherche informiert über repräsentative Ergebnisse zum Freizeitverhalten deutscher Kinder. Sie wird mit der eigenen Umfrage verglichen. Die Schüler werden informiert, dass eine „repräsentative" Umfrage von ungefähr 1000 befragten Personen an verschiedenen Orten ausgeht.

Umfragen zum Freizeitverhalten von Kindern und Jugendlichen werden regelmäßig von verschiedensten Auftraggebern durchgeführt, z. B. von Gemeinden, Sportvereinen oder von Fernsehanstalten. Mit den Kindern wird überlegt, wozu diese Erhebungen stattfinden. So erfahren sie, dass statistische Erhebungen nicht nur ausschließlich dem Informationsbedürfnis dienen, sondern für Entscheidungsgrundlagen genutzt und daher in Auftrag gegeben werden.

Wetter   3. Schuljahr

Dieses sachkundliche Thema ermöglicht zahlreiche Gelegenheiten für Mathematisierungen, Darstellungen von Messgrößen und statistische Erhebungen sowie für Analysen authentischer Diagramme und Tabellen. Die Kinder sollten vor den Datenerhebungen selbst Fragestellungen formulieren und Vermutungen anstellen. Sie sollten diskutieren, welche Fragen mit statistischen Mitteln eindeutig beantwortet werden können und welche Allgemeingültigkeit die Ergebnisse der Erhebungen haben.

Erhebungen im Rahmen einer täglichen Langzeitbeobachtung im Zeitraum von einem Jahr unter den folgenden Fragestellungen:
- An wie vielen Tagen im Monat .../im Jahr ... regnet es?
- In welchen Monaten regnet es besonders häufig?
- Regnet es im Herbst öfter als im Sommer?
- Kann es sein, dass es an 10 Tagen hintereinander regnet?
- An wie vielen Tagen im Monat .../im Jahr ... liegen die Temperaturen unter 0°/über 30°?
- Gibt es wohl in einem Jahr mehr Tage mit Minustemperaturen oder mit Temperaturen über 30°?
- Wann ist der kälteste/wärmste Tag im Jahr?

Die Daten werden täglich durch Beobachtungen/Messungen ermittelt oder dem lokalen Wetterbericht entnommen. Je nach Fragestellung werden sie in einen Jahreskalender oder in Form von Strichlisten in Tabellen eingetragen. Die Kinder haben mit Sicherheit schon einmal etwas von „Durchschnittstemperaturen" gehört. Diese können – im Sinne einer Verarbeitung von Daten – aus den monatlichen Erhebungen zunächst überschlagend ermittelt und dann genau berechnet werden.

Weitere Fragestellungen können sein:
- Ist die wärmste Temperatur des Tages jeweils zur selben Uhrzeit? Wenn ja, um wie viel Uhr wohl?
- Wie verhält sich die Proportionalität zwischen den Temperaturen und der Tageszeit in den einzelnen Jahreszeiten?

Der Untersuchungszeitraum sollte ca. 2 bis 3 Wochen (mindestens zweimal in einem Jahr) betragen. Jeweils ein Kind entnimmt dem Wetterbericht aus dem Internet stündlich die aktuelle Ortstemperatur. Im häuslichen Bereich kann die Aktivität fortgesetzt werden. Jeweils am nächsten Tag stellt ein Kind die Temperaturen des Vortages in einem Säulendiagramm dar. Der Vergleich der Säulendiagramme hilft, die Frage zu beantworten.

Unser Schulweg   3. Schuljahr

Dieses Thema ist geeignet, proportionale Beziehungen zu verdeutlichen. Häufig „messen" die Kinder die Länge ihres Schulwegs daran, wie viel Zeit sie dafür benötigen. Haben die Kinder, die am längsten brauchen, wirklich den längsten Weg? Die Kinder ermitteln, wie viele Minuten sie für ihren Schulweg brauchen. Die Ergebnisse werden der Größe nach geordnet in eine Tabelle eingetragen. Anschließend erhalten die Kinder die Information, dass Kinder in ihrem Alter, wenn sie schnell gehen, für einen Kilometer ungefähr 20 Minuten Gehzeit benötigen, also 2 Minuten für 100 m. Die Kinder berechnen nach dieser „Faustformel" die mögliche Länge ihres Schulwegs. Stimmen die Berechnungen mit der tatsächlichen Länge überein? Mit dem Messrad werden nach und nach die einzelnen (ausgewählten) Schulwege ausgemessen; dabei können Wege von Kindern, die ganz in der Nähe wohnen oder die dieselben Teilstrecken zurücklegen, an einem Tag ausgemessen werden. Die Tabelle wird um die letzte Spalte vervollständigt.

Name	Benötigte Zeit in Minuten	Errechnete Länge des Schulweges	Gemessene Länge des Schulweges

4.4 Das 4. Schuljahr

Im 4. Schuljahr verfügen die Kinder über einen erheblich erweiterten Zahlenraum und über Kenntnisse zu fast allen gebräuchlichen Größeneinheiten. Eigene Erhebungen im großen Zahlenraum sind nicht mehr möglich; dafür kann in verstärktem Maße auf offizielle Darstellungen statistischer Daten zurückgegriffen werden. Hierbei handelt es sich zumeist um die Darstellung gerundeter Zahlen. Vorrang hat vor allem das Interpretieren von authentischen Diagrammen und Tabellen, meist zu fächerübergreifenden Aspekten.

Große Populationen   4. Schuljahr

Große Anzahlen von Menschen(-ansammlungen) werden zumeist mit Strichmännchen in verschiedenen Größen und Ausformungen dargestellt, z. B.:

Die Schüler ziehen Erkundungen ein über die Personen-Anzahlen in bestimmten Ballungsgebieten oder bei besonderen Ereignissen und stellen diese mit Zeichen dar.

- Personen in Großstädten,
- Besucherzahlen im Stadion,
- Zuschauerzahlen bei bestimmten Filmen, Großereignissen.

Für andere Daten, die sich nicht auf die Anzahl von Personen beziehen, müssen Repräsentanten gefunden werden, z. B. für:

- Auflagen bestimmter Kinderbücher / Comic-Zeitschriften,
- Anzahlen verkaufter Schallplatten,
- Anzahl von Blättern an Bäumen,
- Anzahl von Ameisen in einem Ameisenvolk, Bienen in einem Bienenvolk.

Rekorde   4. Schuljahr

In den Kinderzeitschriften oder im Guinness-Buch der Rekorde finden sich jede Menge erstaunliche Angaben, die zumeist mit den eigenen, persönlichen Daten verglichen (eigene Untersuchungen/Messungen/Experimente usw. durchführen) und anschaulich dargestellt werden können:

- Herz-/Pulsschlag,
- Schlafenszeiten,
- Sprungweiten,
- Geschwindigkeiten,
- täglicher Nahrungsbedarf,
- Länge/Gewicht,
- Haarlänge,

aber auch:

- Schnellsprecher,
- Gedächtniskünstler,
- Sportrekorde usw.

Fernsehzeit – Bewegungszeit   4. Schuljahr

In der letzten Zeit häufen sich Zeitungsberichte zu dem erhöhten Fernseh-konsum und damit auch zu dem Bewegungsmangel und dem Übergewicht deutscher Kinder (und Erwachsener!). Die Bundeszentrale für gesundheitli-che Aufklärung empfiehlt als Höchstdauer für die tägliche Fernsehzeit: Für Kinder im Alter von 6 bis 9 Jahren 60 Minuten, für Kinder bis zu 13 Jahren 90 Minuten. Kinder von 6 bis 9 Jahren verbringen allerdings durchschnitt-lich 92 Minuten vor dem Fernseher, bei den Zehn- bis Dreizehnjährigen sind es sogar fast zwei Stunden. Das ist Anlass für ein Erfassen und Interpretie-ren des eigenen Verhaltens.

Eine derartige Erhebung erfordert von den Kindern vielfältige und komple-xe Aktivitäten wie: Informationen in Fernsehzeitschriften erfassen, Heraus-suchen von Sendungen und Sendezeiten, Ablesen von Uhrzeiten, Berechnen von Zeitspannen, Umwandeln von Zeitspannen usw.

Übergreifende Fragestellung für das Projekt: „Verbringen wir mehr Zeit in unserer Freizeit mit sportlichen Betätigungen oder mit Fernsehen?"

Die Kinder führen eine Woche lang ein Fernseh- und Bewegungstagebuch.

Montag:

14.00–14.30	fernsehen	30 min
15.00–15.15	mit Lisa zum Schwimmbad gegangen	15 min
15.30–16.15	im Wasser	45 min
16.30–16.43	zurück nach Hause	13 min
17.20–17.50	fernsehen	30 min
18.30–18.55	fernsehen	25 min

Ferngesehen: 85 min = 1 h 25 min, bewegt: 68 min

Ihre täglichen Zeiten stellen sie in Form eines Säulendiagramms (zweifarbig) dar:

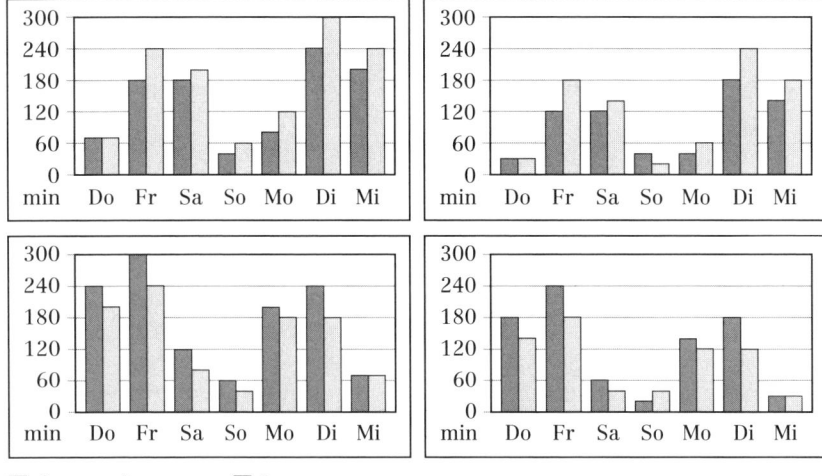

■ ferngesehen   □ bewegt

Betrachtung des eigenen Säulendiagramms:
- An welchen Tagen habe ich länger ferngesehen als mich bewegt?
- An welchen Tagen habe ich besonders lange ferngesehen / mich bewegt?
- Woran liegt es, dass an den einzelnen Tagen die Zeitspannen so unterschiedlich sind?
- Wie viele Minuten am Tag habe ich durchschnittlich ferngesehen / mich bewegt?

Vergleich mehrerer Säulendiagramme aus der Klasse:
- Welche besonderen Unterschiede fallen auf?
- An welchen Wochentagen sehen die Kinder besonders viel fern?
- Warum haben die meisten Kinder am vergangenen Donnerstag so viel ferngesehen? (Regentag!)

Die Kinder berechnen ihre eigene durchschnittliche tägliche Sehdauer. Dann erhalten sie eine Tabelle zur durchschnittlichen Fernsehdauer der Erwachsenen in der Bundesrepublik:

Tägliche Sehdauer für Erwachsene pro Tag/Zuschauer ab 14 Jahre

Jahr	1990	1991	1992	1993	1994	1995	1996	1997	1998	1999	2000
Min./Tag	156	160	168	176	178	186	195	196	201	210	216

Sie beurteilen anhand der Übersicht, ob die folgenden Aussagen stimmen oder nicht:

■ Die tägliche Sehdauer hat von Jahr zu Jahr zugenommen.

■ Die tägliche Sehdauer hat von Jahr zu Jahr gleichmäßig zugenommen.

■ Die tägliche Sehdauer hat immer um mindestens 4 Minuten zugenommen.

■ In den Jahren von 1990 bis 2000 hat die tägliche Sehdauer um eine Stunde zugenommen.

■ 1996 und 1997 war die tägliche Sehdauer fast gleich.

■ Die tägliche Sehdauer hat in den letzten 5 Jahren genauso viel zugenommen wie in den ersten 5 Jahren.

■ Die tägliche Sehdauer hat pro Jahr durchschnittlich 4 Minuten zugenommen.

Sie stellen eine hypothetische Hochrechnung an: Wenn die tägliche Sehdauer zwischen 1990 und 2000 durchschnittlich von Jahr zu Jahr um ungefähr $5^{1}/_{2}$ Minuten zugenommen hat, wie lange haben dann wohl die Erwachsenen im Jahr 2004 täglich ferngesehen? In Wirklichkeit betrug die durchschnittliche Sehdauer 2004 lediglich 225 Minuten! Worauf deutet das hin?

Auch die Übersicht über die durchschnittliche tägliche Sehdauer in den einzelnen Monaten ist interessant und kann genauer analysiert werden.

Durchschnittliche Sehdauer pro Tag in Deutschland/Zuschauer ab 3 Jahre
(Quelle: AGE/GfK; PC TV Fernsehpanel (D))

Jan.	Feb.	März	April	Mai	Juni	Juli	Aug.	Sept.	Okt.	Nov.	Dez.
241	236	220	202	197	193	189	191	193	209	224	227

Müllvermeidung   4. Schuljahr

■ Die Schüler notieren eine Woche lang, aus welchen „Verpackungen" sie in der Frühstückspause getrunken haben: Trinkpäckchen, Dose, kleine Plastikflasche ...

■ Die Verpackungen werden gewogen, das Abfallgewicht berechnet und auf 40 Schulwochen hochgerechnet.

■ Ein Diagramm über das jährliche Abfallgewicht von Getränkeverpackungen in der Frühstückspause wird erstellt.

■ Die Kinder wiegen das Papier ihres Pausenbrots (ca. 8 g). Wie viel Kilogramm Müll könnte in einem Schuljahr (ca. 40 Schulwochen) vermieden werden, wenn stattdessen eine Frühstücksdose benutzt würde?

Lilo Verboom

5 Kugeln – Würfel – Lose

Auch Grundschulkinder erleben die Tücken des Zufalls und die Freuden des Glücks. Auch sie denken darüber nach, ob ein gewünschtes oder erwartetes Ereignis eintreten oder ausbleiben wird, wann der Würfel endlich die gewünschten sechs Augen zeigt, warum man an der Losbude auf der Kirmes so selten gewinnt.

Mit dem Glück oder Pech, mit den Zufällen befasst sich ein Teilgebiet der Mathematik, die Wahrscheinlichkeitsrechnung. Sie gehört zwar noch nicht in den Lehrplan der Grundschule; Grundschulkinder können aber dennoch mit einfacheren Experimenten, durch Beobachtung und Nachdenken erste Erfahrungen dazu machen. Die folgenden Anregungen sollen einen solchen propädeutischen Einstieg in den Umgang mit Wahrscheinlichkeiten ermöglichen.

5.1 Sicher – wahrscheinlich – unmöglich

Wer sagt das Richtige?   2.– 4. Schuljahr

Man benötigt zwei gleiche, aber farblich unterschiedliche Gegenstände (Würfel, Spielfiguren, Kugeln oder Plättchen), einen blickdichten Beutel oder ein Tuch.

Die beiden Gegenstände, z. B. eine rote und eine blaue Spielfigur, kommen in den Beutel oder unter das Tuch.

Ein Kind soll eine Figur hervorholen. Vorher soll das Ergebnis geschätzt werden.

- **Sicher:** Es ist **sicher**, dass man eine Spielfigur, ohne auf die Farbe zu achten, hervorholen kann. Sie ist entweder rot oder blau.
- **Unmöglich:** Es ist **unmöglich**, unter diesem Tuch eine grüne Spielfigur zu finden. Die Figur, die ich hervorhole, muss entweder rot oder blau sein.
- **Wahrscheinlich:** Patrick sagt: „Die Figur, die ich greife, ist **wahrscheinlich** rot." – Alina sagt: „Die Figur, die ich hervorhole, ist **wahrscheinlich** blau." Beide Aussagen sind unsicher. Ob Patrick oder Alina das Richtige vorhergesagt hat, muss durch einen Versuch entschieden werden.

Info

Ein Ereignis, das **sicher** eintritt, hat die Wahrscheinlichkeit 1 oder 100 %.
Ein Ereignis, das **unmöglich** eintritt, hat die Wahrscheinlichkeit 0 oder 0 %.
Alle Ereignisse, deren Wahrscheinlichkeit größer als 0 und kleiner als 1
(zwischen 0 % und 100 %) ist, treten **wahrscheinlich** ein. Je näher die Zahl
an 1 liegt, desto größer ist die Wahrscheinlichkeit, dass das Ereignis eintritt.

Mehr Rot oder mehr Blau?   2.–4. Schuljahr

Man benötigt einen roten und einen blauen gleichen Gegenstand (Würfel,
Spielfiguren, Kugeln oder Plättchen), einen blickdichten Beutel oder ein
Tuch. Wieder liegen eine rote und eine blaue Spielfigur verdeckt unter dem
Tuch. Jedes Kind aus der Klasse darf einmal eine Figur hervorholen. Vorher
wird abgestimmt: Wer meint, dass mehr rote Figuren gezogen werden? Wer
meint, dass es mehr blaue Figuren sind? Wer meint, dass es gleich viele rote
und blaue werden? Die Abstimmungsergebnisse werden notiert.

Nun wird gezogen und die Ergebnisse werden in einer Tabelle an der Tafel
festgehalten. Das könnte bei 25 Kindern so aussehen:

Rot: 9   Blau: 16

Ist das immer so, dass Blau öfter gezogen wird? Also müsste man, wenn man
wieder eine Figur hervorziehen will, sagen: „Das wird wahrscheinlich eine
blaue Figur sein." Es ist aber nicht immer so! Erst eine große Anzahl von Versuchen bringt uns der tatsächlichen Wahrscheinlichkeit näher. Bei 100 Versuchen könnte das Ergebnis z. B. so aussehen:

Rot: 46   Blau: 54

Das ist immer noch nicht genau. Wenn man immer mehr Versuche macht,
wird man feststellen, dass die Zahlen immer näher aneinander rücken. Die
Wahrscheinlichkeit, eine rote oder eine blaue Figur zu ziehen, beträgt jeweils 50 Prozent. Bei genügend vielen Versuchen kommt man diesem Ergebnis sehr nahe: Es werden etwa so viele rote wie blaue Figuren gezogen,
wobei das Wörtchen „etwa" wichtig ist. Es deutet an, dass man auch mit unendlich vielen Versuchen zwei genau gleiche Hälften nur zufällig oder nur
vorrübergehend erreicht.

Nun werden drei gleiche Gegenstände, z. B. Spielfiguren, in einen Beutel gelegt. Zwei Figuren sind rot, eine ist blau. Wieder sollte man zuerst fragen:
Welche Ereignisse sind sicher, welche möglich, welche unmöglich und welche wahrscheinlich.

Wenn man hier die Kinder genügend Versuche, mindestens 100, machen lässt, nähert man sich einer $\frac{1}{3}$-/ $\frac{2}{3}$-Lösung. Bei 100 Versuchen fallen annähernd 33 blau und etwa 67 rot aus. Die Wahrscheinlichkeit für Blau beträgt 33,3 %, für Rot 66,7 %. Die tatsächlichen Versuchsergebnisse können allerdings stark von diesen Werten abweichen.

Andere Versuche sind möglich mit
- 3 roten Kugeln und 1 blauen Kugel (Wahrscheinlichkeit: 75 % rot, 25 % blau)
- 2 roten und 2 blauen Kugeln (Wahrscheinlichkeit: 50 % rot, 50 % blau)
- 3 roten und 2 blauen Kugeln (Wahrscheinlichkeit: 60 % rot, 40 % blau)

Immer werden die angegebenen Zahlen nur annähernd erreicht. Interessante Ergebnisse bekommt man, wenn man bei jedem Versuch aus den 5 Kugeln immer 2 Kugeln ziehen lässt. Dann ergeben sich folgende Möglichkeiten: 2 rote Kugeln; 2 blaue Kugeln; 1 rote, 1 blaue Kugel.
Die Wahrscheinlichkeiten betragen dann 25 % (rot, rot); 13 % (blau, blau) und 63 % (rot, blau).

Würfelglück   2.–4. Schuljahr

Auch mit dem Spielwürfel lassen sich erste Überlegungen zur Wahrscheinlichkeit anstellen. Fast jedes Kind hat schon die Erfahrung gemacht, dass beim Spiel die dringend gewünschte 6 immer wieder ausbleibt, dass man dauernd eine 1 würfelt, die man gar nicht gebrauchen kann, dass die erhoffte 3 oder 4 nicht erscheint.
Beim Würfeln kann man feststellen: Es ist sicher: Man bekommt bei jedem Wurf eine Augenzahl von 1 bis 6.
Es ist unmöglich, eine Zahl zu würfeln, die größer ist als 6.
Es ist wahrscheinlich, dass man eine der Zahlen von 1 bis 6 würfelt.

Wieder kann man mit Würfelreihen probieren, wie oft eine Augenzahl gewürfelt wird. In einer Tabelle (Strichliste) halten die Kinder fest:
- Wie oft erscheinen die Augenzahlen von 1 bis 6?
- Welche Zahl wurde am häufigsten, welche am wenigsten gewürfelt?

Die Ergebnisse werden voraussichtlich sehr ungleichmäßig sein. Erst wenn man eine genügend große Anzahl von Versuchen macht, kommt man der Wahrscheinlichkeit, mit der jede Augenzahl eintritt, etwas näher. So kann man eine Klasse von 24 Kindern in 6 Vierergruppen einteilen. Wenn jede Gruppe 100-mal würfelt und die Ergebnisse in einer Strichliste festhält, kann man anschließend alle Ergebnisse zusammenfassen. Man erhält dann insge-

samt 600 Werte. Das ist zwar auch noch nicht genug, lässt aber eine Tendenz zur Zahl 100 bei jeder Augenzahl erkennen. Das ist ein Sechstel der Gesamtversuchszahl. Die Wahrscheinlichkeit für jede Augenzahl eines normalen Würfels beträgt ein Sechstel, also etwa 0,167 oder 16,7 %.
Weitere Experimente können die Fragen beantworten: Wie oft würfelt man eine gerade Zahl, eine ungerade Zahl? Kann man vorhersagen, welche Augenzahl beim nächsten Wurf erscheint?

5.2 Würfelspiele

Bei den meisten Würfelspielen spielen Zufall oder Glück eine entscheidende Rolle. Hier sind einige einfache Spiele, die eine Kindergruppe mit einem oder mit zwei Würfeln durchführen kann.

Marienkäfer   2.–3. Schuljahr

Jede Mitspielerin und jeder Mitspieler erhält ein Blatt Papier und einen Stift. Nun würfelt jedes Kind einmal und schreibt die gewürfelte Augenzahl auf sein Blatt. Danach geht es los. Es wird reihum gewürfelt. Wer die Augenzahl würfelt, die er auf seinem Zettel stehen hat, darf dort ein Stück des Marienkäfers (den Körper, den Kopf, einen Fühler, die Augen, ein Bein, fünf Punkte) zeichnen. Wer als erster seinen Marienkäfer fertig hat, ist Siegerin bzw. Sieger.

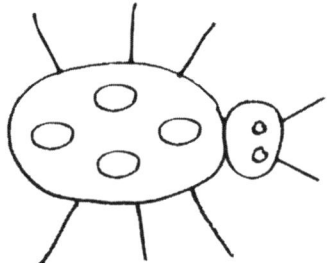

Die böse Eins   2.–3. Schuljahr

Es wird wieder der Reihe nach mit einem Würfel gespielt. Wer an der Reihe ist, darf mehrmals würfeln. Er muss dabei die Augenzahlen zusammenzählen, bis er mindestens 15 Augen zusammen hat. Die gewürfelte Augenzahl wird ihm gutgeschrieben. Wenn er allerdings eine 1 würfelt, verfallen alle bis dahin gesammelten Punkte. Er bekommt nichts gutgeschrieben und muss den Würfel an den nächsten Spieler, an die nächste Spielerin geben. Gewonnen hat, wer zuerst insgesamt 100 Punkte auf seinem Zettel gesammelt hat.

Sieben gewinnt 2.–3. Schuljahr

Hier braucht man 2 Würfel, einige Chips oder Plättchen, ein Blatt Papier und einen Stift. Jedes Kind schreibt die Zahlen von 2 bis 12 auf sein Blatt. Nun wird gewürfelt und die erreichte Augenzahl auf dem eigenen Zettel durchgestrichen. Würfelt ein Kind eine schon durchgestrichene Zahl, kommt das nächste an die Reihe. Die 7 wird nicht durchgestrichen, dafür bekommt man einen Chip. Wer alle Zahlen durchgestrichen und die meisten Chips hat, ist Siegerin oder Sieger.

Hohe Hausnummer 3.–4. Schuljahr

Das Spiel ist vielen Erwachsenen vom Kegeln bekannt. Jeder zeichnet auf sein Blatt Papier eine Stellenta-

H	Z	E

fel: Nun wird reihum gewürfelt und man muss entscheiden, in welche Spalte man die Augenzahl eintragen will. In der zweiten Runde stehen dann nur noch zwei Felder und in der dritten nur noch ein Feld zur Verfügung. Wer nach drei Würfelrunden die höchste Zahl hat, gewinnt. Als Variation des Spiels kann die kleinste Zahl gebildet werden (niedrige Hausnummer).

Würfelrechnen 3.–4. Schuljahr

Jede Spielerin und jeder Spieler darf fünfmal würfeln. Die ersten beiden Ergebnisse werden addiert (z. B. 3 + 5 = 8), die dritte Augenzahl wird davon subtrahiert (8 – 4 = 4), mit der vierten Augenzahl wird multipliziert (4 · 5 = 20) und mit der fünften Augenzahl dividiert (20 : 4 = 5). Das letzte Ergebnis darf sich der Spieler aufschreiben. Wer an eine Aufgabe kommt, die er nicht lösen kann (z. B. 3 – 6 oder 12 : 5), scheidet aus und gibt den Würfel an die nächste Spielerin. Siegerin oder Sieger ist, wer nach einer oder zwei oder drei Runden die meisten Punkte hat.

Immer der Reihe nach 3.–4. Schuljahr

Der Würfel geht wieder reihum. Jeder darf einmal würfeln. In der ersten Runde muss die 1 gewürfelt werden. Wer sie schafft, schreibt sie auf seinen Zettel. In der zweiten Runde wird die 2, in der dritten die 3 usw. und in der sechsten Runde die 6 gewürfelt. Wer die richtige Zahl nicht schafft, gibt den Würfel an den nächsten Spieler. Wer zuerst alle sechs Zahlen auf seinem Zettel stehen hat, ist Siegerin bzw. Sieger.

Material – Hohe Hausnummer

H	Z	E

H	Z	E

H	Z	E

H	Z	E

© Cornelsen Verlag Scriptor, Berlin · Die Grundschul-Fundgrube für Mathematik

Alle guten Dinge sind drei 3.–4. Schuljahr

Es wird mit zwei Würfeln gespielt. Es wird jedes Mal zweimal gewürfelt, erst mit zwei Würfeln, deren Augenzahlen addiert werden (z. B. 2 + 4 = 6), dann mit einem Würfel, mit dessen Augenzahl dividiert wird (6 : 3 = 2). Wer es so schafft, bekommt einen Chip oder ein Plättchen. Ist die Teilaufgabe nicht lösbar, kommt die nächste Spielerin an die Reihe. Gewonnen hat, wer als erster 10 Plättchen oder Chips hat.

■ Kann man vorhersagen, welche Augenzahl beim nächsten Wurf erscheint?

5.3 An der Losbude

Melike und Sascha stehen an der Losbude. Dort kann man so viele schöne Sachen gewinnen. Melike möchte so gern den großen Kuschel-Tiger haben. „Für sechs Lose nur ein Euro!" schreit der Losverkäufer. „Jedes dritte Los gewinnt!" „Ob ich sechs Lose nehme? Dann habe ich vielleicht zwei Gewinne", sagt Melike. „Es reicht doch, wenn du nur drei Lose kaufst. Dann gewinnst du deinen Tiger", meint Sascha.

Wenn die Behauptung „Jedes dritte Los gewinnt" stimmt, müsste ein Drittel aller Lose Gewinnlose sein. Wenn der Losverkäufer an diesem Tag 9000 Lose zum Verkauf anbietet, müssten darunter also 3000 Gewinnlose sein. Die Wahrscheinlichkeit, ein Gewinnlos zu ziehen, beträgt dann 1 : 3 oder etwas mehr als 33,3 %. Die Lose im Loseimer des Verkäufers sind allerdings gut gemischt, und man sieht einem zusammengerollten Los nicht an, ob es eine Niete ist oder nicht. Selbst wenn Melike 12 Lose für 2 Euro kauft, kann unter den 12 Losen kein Gewinnlos vorkommen. Andererseits kann Sascha unter 6 Losen, die er gekauft hat, z. B. 4 Gewinnlose haben.

Die Erfahrung, dass auch beim Losen die Wahrscheinlichkeit nichts über den Ausgang des nächsten Zuges, des nächsten Ereignisses aussagt, sollten die Kinder durch entsprechende Experimente machen.

Losexperimente 3.–4. Schuljahr

Jedes Kind in der Klasse bekommt drei gleich große Zettel. Auf zwei Zettel schreibt es „Niete", auf den dritten „Gewinn". Dann werden alle Zettel aller Kinder in gleicher Weise gefaltet und in ein Gefäß oder gar einen Hut geworfen. Nun wird gelost. Jedes Kind darf von allen Losen immer 6 Lose ziehen. Die Ergebnisse werden an der Tafel festgehalten. Wenn man die gezogenen

Lose nicht wieder in das Losgefäß zurückgibt, verändern sich die Bedingungen und die Wahrscheinlichkeiten. Wenn anfangs viele Nieten gezogen wurden, steigt die Wahrscheinlichkeit, ein Gewinnlos zu ziehen. Umgekehrt wird sie kleiner, wenn man zuerst viele Gewinnlose zieht.

Losexperimente lassen sich auch mit Streichhölzern oder anderen kleinen Stäbchen machen, von denen eins oder mehrere kürzer als die anderen sind. Eins von vier Stäbchen ist kürzer. Wie oft zieht man wohl das kürzere Stäbchen?

Auch hier kommt man mit einer großen Zahl von Versuchen der errechneten Wahrscheinlichkeit (1 : 4) eher nahe.

Einfache Experimente lassen sich auch mit den beiden verdeckten Händen machen. „In welcher Hand habe ich die Münze (das Plättchen, das Bonbon)?"

Udo Quak

6 Mit dem Taschenrechner

Obgleich Taschenrechner in den letzten Jahrzehnten preiswerte und leistungsstarke Geräte des alltäglichen Gebrauchs wurden, ruft ihr Benutzen im Mathematikunterricht der Grundschulen noch heute bei vielen Grundschullehrerinnen zwiespältige Reaktionen hervor. Noch 1985 wurde in den Lehrplänen Mathematik für Nordrhein-Westfalen ihr Einsatz in der Grundschule eher vorsichtig empfohlen. Eine ähnliche Position nahmen auch die Lehrpläne anderer Bundesländer ein. Anders die Didaktiker: Sie sahen vor allem die Chancen für den Mathematikunterricht in der Grundschule. Und so formulierte HEINRICH WINTER (1988) seine Sicht zum Einsatz des Taschenrechners folgendermaßen: „Ein spezielles neues Material stellt der Elektronische Taschenrechner (TR) dar. Weit mehr, als es je eine Rechenmaschine in der Vergangenheit vermocht hat, prägt der TR (vielfach sogar schon programmierbare Computer oder gar ganze EDV-Anlagen) sogar schon heute das Rechnen in der Lebenspraxis. Der TR kann von der Grundschuldidaktik nicht schlicht ignoriert werden. Erfahrungen im In- und Ausland zeigen, daß der TR sinnvoll in den Mathematikunterricht der Primarstufe integriert werden kann, dies muß der Lehrer aber selbst erst einmal lernen. Das Rechnen wird durch ihn keineswegs überflüssig, allerdings gibt es eine Akzentverschiebung; das Erfassen von Zahlbeziehungen und das überschlägige Rechnen erhalten einen weit höheren Stellenwert als bisher, reines Routinerechnen mit großen Zahlen (Multiplikationen und Divisionen) kann stärker dem TR überlassen werden. Es gibt keinen Hinweis darauf, daß der Einsatz des TR zu einer Verkümmerung der Rechenfertigkeiten führt, man hat vielmehr eine stärkere Sensibilität für Zahlen und Zahlzusammenhänge beobachtet. Allerdings muß der Gebrauch des TR didaktisch überzeugend gestaltet werden; er kann – wie jedes Medium – auch mißbraucht werden."
Das Misstrauen gegen den Taschenrechner konnte Winter damit allerdings nicht mindern. Obwohl der Computer einen furiosen Einzug in die Klassenzimmer gehalten hat, spielt der Taschenrechner im Mathematikunterricht der Grundschulen bis heute eine eher untergeordnete Rolle.
Neue Lehrpläne, z. B. aus NRW, sehen indes im Taschenrechner einen Gebrauchsgegenstand, der zur Lebenswirklichkeit auch von Grundschulkindern gehört.
Taschenrechner gehören zum Alltag – nicht aber in die Grundschule?

Diese Praxis ist unbefriedigend, denn sie führt zu einem eher unreflektierten Gebrauch des Gerätes. Kinder sollten den Taschenrechner systematisch kennen und beherrschen lernen, und das in Lernarrangements, die vielfältige Entdeckungen und sinnvolle Lernchancen eröffnen. Hierzu will dieses Kapitel mit verschiedenen Aspekten zum Einsatz des Taschenrechners sowie vielen Beispielen beitragen.

Vor dem Einsatz des Taschenrechners im Unterricht steht die Frage nach der Anschaffung des Gerätes. Alle Kinder einer Klasse sollten mit dem gleichen Gerät arbeiten – das liegt auf der Hand. Soll es nun aber ein einfaches Gerät sein oder ein wissenschaftlicher Rechner? Bei der Beantwortung dieser Frage muss klar sein, welche Schwerpunkte bei der Einführung und dem weiteren Einsatz des Gerätes gesetzt werden. Ein einfaches Gerät könnte eventuell die Regel „Punkt- vor Strichrechnung" nicht beachten. Dies könnte Ausgangspunkt sein, den Einsatz des Taschenrechners kritisch zu reflektieren, den eigenen Rechenfertigkeiten zu trauen, die Gewichtung und den Stellenwert der gelernten Rechenverfahren und -vereinbarungen gegenüber einer unreflektierten „Technikhörigkeit" zu bestimmen. Der wissenschaftliche Rechner kennt diese Hürden nicht. Er setzt jedoch andere, indem er vielfältige Funktionen bietet, die weit über das Mathematikverständnis eines Grundschulkindes hinausgehen.

Die vorausgegangenen Überlegungen führen hin zu der generellen Frage nach dem didaktischen Nutzen des Taschenrechners für den Mathematikunterricht in der Grundschule:

Was kann der Taschenrechner?

■ Trägt der TR zur Entwicklung von Fertigkeiten, Kenntnissen, Fähigkeiten und positiven Einstellungen zum Mathematikunterricht bei?

■ Kann er Kreativität und Argumentationsfähigkeit fördern?

■ Wo und wie kann er helfen, Entdeckungen zu machen? Eröffnet er vielleicht sogar Möglichkeiten des entdeckenden Lernens, die ohne ihn nicht zugänglich wären?

■ Ermöglicht er anregende (produktive, operative) Übungsformen?

■ Kann er als Werkzeug bei der Erschließung der Umwelt (im Sinne der Anwendungsorientierung) und bei der Einsicht in Regelhaftigkeiten und Gesetzmäßigkeiten (Strukturorientierung) helfen (FLOER o. J.)?

Was kann er nicht?

■ Er stellt keine konkreten Erfahrungen zum Aufbau von Zahlvorstellungen und Zahlverständnis bereit.

■ Er schafft keine Einsicht in Grundideen des Stellenwertsystems und der Rechenverfahren.

▨ Er liefert keine Begründungen für Rechengesetze und Zusammenhänge.

▨ Er ist nicht in der Lage, verschiedene Rechenwege zu entdecken und zu nutzen.

▨ Er kann weder mathematische Einsichten aus Umwelterfahrungen heraus gewinnen noch die Mathematik einsetzen, um die Umwelt besser zu verstehen.

▨ Er kann sich nicht „melden", wenn man besser auf ihn verzichten und geschickt im Kopf rechnen sollte!

Zum Einsatz des Taschenrechners im Unterricht ist es hilfreich, sich einen Überblick über seine möglichen didaktischen Funktionen zu verschaffen. Das Folgende lehnt sich an die im „Handbuch für den Mathematikunterricht" (RADATZ u. a. 1998) aufgelisteten Möglichkeiten und Beispiele zur Durchführung an.

6.1 Der Taschenrechner als Experimentiergerät

Bei dieser Art der Nutzung steht das Kennenlernen des Gerätes mit seinen Funktionen im Vordergrund. Die Kinder können probieren, experimentieren, Entdeckungen machen. Sie können Beziehungen der Zahlen und Gesetzmäßigkeiten entdecken. Sie können ihr Wissen vom Aufbau und der Darstellung von Zahlen vertiefen. Ihre Neugier und ihr Interesse an mathematischen Phänomenen kann so geweckt werden. Das kann sich nachhaltig positiv auf ihre Haltung dem Mathematikunterricht gegenüber auswirken.

Taschenrechnerexperimente   3.–4. Schuljahr

▨ Drücke immer wieder die Taste mit dem Gleichheitszeichen:

$1 + 2 =======$ $2 + 1 + 0 =====$ $64 - 4 ======$

$2 + 2 =======$ $4 \cdot 5 ======$ $4 \cdot 4 ========$

$1 + 2 + 3 ======$ $2 : 2 =======$ ...

▨ Tippe nacheinander ein:

$5 + \cdot 2 =$ $3 + - 1 =$ $12 \cdot \div 4 =$

$5 \cdot + 2 =$ $3 - + 1 =$ $12 \div \cdot 4 =$

▨ **Zahlenfolgen:**
Berechne und untersuche diese Zahlenfolgen:

$9 \cdot 9 + 7 = 88$
$98 \cdot 9 + 6 = 888$
$987 \cdot 9 + 5 = 8888$

Wie könnte es weitergehen?

Zielzahlen:

▪ Erlaubte Tasten: 2, +, −, ·, ÷, =
   Erreichst du die 24?

▪ Du darfst nur die Tasten 5, +, −, ÷, ·, = benutzen.
   Erreichst du die 17?

▪ Alle Zahlen zwischen 10 und 20 erreichen. Erlaubte Tasten: 3, 7, +, −, ·, ÷, =
   Sind mit diesen Tasten auch die Zahlen von 1 bis 50 zu erreichen?

▪ Alle Zahlen von 1 bis 10 (bis 20, bis 100) sollen erreicht werden.
   Erlaubt sind die folgenden Tasten: 2, 3, 5, 8, +, −, =

   Beispiele:
   $8 - 5 - 2 = 1$
   $5 - 3 = 2$
   $5 - 2 = 3$
   $5 + 2 - 3 = 4$

▪ Multipliziere zwei aufeinander folgende Zahlen miteinander. Die Ergebnisse sollen 132, 240, 12, 110, 380, ... sein. Diese Zahlen darfst du benutzen: 3, 4, 5, 6, 7, 8.

▪ Multipliziere 3 Zahlen miteinander: das Ergebnis soll möglichst nahe bei 125 (oder zwischen 200 und 250 oder ...) liegen.

6.2 Der Taschenrechner als Kontrollgerät

Bereits Grundschüler können die Richtigkeit ihrer Lösungen mit Hilfe des Taschenrechners eigenständig kontrollieren (Selbstkontrolle). Sie tun dies in der Regel mit hoher Motivation und in der Regel auch ohne das Gerät zum Mogeln zu missbrauchen. Außerdem ist der Taschenrechner ein geduldiger „Kontrolleur". Er verliert nicht seine Fassung und wird niemals böse. Falsche Ergebnisse werden nicht kommentiert. Dies kann auch die Angst vor Versagen abbauen und zu einem neuen Lösungsversuch anregen.
Diese Kontrollfunktion des Taschenrechners kann auch spielerisch zum Einsatz kommen.

Taschenrechnerbingo   3.–4. Schuljahr

In einer Variante des Tic-Tac-Toe überprüfen die Schülerinnen und Schüler ihre Fähigkeiten im Überschlagsrechnen mit Hilfe des Taschenrechners. Sie brauchen jeweils einen Taschenrechner und zwei verschiedenfarbige Stifte.

■ Abwechselnd wählen die Spieler aus den Zahlen außerhalb des Spielfeldes (siehe Material) zwei aus. Beide Spieler multiplizieren diese Zahlen näherungsweise im Kopf (Überschlag).
■ Beide Spieler suchen sich auf dem Spielfeld je eine Zahl, die nach ihrer Meinung dem Ergebnis der Multiplikationsaufgabe sehr nahe kommt.
■ Nun wird die Aufgabe mit dem Taschenrechner gelöst. Der Spieler, dessen Kopfrechenergebnis dem Taschenrechnerergebnis am nächsten liegt, darf seine Zahl auf dem Spielfeld kennzeichnen.
■ Sieger ist, wer auf dem Spielfeld zuerst drei Zahlen in einer Reihe (waagerecht, senkrecht oder schräg) gekennzeichnet hat.

Material – Taschenrechnerbingo

■ Suche dir eine Partnerin oder einen Partner. Jeder bekommt einen Stift.
■ Bestimmt abwechselnd zwei Zahlen außerhalb des Spielfeldes.
■ Multipliziert beide die Zahlen annähernd miteinander (Überschlagsrechnung).
■ Sucht dann eine Zahl im Spielfeld, die dem Ergebnis nah ist.
■ Überprüft die Rechnung mit dem Taschenrechner.
■ Wessen Rechnung dem Ergebnis am nächsten ist, umrahmt das Kästchen mit seinem Stift.
■ Sieger ist, wer auf dem Spielfeld zuerst drei Zahlen in einer Reihe (waagerecht, senkrecht oder schräg) gekennzeichnet hat.

27	12	19	18	25	14	26
13	400	278	431	780		11
17	387	486	294	615		16
28	230	145	199	353		29
15	570	185	262	309		30
	650	810	166	545		

Große Zahlen rechnen   3.–4. Schuljahr

Auch im nächsten Spiel geht es ums Überschlagsrechnen. Die Kinder brauchen wieder den Taschenrechner und zwei verschiedenfarbige Stifte.

Material – Große Zahlen rechnen

■ Suche dir eine Partnerin oder einen Partner. Jeder bekommt einen Stift.

■ Jeder Spieler bestimmt auf dem Spielfeld zwei benachbarte Zahlen (waagerecht, senkrecht oder schräg) und multipliziert sie mit dem Taschenrechner. Das Ergebnis soll möglichst groß sein.

■ Wer das größte Ergebnis hat, kennzeichnet die beiden Zahlen mit seiner Farbe. Haben beide das gleiche Ergebnis, dann darf jeder eine Zahl kennzeichnen.

■ Gekennzeichnete Zahlen dürfen nicht mehr verwendet werden.

■ Sieger ist, wer als erster die meisten Zahlen gekennzeichnet hat.

Beispiel: Spieler A wählt die Felder 45 und 22, Spieler B wählt 17 und 58. gewonnen hat Spieler A, er darf seine Felder kennzeichnen.

$45 \cdot 22 = 990$	$17 \cdot 58 = 986$	$990 > 986$ ⟶	45 22

50	45	22	26	75	16
84	11	30	57	19	69
93	70	27	63	36	28
55	40	99	43	51	41
17	71	55	30	18	83
58	41	34	65	23	66

6.3 Der Taschenrechner als Differenzierungsgerät

Beim Sachrechnen kann der Taschenrechner sehr sinnvoll zur Differenzierung eingesetzt werden. Nicht alle Kinder einer Klasse werden zum gleichen Zeitpunkt bestimmte Rechenfertigkeiten und -fähigkeiten erlangt haben. Der Taschenrechner bietet ihnen hier die Möglichkeit, sich dennoch effektiv mit komplexen Problemen und Sachsituationen auseinander zu setzen und so Lernerfolge zu erlangen. Dabei erweist es sich als motivierend, dass die Kinder sich auf die reine Sachsituation konzentrieren können und bei der Rechnung entlastet werden. Zudem spart der Rechner Zeit und es können mehr Aufgabenstellungen bearbeitet werden. Mithilfe des Taschenrechners können Sachsituationen ausgewählt und bearbeitet werden, die sich auf realistische Zahlen beziehen, die nun auch außerhalb des bisher erarbeiteten Zahlenraumes liegen. Dies bietet besonders für die leistungsstärkeren Schülerinnen und Schüler Anregungen und Differenzierungsmöglichkeiten. Kinder sind gerade dann für Sachaufgaben zu begeistern, wenn sie sich auf ihre Erfahrungswelt beziehen. Gibt man ihnen den Taschenrechner an die Hand, berechnen sie gerne Aufgaben, deren Ergebnisse sie interessieren. Es bieten sich dann Rechenanlässe an, die z. B. der Tagespresse entnommen sind, die kurios sein können oder bemerkenswert, wie besondere Leistungen oder Rekorde.

6.4 Der Taschenrechner als Spielgerät

Die Vorteile des spielerischen Lernens können auch mit dem Taschenrechner zum Tragen kommen.

Ins Ziel treffen   3.–4. Schuljahr

Die Kinder benötigen den Taschenrechner und verschiedenfarbige Stifte.
Die Aufgabe besteht darin, Zahlen so zu multiplizieren oder zu dividieren, dass mit möglichst wenigen Versuchen ein Zielgebiet getroffen wird. Jeder Versuch kostet einen Punkt. Wer am Ende die wenigsten Punkte erzielt hat, gewinnt.

Dreier-Hopp   3.–4. Schuljahr

Bei diesem Spiel bilden die Kinder Kettenaufgaben und versuchen, eine Zielzahl mit möglichst wenigen Versuchen zu erreichen.

Material – Ins Ziel treffen

Suche dir eine Partnerin oder einen Partner. Notiere die Anzahl der benötigten Versuche in einer Strichliste hinter der Aufgabe. Wenn du über das Zielgebiet hinausgekommen bist, dann dividiere so, dass kein Rest bleibt. Bei einem Rest musst du die Aufgabe abbrechen und von vorne beginnen. Die Anzahl der Versuche zählt weiter. Sieger ist, wer für alle Aufgaben die kleinste Punktsumme hat.

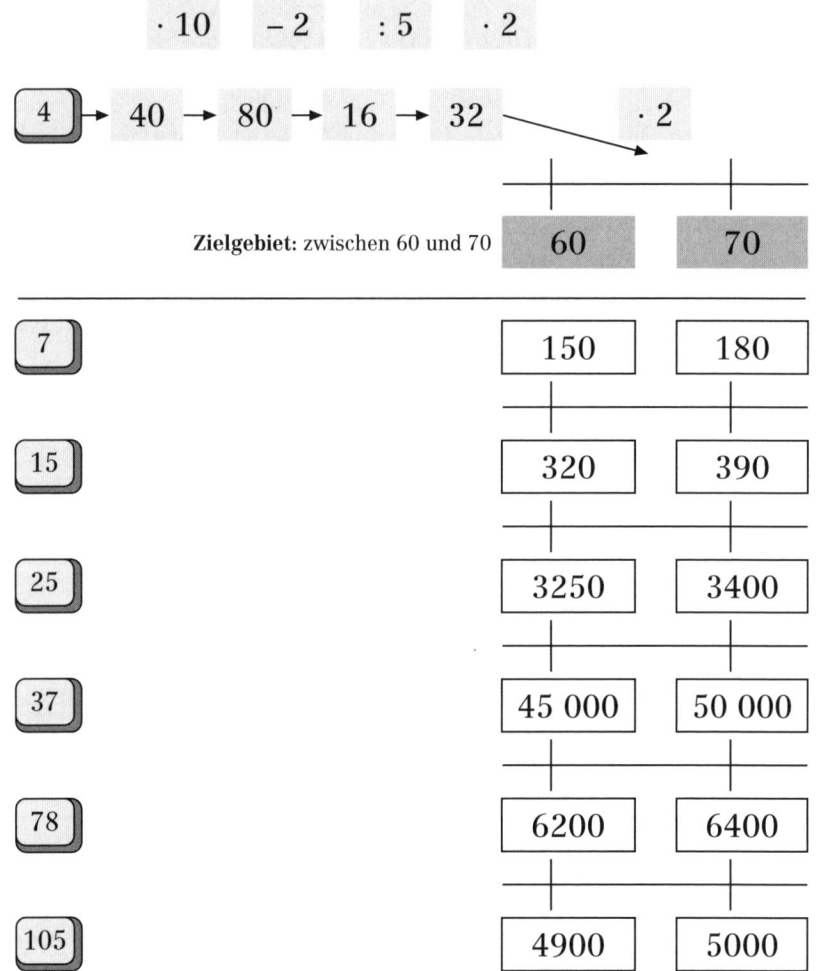

Material – Dreier-Hopp

▪ Suche dir eine Partnerin oder einen Partner. Jeder bekommt einen Stift.

▪ Versucht, mit genau einer Rechenoperation und genau einer Zahl mit einer dreimaligen Rechnung (Kettenaufgabe) von der Startzahl zur Zielzahl zu gelangen. Die Anzahl der Versuche kann auch kleiner sein. Fertigt eine Strichliste an.

▪ Sieger ist, wer die wenigsten Versuche für alle ausgewählten Aufgaben hat.

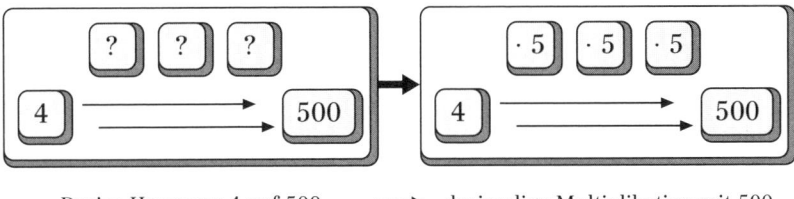

Dreier-Hopp von 4 auf 500 ⟶ dreimalige Multiplikation mit 500

Dreier-Hopp-Aufgaben zur Auswahl

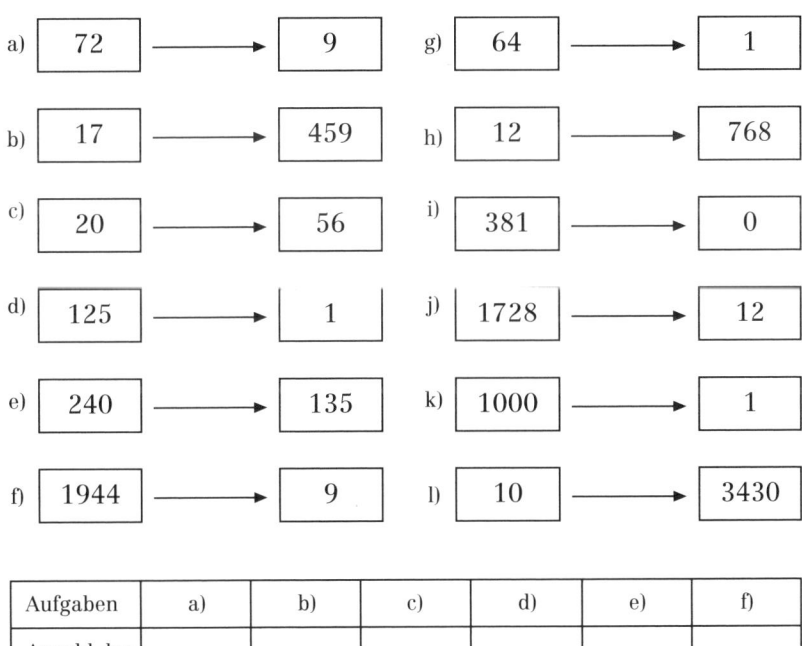

Aufgaben	a)	b)	c)	d)	e)	f)
Anzahl der Versuche						

© Cornelsen Verlag Scriptor, Berlin · Die Grundschul-Fundgrube für Mathematik

NIM-Spiel   3.–4. Schuljahr

Zwei Kinder arbeiten an einem TR. Abwechselnd wird eine der Ziffern 1, 2, oder 3 und das + gedrückt. Gewonnen hat, wer nach Drücken von + genau die Zahl 21 erreicht.
Variante 39 oder 50 oder 100 oder ..., mit den Ziffern 1 bis 5 oder mit allen Ziffern oder ...

Geben und Nehmen – ein Partnerspiel   3.–4. Schuljahr

Jeder Spieler gibt eine beliebige sechsstellige Zahl mit lauter verschiedenen Ziffern in seinen Rechner ein, z. B.:

A   836 745   B   612 594

Ein Münzwurf entscheidet, wer beginnt. Die Spieler rufen abwechselnd Ziffern ab.
A sagt beispielsweise: „Gib mir deine Fünfer!" B sieht nach, ob die geforderte Ziffer in seiner Ergebnisanzeige enthalten ist, und nennt die Ziffer mit ihrem Stellenwert.
B muss nun den angesagten Wert abziehen. A darf ihn zu seiner Zahl addieren.

A: 836 745 ◄————   5 Hunderter   ————► B: 612 594
   +   500   –   500

Nun ist B an der Reihe. B sagt z. B.: „Gib mir deine Vierer!" A sieht nach, ob die geforderte Ziffer in seiner Ergebnisanzeige enthalten ist, und nennt ihm die Ziffer mit ihrem Stellenwert usw.
Wird eine Ziffer abgefragt, die nicht in der Zahl des anderen enthalten ist, so ist natürlich der Gegenspieler an der Reihe.
Das Spiel geht so lange weiter, bis ein Spieler die Zahl 999 999 überschritten hat. Er hat damit gewonnen. Die Ziffer 0 darf nicht abgefragt werden. Tauchen im Spielverlauf gleiche Ziffern in einer Zahl auf, so wird nur der kleinere Stellenwert angegeben.

Drei Neunen   3.–4. Schuljahr

Ziel dieses Spiels ist, mit möglichst wenigen Versuchen auf 999 zu kommen: Spieler A gibt verdeckt eine dreistellige Zahl in den TR ein. Spieler B sagt ihm nacheinander Zahlen, die er addieren soll. Nach jeder Addition gibt Spieler A zu dem Ergebnis folgende Information: Anzahl der vorkommenden Neunen sowie irgendeine der anderen vorkommenden Ziffern (ohne Platzangabe).

Wenn bei einem Zug 999 überschritten wird, wird die soeben addierte Zahl wieder subtrahiert und damit der alte Zustand wieder hergestellt.

Über die Ziffern der zu großen Zahl wird nichts mitgeteilt. Der Vorgang zählt aber als ein Zug. Die Züge werden auf einer Strichliste festgehalten.

6.5 Der Taschenrechner als Übungsgerät

Der Taschenrechner kann Übungshilfsmittel zum Aufbau und zur Festigung rechnerischer Fertigkeiten wie Kopfrechnen, Überschlagsrechnung, Zahlgefühl usw. sein. Kinder werden durch den Taschenrechner das Rechnen nicht verlernen, sondern durch sinnvollen Gebrauch kann die Rechenfertigkeit sogar verbessert werden.

Beispiel:
$9 \rightarrow 81 \rightarrow 18 \rightarrow 2 \rightarrow 96 \rightarrow 69 \rightarrow 23 \rightarrow 87 \rightarrow 29 \rightarrow 4 \rightarrow 40 \rightarrow 90$
Starte bei der 9 und gehe den Pfeilen nach zur nächsten Zahl. Rechne mit dem Taschenrechner. Wähle eine Addition, Subtraktion, Multiplikation oder Division, sodass du genau die nächste Zahl triffst.

Das Üben soll vorhandenes Wissen vernetzen und vertiefen. Deshalb sind Übungsangebote, die nicht nur auf das Automatisieren angelegt sind, wichtiger Bestandteil des Mathematikunterrichts. Die sogenannte „Gauß-Aufgabe" (siehe Seite 36) bietet sich hier als eine solche Übungsaufgabe an. Die Hunderter-Tafel (siehe Seite 15) kann hier helfen.

6.6 Der Taschenrechner als Rechengerät

Steht diese Funktion des Taschenrechners im Vordergrund, so können sich die Kinder auf die Auswahl, die Reihenfolge der Zwischenschritte und auf den Sachinhalt einer Problemstellung konzentrieren. Das Sachrechnen bekäme seine eigentliche Bedeutung als Anwendung mathematischer Mittel auf Sachsituationen. Die Möglichkeit der Reflexion und Diskussion der Sachzusammenhänge wird gestärkt und steht nicht im Dienste der Arithmetik, die Durchführung einer Rechnung tritt eher in den Hintergrund.

Weitere Vorteile sind sicherlich darin zu sehen, dass auch rechenschwache Schüler Erfolge verbuchen können, sowie in der Verkürzung von Rechenzeiten und in der Lösbarkeit komplexerer Sach- oder Geometrieaufgaben. Die genannten didaktischen Möglichkeiten sind oft miteinander verzahnt. Beim Spielen oder Üben kommt natürlich auch der experimentelle Charakter des Taschenrechners zum Tragen. Differenzierungen können sich bei allen genannten Möglichkeiten ergeben und sind auch erwünscht. Gerechnet wird immer und diese Rechnungen werden natürlich auch immer wieder mit Hilfe des Taschenrechners kontrolliert. Bei der Durchführung einer Unterrichtsreihe zum Thema Taschenrechner ist eine offene Unterrichtsform, wie z. B. das Lernen an Stationen oder eine Lernwerkstatt günstiger. Wenn eine Mathe-Ecke im Klassenraum eingerichtet wird, sollten auch dort der Taschenrechner und geeignete Aufgaben oder Rechenanlässe zur Verfügung stehen. In Freiarbeitsphasen haben dann die Kinder jeweils auch den Zugriff auf das Gerät, um vielfältige Entdeckungen zu machen. Viele Tipps dazu und zu vielen weiteren Aufgaben finden sich in der angegebenen Literatur.

Mit dem Taschenrechner multiplizieren   3.–4. Schuljahr

Britt rechnet Multiplikationsaufgaben, bei denen beide Zahlen zwischen 10 und 20 liegen, auf folgende geheimnisvolle Weise:

■ Zur ersten Zahl addiert sie die Einer der zweiten Zahl.
■ Dann hängt sie an das Ergebnis eine Null an.
■ Nun addiert sie noch das Produkt der beiden Einer.

Die Kinder können solche Produkte mit Britts Verfahren berechnen und mit dem Taschenrechner kontrollieren. Das funktioniert auch bei geeigneten Quadratzahlen.

Beispiel: 16 · 13 = 208

16 + 3 = 19 → 190 → 190 + 6 · 3 = 208

Mit Tabelle multiplizieren   3.–4. Schuljahr

Die Kinder können mit einer Tabelle die Faktoren „zerlegen" und so Multiplikationsaugaben lösen. Die Übung kann auch ohne Taschenrechner durchgeführt werden.

Sabine Sterkenburgh

Material – Mit Tabelle multiplizieren

▓ Faktoren zerlegen und wie im Beispiel in die Tabelle eintragen.
▓ Multiplikationsergebnisse eintragen und addieren.

14 · 13   16 · 13   15 · 19

·	10	3	
10	100	30	130
4	40	12	52
	140	42	182

8 · 18   19 · 17   16 · 18

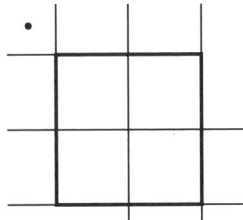

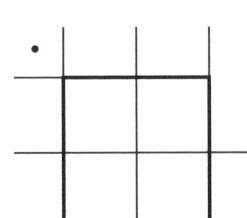

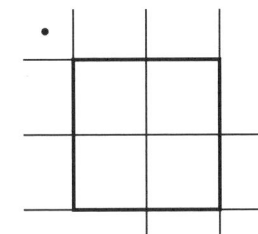

© Cornelsen Verlag Scriptor, Berlin · Die Grundschul-Fundgrube für Mathematik

7 Singen und spielen mit Zahlen

In der Regel wird das Fach Mathematik vor allem mit dem heimatkundlichen Sachunterricht in Verbindung gebracht. Hier lässt sich gut zeigen, dass Mathematik in Sachzusammenhängen angewendet werden kann und dazu beiträgt, eine Sache verstehend zu durchdringen sowie Alltagssituationen zu erschließen. Für das Lernen ist es aber wichtig, dass die Kinder Mathematik auch unter emotionalen Aspekten erleben und dadurch einen positiven Zugang zu ihr finden. Dafür geeignet sind Lieder, Gedichte, Reime, Spiele, Rätsel u. Ä., in denen unsere Zahlen, das Zählen und das Rechnen thematisiert werden. Die folgenden Beispiele sollen anregen, immer wieder an geeigneten Stellen des Unterrichts die Verbindung von der Mathematik zu Sprache, Singen und Spielen zu suchen und herzustellen.

Weitere Lieder zur Mathematik (zum Einmaleins, zum Verdoppeln, zum Umgang mit dem Lineal und zum rechten Winkel) finden sich in dem kleinen Liederheft von Gabriele Bauer-Herland und Franz Moser: „Lieder für den Mathematikunterricht – Singen, spielen, rechnen, reimen für Kinder von 8 bis 11 Jahren".

7.1 Lieder

Tanz   **1.–2. Schuljahr**

Eins und zwei und drei und vier und fünfe   1.–2. Schuljahr

Eins und zwei und drei und vier und fün -
fe wer schon zäh - len kann, der macht sich
auf die Strümp - fe, wer es noch nicht
kann ist auch nicht dumm, nicht dumm
lernt es schnell, dreht er sich mit im
Kreis her - um

Ein, ein, ein, ein Nas - horn geht al - lein!
Zwei, zwei, zwei, zwei Ze - bras sind da - bei!
Drei, drei, drei, drei Flie - gen schwirrn vor - bei!
Vier, vier, vier, vier Lö - wen hin - ter dir!
Fünf, fünf, fünf, fünf E - le - fan - ten, fünf!

Text: Margarethe Jehn
Melodie: Wolfgang Jehn
Spielform afrikanischen Ursprungs. „mosi, vali, tatu, qualla, tatu" = eins, zwei, drei, vier,
fünf in der Umbunu-Sprache, aus: **Gehn wir auf die Reise**
© 2000 Autorenverlag Worpsweder Musikwerkstatt

Wir wolln einmal spazieren gehen   1.–2. Schuljahr

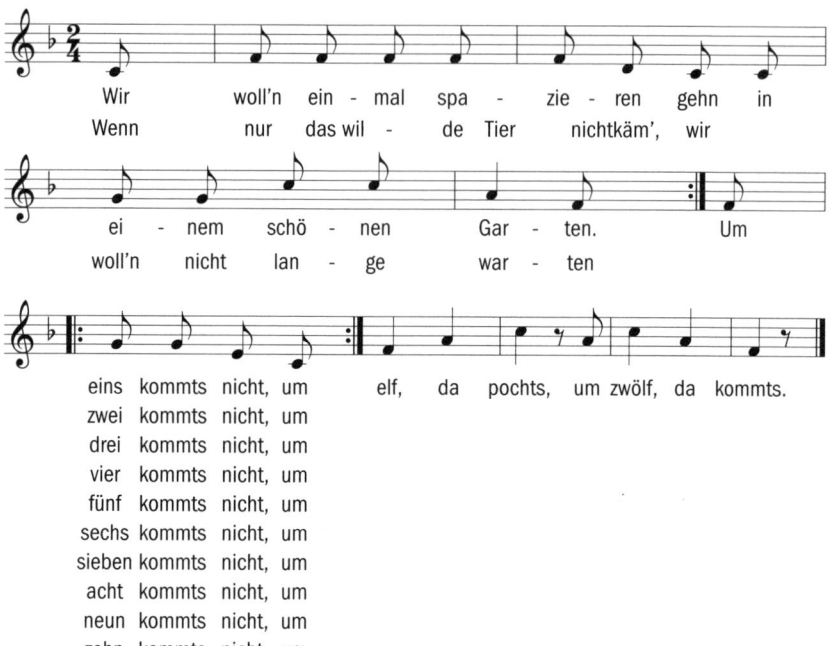

Wir   woll'n ein - mal spa -   zie - ren gehn   in
Wenn   nur   das wil - de Tier nichtkäm', wir

ei - nem   schö - nen   Gar - ten.   Um
woll'n   nicht lan - ge   war - ten

eins   kommts nicht, um   elf,   da pochts, um zwölf, da kommts.
zwei   kommts nicht, um
drei   kommts nicht, um
vier   kommts nicht, um
fünf   kommts nicht, um
sechs   kommts nicht, um
sieben kommts nicht, um
acht   kommts nicht, um
neun   kommts nicht, um
zehn   kommts nicht, um

Das Wochenlied

3.–4. Schuljahr

1. Mon - tag um acht, um acht, um acht, da
   Dort rut - schen wir um acht, um acht, auf

sind wir in der Schu - le. Rech - nen sol - len wir,
un - serm Wa - ckel - stuh - le. acht und fünf und vier,

auf ein ar - mes Krit - zel - krat - zel - heft - pa - pier

2. Dienstag um neun ...
   Schreiben wir Diktat, weiß ich keinen Rat.
   Ach, was wird das heute für ein Wortsalat!

3. Mittwoch um zehn ...
   Lesen wir zum Glück nicht dasselbe Stück
   dreizehnmal von vorn nach hinten und zurück.

4. Donnerstag um elf ...
   Malen wir ein Bild, Straße, Haus und Schild,
   und der Stift rast auf dem Blatt herum wie wild.

5. Freitag um zwölf ...
   Strengt sich jeder an, singt, so gut er kann,
   weiß er doch: Das Wochenende fängt heut an.

6. Samstag und Sonntag bleibe mir die Schule bloß gestohlen!
   Soll sie von mir aus gern und gleich und schnell der Kuckuck holen!
   Ist die Plackerei endlich nun vorbei,
   haben wir bis Montag dann zum Spielen frei.

Deutscher Text: Ortfried Pörsel
Melodie: Aus Frankreich
© Fidula-Verlag Boppard/Rhein, aus: DIE ZUGABE, Band 3

Will euch eins singen   3.–4. Schuljahr

1. Will euch eins sin - gen!
2.-7. Zwei will ich sin - gen!
Grün, grü - ner Ha - sel - strauch!

Was ist mit dem ei - nen?
den zwei - en?
1. Eins ist eins und war schon eins und

wird es im - mer blei - ben. 2. Zwei für den Tag und die Nacht,

Tag und Nacht sind zwei, ja: 3. Drei für al - le gu - ten Din - ge,

4. Vier für die Jah - res - zei - ten, ja

vier für die Jah - res - zei - ten.

5. fünf für die Fin - ger an der Hand und
6. sechs für sechs Ta - ge Ar - beit, ____
7. siebn für die Stern am Himmels - wa - gen,

Widewidewitt

Wi - de - wi - de - witt, min Mann is ku - men.
Wi - de - wi - de - witt, en Sack voll Plu - men.

Wi - de - wi - de - witt, wat het he bracht?
Wi - de - wi - de - witt, dat hew ick dacht.

1. Dat is eein - mol.
2. Dat is tweei - mol.
3. Dat is dreei - mol.
4. Dat is vör - mol.
5. Dat is fiew - mol.
6. Dat is söß - mol.
7. Dat is söben - mol.

7.2 Abzählreime und Scherzverse

Eins, zwei, drei, vier, fünf, sechs, sieben,
wo bist du so lang geblieben?
Bei dem Schuster tick, tick, tick,
der hat mir mein' Schuh geflickt.

Zehn, zwanzig, dreißig,
Mädchen, du bist fleißig.
Vierzig, fünfzig, sechzig,
Mädchen, du bist prächtig.
Siebzig, achtzig, neunzig,
Mädchen, du bist einzig.
Hundert, tausend, eine Million,
Mädchen, du bekommst die Kron'.

Eins und zwei:
Die Schnecke kriecht vorbei.
Drei und vier:
Sie ist ein langsames Tier.
Fünf, sechs und sieben:
Wo ist sie nur geblieben?
Acht und neun und zehn:
Kannst du sie sehn?

Eins, zwei, drei vier, fünfe,
Frösche lieben Sümpfe,
aber keine Berge,
Riesen sind nicht Zwerge,
Zwerge sind nicht Riesen,
Wälder sind nicht Wiesen,
Tannen sind nicht Buchen,
wen es trifft, muss suchen,

Eins, zwei, drei, vier, fünf, sechs, sieben,
eine alte Frau kocht Rüben,
eine alte Frau kocht Speck,
und du bist weg!

Abends, wenn ich schlafen geh',
vierzehn Engel mit mir gehen,
zwei zu meiner Rechten,
zwei zu meiner Linken,
zwei zu meinen Häupten,
zwei zu meinen Füßen,
zwei, die mich decken,
zwei, die mich wecken,
zwei, dich mich weisen
ins himmlische Paradeis.

Morgens früh um sechs
kommt die kleine Hex';
morgens früh um sieben
schabt sie gelbe Rüben;
morgens früh um acht
wird Kaffee gemacht;
morgens früh um neune
geht sie in die Scheune;
morgens früh um zehne
holt sie Holz und Späne;
feuert an um elfe,
kocht sie bis um zwölfe
Fröschebein und Krebs und Fisch.
Hurtig, Kinder, kommt zu Tisch!

Eins, zwei, drei, vier,
Pittje Puck ist wieder hier.
Fünf, sechs, sieben, acht,
hört nur, wie der Pittje lacht.

Eins, zwei, drei, vier, fünf, sechs, sieben,
in der Schule wird geschrieben.
In der Schule wird gelacht,
bis die ganze Schule kracht.

Eins, zwei, Polizei,
drei, vier, Offizier,
fünf, sechs, kommt die Hex',
sieben, acht, gute Nacht,
neun, zehn, ich muss gehen.
Elf, zwölf, kommen die Wölf'.

Sechs mal sechs ist sechsunddreißig,
ist der Lehrer noch so fleißig,
sind die Kinder dumm,
fällt die Schule um.

Vom Pflaumenbaum fielen fünf faule Pflaumen,
fünf faule Pflaumen fielen vom Pflaumenbaum.

Zehn Ziegen zogen zehn Zentner Zucker zum Zoo.

Zwischen zwei Zwetschgenbäumen zwitscherten zwei Spatzen.

7.3 Gedichte

Das Huhn und der Karpfen

Auf einer Meierei
da war einmal ein braves Huhn,
das legte, wie die Hühner tun,
an jedem Tag ein Ei
und kakelte,
mirakelte,
spektakelte,
als ob's ein Wunder sei.

Es war ein Teich dabei,
darin ein braver Karpfen saß
und stillvergnügt sein Futter fraß,
der hörte das Geschrei:
Wie's kakelte,
mirakelte,
spektakelte,
als ob's ein Wunder sei.

Da sprach der Karpfen: „Ei!
Alljährlich leg' ich ne Million
und rühm' mich dess' mit keinem Ton;
wenn ich um jedes Ei
so kakelte,
mirakelte,
spektakelte –
was gäb's für ein Geschrei!"

Heinrich Seidel

So, so! –
Vier Maurer saßen einst auf einem Dach.
Da sprach der erste: „Ach!"
Der zweite: „Wie ists möglich dann?"
Der dritte: „Dass das Dach halten kann!!!"
Der vierte: „Ist doch kein Träger dran!!!"
Und mit einem Krach
brach das Dach.

Kurt Schwitters

Das Alphabet

Rate, was ich habe vernommen!
Es sind achtzehn fremde Gesellen ins Land gekommen,
zu malen schön und säuberlich,
doch keiner einem andern glich.
All ohne Fehler und Gebrechen,
nur konnte keiner ein Wort sprechen;
Und damit man sie sollte verstehn,
hatten sie fünf Dolmetscher mit sich gehn,
das waren hochgelehrte Leut:
Der erste erstaunt, reißt's Maul auf weit,
der zweite wie ein Kindlein schreit,
der dritte wie ein Mäuselein pfiff,
der vierte wie ein Fuhrmann rief,
der fünfte gar wie ein Uhu tut,
das waren ihre Künste gut.
Damit erhoben sie ein Geschrei,
füllt noch die Welt, ist nicht vorbei.

Aus: *Des Knaben Wunderhorn*

Eine Kuh, die saß im Schwalbennest
mit sieben jungen Ziegen,
sie feierten ihr Jubelfest
und fingen an zu fliegen.
Der Esel zog Pantoffeln an,
ist übers Haus geflogen.
Und wenn das nicht die Wahrheit ist,
so ist es doch gelogen.

Gustav Falke

Kinderlied

Dort an der Kirchhofmauer,
da sitz ich auf der Lauer,
da sitz ich gar zu gern;
es regt sich im Holunder,
es regnet mir herunter
Rosin' und Mandelkern.

Waldwibichlein, das kleine,
das goldige, das feine,
das hat es mir gebracht.
Es hat ein Schloss im Berge,
das hüten sieben Zwerge,
darin ist große Pracht.

Und es hat mir versprochen,
in aber hundert Wochen,
wenn Agnes wacker sei,
da käm es in dem Schlitten,
zu Gaste mich zu bitten:
Da seid fein auch dabei!

Eduard Mörike

Der erste Ostertag

Fünf Hasen, die saßen
beisammen dicht,
es machte ein jeder
ein traurig Gesicht.
Sie jammern und weinen:
Die Sonn will nicht scheinen!
Bei so vielem Regen,
wie kann man da legen
den Kindern das Ei?
O weih, o weih!

Heinrich Hoffmann

Fünf Gespenster

Fünf Gespenster
hocken vor dem Fenster.
Das erste schreit: „Haaaaaaa!"
Das zweite heult: „Hooooooo!"
Das dritte brummt: „Huuuuuuu!"
Das vierte lacht: „Hiiiiiii!"
Das fünfte schwebt zu dir herein
und flüstert: „Woll'n wir Freunde sein?"

Dorothée Kreusch-Jacob

Die drei Spatzen

In einem leeren Haselstrauch
da sitzen drei Spatzen, Bauch an Bauch.

Der Erich rechts und links der Franz
und mitten drin der freche Hans.

Sie haben die Augen zu, ganz zu,
und obendrüber da schneit es, hu!

Sie rücken zusammen dicht an dicht.
So warm wie der Hans hats niemand nicht.

Sie hör'n alle drei ihrer Herzlein Gepoch.
Und wenn sie nicht weg sind, so sitzen sie noch.

Christian Morgenstern

Schneider-Courage

Es ist ein Schuss gefallen!
„Mein! Sagt, wer schoss da drauß'?"
Es ist der junge Jäger,
der schießt im Hinterhaus.

Die Spatzen in dem Garten,
die machen viel Verdruss.
Zwei Spatzen und ein Schneider,
die fielen von dem Schuss;

die Spatzen von den Schroten,
der Schneider von dem Schreck;
die Spatzen in die Schoten,
der Schneider in den –

Johann Wolfgang von Goethe

Von Katzen

Vergangnen Maitag brachte meine Katze
zur Welt sechs allerliebste kleine Kätzchen,
Maikätzchen, alle weiß mit schwarzen Schwänzchen.
Fürwahr, es war ein zierlich Wochenbettchen!
Die Köchin aber – Köchinnen sind grausam,
und Menschlichkeit wächst nicht in einer Küche –
die wollte von den Sechsen fünf ertränken,
fünf weiße, schwarzgeschwänzte Maienkätzchen
ermorden wollte dies verruchte Weib.
Ich half ihr heim! – der Himmel segne
mir meine Menschlichkeit! Die lieben Kätzchen,
sie wuchsen auf und schritten binnen kurzem
erhobnen Schwanzes über Hof und Herd;
ja, wie die Köchin auch ingrimmig drein sah,
sie wuchsen auf, und nachts vor ihrem Fenster
probierten sie die allerliebsten Stimmchen.
Ich aber, wie ich sie so wachsen sehe,
ich pries mich selbst und meine Menschlichkeit. –
Ein Jahr ist um, und Katzen sind die Kätzchen,
und Maitag ist's! – Wie soll ich es beschreiben,
das Schauspiel, das sich jetzt vor mir entfaltet!
Mein ganzes Haus vom Keller bis zum Giebel,
ein jeder Winkel ist ein Wochenbettchen!
Hier liegt das eine, dort das andre Kätzchen,
in Schränken, Körben, unter Tisch und Treppen,
die Alte gar – nein, es ist unaussprechlich,
liegt in der Köchin jungfräulichem Bette!
Und jede, jede von den sieben Katzen
hat sieben, denkt euch! Sieben junge Kätzchen,
Maikätzchen, alle weiß mit schwarzen Schwänzchen!
Die Köchin rast, ich kann der blinden Wut
nicht Schranken setzen dieses Frauenzimmers.
Ersäufen will sie alle neunundvierzig!
Mir selber! Ach, mir läuft der Kopf davon –
o Menschlichkeit, wie soll ich dich bewahren!
Was fang ich an mit sechsundfünfzig Katzen! –

Theodor Storm

Sieben unterwegs

Sieben
saßen auf einem Pferd,
kleine, fröhliche Reiter.
Fragte man sie:
„Wo reitet ihr hin?“,
riefen sie: „Immer weiter!“

Weiter,
weiter,
weiter!
Weiter in die weite Welt!

Liegt ein Haufen Heu im Feld.
Das Pferd denkt:
„Soll ich drum herum?
Nein, es muss doch glücken!“
Und macht einen kühnen Sprung.
Die sieben Reiter purzeln
alle von seinem Rücken.

Da wiehert das Pferd
einen letzten Gruß
und trabt allein in die Ferne.
Die sieben ziehen weiter zu Fuß.
Auch das ist schön;
sie tun's gerne.

Vielleicht siehst du sie wandern,
einen hinterm anderen.
Dann sag: „Tag, ihr Lieben!“
„Tag!“ – „Tag!“ – „Tag!“ – „Tag!“ – „Tag!“ – „Tag!“ – „Tag!“
rufen drauf die sieben.

Josef Guggenmos

Aus: Josef Guggenmos: Oh, Verzeihung, sagte die Ameise.
© 1990 Beltz & Gelberg in der Verlagsgruppe Beltz. Weinheim & Basel

Anto-Logie

Im Anfang lebte, wie bekannt,
als größter Säuger der *Gig*-ant.

Wobei *gig* eine Zahl ist, die
es nicht mehr gibt, – so groß war sie!

Doch jene Größe schwand wie Rauch.
Zeit gab's genug – und Zahlen auch.

Bis eines Tags ein winzig Ding,
der *Zwölef*-ant das Reich empfing.

Wo blieb sein Reich? Wo blieb er selb?
– Sein Bein wird im Museum gelb.

Zwar gab die gütige Natur
den *Elef*-anten uns dafur.

Doch ach, der Pulverpavian,
der Mensch, voll Gier nach seinem Zahn,

erschießt ihn, statt ihm Zeit zu lassen,
zum *Zehen*-anten zu verblassen.

O, „Klub zum Schutz der wilden Tiere",
hilf, dass der Mensch nicht ruiniere

die Sprossen dieser Riesenleiter,
die stets noch weiter führt und weiter!

Wie dankbar wird der *Ant* dir sein,
lässt du ihn wachsen und gedeihn, –

bis er dereinst im Nebel hinten
als *Nulel*-ant wird stumm verschwinden.

Christian Morgenstern

Udo Quak

8 Zahlengeschichten – Geschichten über Zahlen

8.1 Zahlen in Märchen

In vielen Märchen kommen Zahlen vor und spielen darin eine entscheidende Rolle. Da die Zahlen oft eine mystische Bedeutung haben, werden bestimmte bevorzugt, während andere fehlen. Hier ist eine kleine Auswahl von Märchen aus der Grimmschen Sammlung zusammengestellt, in denen Zahlen entweder durch die Figuren dargestellt sind oder in der Handlung benutzt werden.

So können die Märchen auch in Verbindung mit dem Mathematikunterricht benutzt werden:

- Ein Märchen wird erzählt, wenn entsprechende Zahlen eingeführt werden.
- Ein Märchen wird zur Illustration oder zur Vertiefung im Zusammenhang mit Zahlen erzählt.
- Ein Märchen wird zur Einführung erzählt.
- Die Zahlenangaben in den Märchen können als Mengen gemalt werden.
- Beim Erzählen werden die Zahlenangaben weggelassen und müssen von den Kindern geraten und während des Erzählens richtig genannt werden.
- Die Kinder addieren alle beim Erzählen genannten Zahlen. Hinterher werden die Summen verglichen. Wer hat nicht zugehört oder falsch addiert?
- Welche Zahl ist die größte, welche die kleinste, die in einem Märchen vorkommt?

Der Wolf und die sieben Geißlein:
Der Wolf (1) überlistet während der Abwesenheit der Geißenmutter die **7 Geißlein**. Sie verstecken sich vor dem Wolf (**Ordnungszahlen 2 bis 7**), der sie bis auf das jüngste Geißlein (**das 7.**), das sich gut versteckt hat, alle fängt. Die heimgekehrte Geißenmutter und das jüngste Geißlein können schließlich alle anderen Geißlein (6) befreien. Am Ende feiern sie ihren Triumph (**1 + 7 = 8**).

Die zwölf Brüder:
Ein König hat **12 Söhne**, die er töten lassen will, wenn ihm als **13. Kind** eine Tochter geboren wird. Die **12 Brüder** verlassen das Schloss. Eine rote Fahne zeigt ihnen am **11. Tag** an, dass die Königin **1 Tochter** geboren hat. Darauf

fliehen die **12 Brüder** in den tiefsten Wald. Als ihre Schwester älter ist, sieht sie die **12 Hemden** ihrer Brüder, nimmt sie und geht zu den Brüdern in den Wald. In einem Zaubergarten stehen **12 Lilien**. Als sie abgebrochen werden, verwandeln sich die Brüder in **12 Raben**. Die Schwester darf **7 Jahre** nicht sprechen, wenn sie ihre **12 Brüder** erlösen soll. Das gelingt ihr schließlich auch.

Hänsel und Gretel:
Ein armer Holzhacker lebt mit seiner Frau und den **2 Kindern** Hänsel und Gretel (1 + 1 = 2) an einem Wald. Weil sie nichts mehr zu essen haben, werden die Kinder **zweimal** in den Wald geschickt. Beim zweiten Mal verirren sie sich und begegnen **1 Hexe**. Die beiden Kinder befreien sich schließlich und kommen mit Gold und Edelstein nach Hause.

Das tapfere Schneiderlein:
Ein Schneider, der **3 Treppen** hoch wohnt, kauft von einer Händlerin **4 Lot** oder ein **Viertelpfund** Mus. Weil er **7 Fliegen**, die sich auf sein Musbrot gesetzt haben, mit einem Schlag erlegt, macht er sich einen Gürtel mit der Aufschrift „Sieben auf einen Streich". Er zieht in die Welt und tritt in die Dienste eines Königs. Des Königs Soldaten haben Angst vor seiner Tapferkeit und wünschen ihn **1000 Meilen** weit weg. Der Schneider aber löst ohne die Hilfe von **100 Reitern**, die ihm mitgegeben werden, **3 schwere Aufgaben**: Er überwältigt **2 Riesen** und fängt ein Einhorn und ein Wildschwein. Dafür erhält er die Königstochter zur Frau.

Aschenputtel:
Aschenputtel lebt mit **2 Stiefschwestern** zusammen, für die es arbeiten muss. Der König gibt ein Fest, das **3 Tage** dauern soll. Aschenputtel darf erst nach ihrer Arbeit zu diesem Fest. **2 Tauben** helfen ihr, **2 Schüsseln** mit Linsen auszulesen. Sie bekommt schöne Kleider und tanzt **dreimal** mit dem Königssohn. Immer kann sie am Ende des Festes schnell nach Hause laufen. Am **3. Tag** verliert sie dabei ihren Schuh, den der Königssohn findet. Mit diesem Schuh findet er dann auch das Aschenputtel in der Asche am Herd und heiratet es.

Die sieben Raben:
7 Brüder sollen für die Taufe ihrer **1 Schwester** Wasser holen (7 + 1). Weil sie sich verspäten, werden sie verwünscht und in **7 Raben** verwandelt. Ihre Schwester zieht, als sie älter ist, in die Welt, um sie zu suchen. In einem Glasberg, in dem die **7 Raben** wohnen, trifft sie einen Zwerg. Der Zwerg hat den Tisch mit **7 Tellern** und **7 Bechern** gedeckt. Als der **7. Rabe** in seinem Becher einen Ring erblickt, wünscht er sich die Schwester herbei. Sie tritt hervor, und die **7 Brüder** werden erlöst.

Die Bremer Stadtmusikanten:
4 alte Tiere, ein Esel, ein Hund, eine Katze und ein Hahn, tun sich zusammen und wollen als Musikanten nach Bremen ziehen. Die **4 Gesellen** überfallen ein Räuberhaus und essen dort, als ob sie **4 Wochen** gehungert hätten. Als die Räuber zurückkommen, werden sie von den **4 Spielleuten** vertrieben.

Die sechs Schwäne:
Ein König hat **7 Kinder**, **6 Jungen** und **1 Mädchen**. Sie wohnen wegen ihrer Stiefmutter, die eine Zauberin ist, in einem einsamen Schloss. Mit **6 weißen** Hemden verzaubert die Stiefmutter die **6 Jungen** in **6 weiße Schwäne**, die fortfliegen. Ihre Schwester geht die **6 Brüder** suchen. In einer Hütte entdeckt sie **6 kleine Betten**. Als die **6 Schwäne** zurückkommen, erfährt sie, dass sie nur eine Viertelstunde ihre wahre Gestalt annehmen dürfen. Die Schwester kann ihre Brüder erlösen, wenn sie **6 Jahre** stumm ist und ihnen **6 Hemden** aus Sternenblumen näht. Sie heiratet einen Königssohn, bekommt **3 Kinder**, die ihr zunächst weggenommen werden, und erlöst am Schluss ihre **6 Brüder**.

Dornröschen:
Als dem König und der Königin **1 Tochter** geboren wird, feiern sie ein großes Fest. Weil nur **12 goldene Teller** da sind, werden nur **12** von den **13 weisen** Frauen eingeladen. **11 weise Frauen** wünschen dem Mädchen alles Gute. Als die **13. weise Frau** den Tod des Mädchens an ihrem **15. Geburtstag** wünscht, verwandelt die **12. Frau** diesen Wunsch in einen Schlaf, der **100 Jahre** dauern soll. Als das Mädchen **15 Jahre** alt ist, sticht es sich an einer Spindel und schläft ein. Mit ihr schläft das ganze Schloss mit allen Menschen und um das Schloss wächst eine Dornenhecke. Nach **100 Jahren** weckt ein Königssohn Dornröschen aus dem Schlaf und befreit das Schloss von dem Zauber.

Schneewittchen:
Schneewittchen wird wegen ihrer Schönheit von ihrer Stiefmutter beneidet und in den Wald verstoßen. Sie trifft auf ein Häuschen, in dem auf dem Tisch **7 kleine Teller**, **7 Löffel**, **7 Gabeln**, **7 Messer** und **7 Becher** stehen. An der Wand stehen **7 kleine Betten**. Schneewittchen nascht von allen Tellern ein wenig und legt sich dann in das **7. Bett**. Am Abend kommen die **7 Zwerge**, denen das kleine Haus gehört, von der Arbeit zurück. Sie fragen, wer von ihren Tellern gegessen, aus ihren Bechern getrunken und in ihren Betten gelegen hat. **(Ordnungszahlen 1 bis 7)**. Dreimal kommt die Stiefmutter, um Schneewittchen zu vergiften. Beim **3. Mal** gelingt es ihr. Schneewittchen fällt wie tot um und die **7 Zwerge** beweinen es **3 Tage**. Wenig später wird Schneewittchen aber von einem Prinzen wieder zum Leben erweckt.

Die drei Federn:
Ein König hat **3 Söhne**. Um festzustellen, wer nach seinem Tod König werden soll, stellt er ihnen **3 Aufgaben**. Wer sie am besten löst, soll das Reich erben. Er bläst **3 Federn** in die Luft und die Söhne gehen den Federn nach in verschiedene Richtungen. Der jüngste steigt in die Erde hinunter und trifft eine Kröte. Er bekommt von ihr den schönsten Teppich, den schönsten Ring und die schönste Frau. Sie sitzt in einem von **6 Mäusen** gezogenen Wagen. Die Mäuse verwandeln sich in **6 Pferde**. Die beiden anderen Söhne stellen dem König **2 Bauersfrauen** vor. Alle **3 Frauen** müssen durch einen Ring springen. Das schaffen die **2 Bauersfrauen** nicht, die Frau des jüngsten Bruders springt wie eine Elfe durch den Ring. Ihm gehört also das Königreich.

Sechse kommen durch die ganze Welt:
Ein Soldat, der mit **3 Hellern** entlassen wird, trifft im Wald einen Mann, der **6 Bäume** ausgerupft hat. Er nimmt ihn mit, und beide treffen auf einen Jäger, der auf eine **2 Meilen** entfernte Fliege zielt. Auch der Jäger geht mit. Die drei kommen zu **7 Windmühlen**, die von einem Mann angeblasen werden. Auch er geht mit dem Soldaten sowie ein schneller Läufer und ein Mann, der mit seinem Hut Hitze und Frost machen kann. Die **6 Gesellen** kommen in ein Königreich. Der König will seine Tochter dem zur Frau geben, der schneller als sie laufen kann. Der Läufer kommt **10 Minuten** vor der Königstochter im Ziel an, obwohl er zwischendurch eine Runde geschlafen hat. Auch eine weitere Aufgabe bestehen die **6 Gesellen**. Schließlich verspricht der König dem Soldaten so viel Gold, wie seine Diener tragen können, wenn er auf die Tochter verzichtet. Nun nähen alle Schneider im Reich **14 Tage** lang einen großen Sack für das Gold. Der Starke nimmt erst **1 Tonne** Gold und steckt sie in den Sack, dann müssen **7000 Wagen** mit Gold herangeschafft werden. Zuletzt schickt der König sein Heer gegen die **6 Gesellen**. Aber der Bläser pustet sie auseinander, nur ein alter Soldat, der schon **9 Wunden** hat, wird gerettet und meldet alles dem König. Der lässt die **6 Gesellen** schließlich von dannen ziehen.

Die vier kunstreichen Brüder:
Ein armer Mann schickt seine **4 Söhne** in die Welt, wo sie ein Handwerk lernen sollen. Der **1. Sohn** wird ein Dieb, der 2. ein Sterngucker, der 3. ein Jäger und der 4. ein Schneider. Nach **4 Jahren** Lehre treffen die **4 Brüder** wieder zusammen und führen dem Vater vor, was sie gelernt haben. Der Sterngucker sieht in einem Vogelnest **5 Eier** liegen. Der Dieb nimmt die Eier weg, ohne dass der Vogel es merkt. Der Jäger schießt mit einem Schuss alle **5 Eier** entzwei. Der 4., der Schneider, näht die Eier wieder zusammen, und der **1. Sohn** legt sie wieder ins Nest. Als sie am Ende mit ihren Künsten dem

König helfen, soll einer von ihnen die Königstochter heiraten. Da sie sich nicht einigen können, teilt der König jedem von ihnen **ein Viertel** des Königsreiches zu.

Die zertanzten Schuhe:
Ein König hat **12 Töchter**, die zusammen in einem Schlafsaal schlafen, der am Abend verschlossen wird. Trotzdem sind an jedem Morgen die **12 Paar** Schuhe der **12 Töchter** zertanzt. Der König will denjenigen belohnen, der nach **3 Tagen** und Nächten das Geheimnis herausbringt. Das gelingt keinem Königssohn. Ein armer Soldat kann das Rätsel schließlich lösen. Er findet heraus, dass die **12 Töchter** in der Nacht **12 Prinzen** treffen, die in **12 Schiffen** sitzen und darin mit ihnen zum Tanz fahren. Nach der **3. Nacht** erzählt der Soldat dem König, was er gesehen hat und zeigt ihm zum Beweis **1 Becher** und **3 Zweige** von Silber, Gold und Diamant, die er in der Nacht gesammelt hat. Zur Belohnung erhält er die älteste Königstochter zur Frau.

8.2 Geschichten von Zahlen

0

In der Antike galt die Null nicht als Zahl. Sie wurde beim Rechnen nicht benutzt und es gab deshalb auch kein entsprechendes Zeichen. Erst die Inder „erfanden" vor etwa 1300 Jahren die Null und ein Zeichen dafür und fügten sie ihrem Zahlensystem bei. In Mitteleuropa hat sich die Ziffer 0 zusammen mit dem durchgängigen Gebrauch des Dezimalsystems erst im 15. Jahrhundert allgemein durchgesetzt. Unser Zahlwort Null stammt von dem lateinischen Wort nullum = nichts.

Info

Einen unfähigen Menschen nennen wir eine Null; etwas ist null und nichtig; was nicht gelingt, ist eine Nullnummer, eine Sache ist in null komma nichts erledigt; manche haben zur Arbeit null Bock; manchmal sinkt die Stimmung auf den Nullpunkt; man fährt mit dem Bus zum Nulltarif; mit der Null-Diät nimmt man bestimmt ab.

1

Die Eins ist der Anfang der Zahlenreihe, die aus ihr durch die ständige Addition von 1 entwickelt werden kann. Man kann sie als Ursprung der Reihe der natürlicher Zahlen verstehen. Die Eins gilt als Zeichen für das Einmalige und für den Ur-Anfang. In vielen Religionen symbolisiert sie das Göttliche.

Info

Ein kompliziertes Vorhaben wird mit einem Schlag erledigt, zwei Augen sehen mehr als eins, und es läuft alles auf eins hinaus. Wer in der Mathe-Arbeit eine Eins bekommt, dem ist nicht alles eins. Wenn beim Würfeln die Eins nicht kommt, wird man schnell einsilbig.

Die Eins steckt in Einheit, einmal und einmalig, in einzig, einzeln und einsam, in Eintopf und Einfamilienhaus, in Einfalt und Einzahl, in Einhorn, in Einöde und Einsiedler.

2

Die Zwei trennt und verbindet. Sie fügt dem „ich" ein „du" zu, sie ermöglicht so, die Kommunikation, die Zuwendung, den Dialog, die Ambivalenz, aber auch den Zwiespalt, die Entzweiung und die Zwietracht.

Die Zwei steckt auch in Zweifel, in Zwist und in Zwitter. Sie ist die erste Primzahl und Grundlage des Dualsystems, in dem alle Zahlen mit nur zwei Zeichen (Ziffern) dargestellt werden und das die Grundlage der elektronischen Informationstechnologie ist.

Info

Die Bedeutung der Zwei in unserer Sprache wird auch in Begriffen wie Zwilling, ein Paar Schuhe, ein Paar Strümpfe, ein Augenpaar, Duett oder Duo, Doppel oder gar Duell sichtbar. Die Zwei äußert sich auch in Begriffspaaren wie männlich und weiblich, Tag und Nacht, einatmen und ausatmen, positiv und negativ, hell und dunkel, aktiv und passiv, heiß und kalt, nass und trocken usw.

Sie steckt auch direkt in Zweibeiner, zweifarbig, Zweitklässler, Zwieback, Zweitauto, Zweikampf, zweideutig und zweispurig, in Zweibettzimmer und Zweifamilienhaus.

3

Die Drei überwindet die Polarität, die sich in der Zwei ausdrückt. Sie symbolisiert die Synthese. Wenn drei Gegenstände in einer Reihe liegen, gibt es einen Anfang, eine Mitte und ein Ende. Die Drei spielt vor allem in unserer natürlichen Umgebung, die wir dreidimensional (Länge, Breite und Höhe) wahrnehmen, und in unseren gedanklichen Vorstellungen eine Rolle: Erde, Luft und Wasser; fest, flüssig und gasförmig; Steine, Pflanzen und Tiere; Sonne, Mond und Sterne; Vater, Mutter und Kind; Vergangenheit, Gegenwart und Zukunft; Glaube, Liebe und Hoffnung; Gedanken, Worte und Werke …

Info

Die Dreieinigkeit oder Dreifaltigkeit ist ein Kernstück christlichen Glaubens. Der Klee ist dreiblättrig, manches Segelschiff ist ein Dreimaster, der Dreikäsehoch singt mit uns am Dreikönigsfest dreistimmig, und zum Dreirad braucht man noch keinen Dreipunktgurt. Und Sprichwörter sagen: „Wenn zwei sich streiten, freut sich der Dritte", „Aller guten Dinge sind drei" und „Dreimal ist Bremer Recht".

4

Die Vier ist die Zahl der kosmischen Ordnung: Vier Jahreszeiten, vier Himmelsrichtungen, vier Mondphasen, vier Sonnenstandstage, vier Elemente. In der Geometrie wird die Vier durch das Rechteck und im Besonderen durch das Quadrat gekennzeichnet. Die Vier und das Rechteck bzw. das Quadrat haben in allen Kulturen auch religiöse Bedeutung. Das Kreuz mit seinen vier Balkenenden wird in ein Rechteck eingezeichnet. Vier Flüsse umgeben das Paradies, vier Engel bewachen die vier Weltgegenden. Vier Buchstaben hat der Name Gottes in der hebräischen Sprache: JHWH. Die Christen haben vier Evangelien, der Islam kennt vier heilige Bücher (Thora, Psalmen, Evangelium, Koran).

Die Hofhaltung Karls des Großen kannte vier Ministeriale: den Kämmerer, den Marschall, den Truchsess und den Mundschenk. Rom wurde nach seiner Form auch Roma quadrata genannt und die römischen Legionäre bauten ihre Kastelle und dann auch die daraus entstehenden Orte immer in Form eines Quadrats. Das Quadrat war also auch einmal Maß beim Städtebau. Die Vier taucht deshalb offen oder versteckt in vielen noch heute gebrauchten Wörtern auf: Stadtviertel, Quartier und Quartal, Quart (als Maß), Geschwader (lat. quadra), Eskadron.

Info

Das Kartenspiel kennt vier Farben, „Mensch ärgere dich nicht" wird mit je vier Spielpuppen in vier verschiedenen Farben gespielt. Tische und Stühle haben in der Regel vier Beine. Und das vierblättrige Kleeblatt soll Glück bringen, wenn man es findet. Wer nicht gern weggeht, bleibt in seinen vier Wänden und streckt alle Viere von sich. Wer etwas sucht, rutscht vielleicht auf allen Vieren herum. Was unter vier Augen besprochen wird, ist vertraulich. Es wird vierstimmig gesungen, man fährt im Viererbob, aber ohne Viertaktmotor. Im Hamburger Hafen legt gelegentlich ein Viermaster an, und ganz in der Nähe gibt es die Vierlande, von wo die Hamburger ihr Gemüse beziehen.

5

Die Fünf wurde in der Zahlenordnung der Pythagoräer als störend empfunden, weil sie die Vierordnung störte. Mit dem regelmäßigen Fünfeck, das auch nicht einfach zu konstruieren ist, kann eine größere ebene Fläche nicht vollständig bedeckt werden. Es eignet sich nicht als Parkett. Wenn man den Umfang eines Kreises in fünf gleiche Teile teilt und die Teilungspunkte durch den Kreis miteinander verbindet, entsteht ein fünfzackiger Stern, das Pentagramm, dem im Mittelalter Zauberkraft zugesprochen wurde. Man kann diesen Stern wie das „Haus des Nikolaus" in einem Zuge zeichnen.

Info

Die Fünf spielt eine wichtige Rolle in der Natur. Wir haben fünf Sinne, an jeder Hand fünf Finger und an jedem Fuß fünf Zehen. Viele Pflanzen haben Blüten mit fünf Blütenblättern (u. a. Hahnenfußgewächse, Holunder, Primeln, Nelken, Wildrosen, Kornblumen, Glockenblumen). Im Alten Testament finden sich die fünf Bücher Moses und im Neuen Testament wird von den fünf törichten und den fünf klugen Jungfrauen erzählt. Wir lassen manchmal fünf gerade sein. Das Fünf-Cent-Stück wird oft auch kurz als Fünfer bezeichnet. Und zum Arbeiten ist die Fünftagewoche da. Und im Sport gibt es den Fünfkampf.

6

Die Sechs ist zugleich die Summe (1 + 2 + 3 = 6) wie auch das Produkt $(1 \cdot 2 \cdot 3 = 6)$ der ersten drei Zahlen. In der Antike galt die Sechs als Zahl der Vollkommenheit. Der Würfel besteht aus sechs gleichen quadratischen Flächen. In vielen Schöpfungsmythen wurde die Welt in sechs Tagen erschaffen.

Info

Das Wort siesta für die mittägliche Ruhe in den südlichen Ländern geht auf die sexta hora, die sechste Stunde, zurück. Schneeflocken haben eine auf das regelmäßige Sechseck zurückgehende Struktur und die Wabe der Bienen setzt sich aus sechseckigen Zellen zusammen. Es gibt sechs Werktage, manche spielen Sechsundsechzig, man kann das Sechstagerennen beobachten und empfindsamen Menschen spricht man einen „sechsten Sinn" zu.

7

Die Sieben, aus der heiligen Drei und dem Symbol der Vollkommenheit, der Vier, zusammengesetzt, wird fast in allen Kulturen als heil- und glücksbringend bezeichnet. In der Tonleiter kehrt nach sieben Tönen der gleiche Ton in der Oktave wieder. Wachstum und Entwicklung des Menschen vollziehen sich nach alter Auffassung in Siebener-Abständen (Einschulung im siebten Jahr, Konfirmation mit 14 Jahren, Volljährigkeit früher mit 21 Jahren). Im Kosmos der Antike gab es sieben Planeten und sieben Himmelssphären. In der Bibel, vor allem im Alten Testament, kommt immer wieder die Zahl sieben vor: Der siebte Tag ist der Ruhetag nach der Schöpfung; die Sintflut wird sieben Tage vorbereitet; Noahs Taube bleibt sieben Tage aus; Jakob wirbt sieben Jahre um Lea und sieben Jahre um Rahel; Joseph träumt von sieben fetten und sieben mageren Jahren; in den Tempel Salomos führen sieben Stufen.

Info

Rom wurde auf sieben Hügeln erbaut und die Sieben galt den römischen Bauern als Glückszahl. Es gab in der Antike sieben Weltwunder und sieben Weise. Die Zahl steckt auch in Siebenmeilenstiefeln, Siebengebirge, Siebenbürgen, Siebenschläfer und Siebengestirn. Und schließlich: Wer will guten Kuchen backen, der muss haben sieben Sachen ...

8

Auch die Acht galt in der Antike als Glückszahl. Die achte Sphäre hinter den sieben Planetensphären war die Sphäre der Fixsterne. Bei den Babyloniern wohnte die Gottheit im achten Stockwerk des turmartigen Tempels. Der Islam kennt sieben Höllen, aber acht Paradiese. Der jüdische Tempel wurde acht Tage gereinigt. In Noahs Arche werden acht Menschen gerettet. Bei den Germanen diente die Acht als die verdoppelte Vier zur Darstellung von Kraft und Stärke. Odins Pferd hat acht Beine und das mittelalterliche Jahresrad acht Speichen. Das Schachbrett, aber auch das Damespiel besteht aus achtmal acht Feldern.

Info

Die Ruderer kennen den Achter, im Eislauf kann man eine Acht fahren, und beim Tennis kommt man ins Achtelfinale. Wer kennt nicht die Achterbahn und den Achtstundentag? Und wen man überhaupt nicht mehr sehen will, der wird achtkantig hinausgeworfen.

9

Weil die Neun vor der Zehn steht, gilt sie als die fast vollkommene Zahl. Eine besondere Bedeutung hat sie bei den Türken, wo die Neun in vielen Redensarten erscheint. Was „unter neun Knoten" liegt, ist gut aufgehoben. Wer „aus neun Dörfern verjagt" ist, ist ein nirgends willkommener Mensch. Ein Hundemischling wird auch „neunvätriger Hund" genannt. Und der einzige Helfer in einer Not wird als „der eine Stock für neun Blinde" bezeichnet. Bei den Kelten erlosch das Grundeigentum in der neunten Generation. Dem sagenhaften König Arthur, der neun Hofmeister hatte, huldigten neun Könige. Feste, aber auch Kämpfe dauerten neun Tage und neun Nächte. Bei einigen Germanenstämmen wurde alle neun Jahre ein Opferfest gefeiert, wobei neun Dinge geopfert wurden.

Info

Bei den Piraten gibt es die neunschwänzige Katze, eine Peitsche. Ein vorlauter altkluger Mensch ist ein Neunmalkluger. Neun Figuren werden zum Kegeln aufgestellt. Ein Süßwasserfisch heißt Neunauge und der Neuntöter ist ein Singvogel.

10

Die Zehn liegt uns wegen unserer zehn Finger zum Zählen und Rechnen nahe. Deshalb wurde sie wohl in unserem Kulturkreis auch zur Grundlage des Zahlensystems als Dezimalsystem. Weil sich die Zehn als Summe der ersten vier Zahlen darstellen lässt ($1 + 2 + 3 + 4 = 10$), fassten sie die Pythagoräer als die allumfassende Mutter der Zahlen auf. Zudem konnte sie mit Punkten als gleichseitiges Dreieck dargestellt werden (siehe Seite 31). Die Zehn spielt auch in der Religion eine wichtige Rolle. Es gibt zehn Gebote. Von Adam bis Noah werden zehn Generationen gezählt. Am jüdischen Versöhnungstag wird das Sündenbekenntnis zehnmal wiederholt und zum Neujahrsfest werden zehn biblische Verse vorgelesen. Zehn Jüngern des Mohammed war das Paradies versprochen.

Info

Im Mittelalter musste der Bauer den Zehnten, den zehnten Teil seiner Ernte, an den Lehnsherren abgeben. Bei den Römern hieß der Anführer von zehn Soldaten Dekan (decanus von decem = zehn).
Wem etwas besonders gut schmeckt, der leckt sich seine zehn Finger danach. Im öffentlichen Nahverkehr gibt es oft eine billigere Zehnerkarte und im Supermarkt ist die Zehnerpackung günstiger. Im Schwimmbad kann man vom Zehn-Meter-Brett springen. In der Leichtathletik gibt es den Zehnkampf.

11

Die Elf ist die erste zweistellige Primzahl. Mit der Elf wird die erste Zehnerschwelle des Dezimalsystems überschritten.

Info

Eine Fußballmannschaft besteht aus elf Spielerinnen oder Spielern. Bei einem Foul im Strafraum verhängt der Schiedsrichter einen Elfmeter-Strafstoß oder kurz einen Elfer. Im Rheinland beginnt die Karnevalszeit am 11.11. um 11 Uhr 11. Die Karnevalssitzung wird von einem Elferrat geleitet.

12

Der Zwölf kam in der Antike große Bedeutung zu. Bei den Babyloniern durchmaß der Mond auf seiner Jahreswanderung zwölf Stationen. Je zwölf Pforten führten in den Himmel oder in die Unterwelt. Die Astrologie kannte zwölf Tierkreiszeichen. Das Volk Israel bestand aus zwölf Stämmen. Es gab zwölf kleine Propheten. Jesus hatte zwölf Jünger um sich geschart. Sein Weg zum Tod am Kreuz wird in zwölf Kreuzwegstationen dargestellt. Die zwölf Nächte zwischen Weihnachten und Dreikönigstag deuten auf Künftiges hin, sie können Glück, aber auch Unheil verheißen. Um zwölf Uhr in der Nacht, um Mitternacht, beginnt die Geisterstunde.

Info

Der Tag hat zweimal zwölf Stunden. Das Jahr hat zwölf Monate. Früher wurden als Mengenmaße häufig das Dutzend (12 Stück) und das Gros (12 Dutzend = 144 Stück) benutzt.
In einigen Kulturen ist die Zwölf statt der Zehn Grundlage des Zahlensystems. Sie benutzen das Zwölfersystem. Die Zwölftonmusik arbeitet mit zwölf Tönen innerhalb einer Oktave. Jeder Mensch hat einen Zwölffingerdarm. Dass die Zwölf eine magische Grenze war, wird auch an der Unglücks- oder auch Glückszahl 13 deutlich. Die Dreizehn markiert diese Grenzüberschreitung.

8.3 Witze mit Zahlen

„Annika", fragt die Lehrerin, „wie viel ist vier plus vier?" Annika: „Acht!"
– „Richtig", sagt die Lehrerin, „das hast du gut gerechnet. Zur Belohnung gebe ich dir acht Bonbons." – Darauf Annika: „Wenn ich das vorher gewusst hätte, hätte ich hundert gesagt."

Die Lehrerin schreibt 3 : 3 an die Tafel. „Jan", sagt sie, „wie heißt das Ergebnis? – „Klarer Fall", meint Jan: „unentschieden!"

In der 1. Klasse wird das Addieren geübt. Der kleine Alexander hat immer noch große Schwierigkeiten. Die Lehrerin erklärt es ihm: „Alexander, hör zu! Wenn ich auf den einen Teller 4 Eier lege und auf den anderen 2 Eier, wie viel habe ich dann?" – „Das geht nicht", sagt Alexander, „Sie können ja gar keine Eier legen."

Die Lehrerin hatte den Kindern die folgende Hausaufgabe gegeben: Ein Mann legt in 1 Stunde 4 Kilometer zurück. Wie lange braucht er für 72 Kilometer? Florian hat nichts in sein Heft geschrieben. Die Lehrerin fragt: „Florian, wo ist deine Lösung?" – Darauf Florian: „Ich konnte es noch nicht aufschreiben, mein Vater ist noch unterwegs."

Die Lehrerin stellt Tim eine Aufgabe: „Ich gebe deinem Bruder 10 Äpfel. Er soll dir die Hälfte abgeben. Wie viele Äpfel hat dann jeder?" Tim antwortet: „Mein Bruder hat 4 und ich habe 6 Äpfel." Erstaunt schaut ihn die Lehrerin an: „Kannst du noch nicht durch 2 teilen? Das ist doch ganz leicht." Da sagt Tim: „Ich kann das, aber mein kleiner Bruder noch nicht."

In einem bayerischen Ferienort fragt ein Tourist einen kleinen Jungen: „Wie spät ist's, mein Junge?"
– Ach, so ungefähr zwölf Uhr", antwortet der Kleine.
„Was", sagt der Tourist, „nicht mehr? Das hätt' ich nicht gedacht."
– „Bei uns ist es nie mehr", erwidert der Junge, „um eins fängt es immer wieder von vorn an."

Udo Quak

9 Mathematik in alten Zeiten

9.1 Aus der Geschichte der Mathematik

Zählen und Rechnen in früher Zeit   3.–4. Schuljahr

Aus vorgeschichtlicher Zeit (vor allem Steinzeit und Bronzezeit) können uns fast ausschließlich archäologische Funde aus Knochen, Stein oder Metall etwas über die mathematischen Kenntnisse der Menschen damals sagen. Die Steinzeitmenschen haben sicher gezählt und Gezähltes durch entsprechende Zeichen festgehalten. Der älteste Beleg für das Zählen findet sich auf einem Affenknochen, der wohl aus der Zeit um 35 000 v. Chr. stammt. Er wurde in Südafrika gefunden und ist mit 29 Kerben versehen. Auf ähnliche Weise wurden bis vor kurzem in Namibia „Kalenderstöcke" angefertigt. Ein anderer Knochen, der in Tschechien ausgegraben wurde, ist etwa 30 000 Jahre alt. Er zeigt zwei Reihen von 55 Kerben, die in Gruppen zu fünf angeordnet sind. Eine andere Quelle sind sprachgeschichtliche Untersuchungen. So kann man feststellen, dass die Zahlwörter von eins bis zehn, aber auch das Wort „viel" für eine nicht zählbare Menge in fast allen europäischen Sprachen, im Lateinischen und Altgriechischen, aber auch im Altpersischen und Altindischen ähnlich lauten und wahrscheinlich auf eine gemeinsame frühgeschichtliche Wurzel zurückgehen (siehe auch Ziffer 12!). Hier einige Beispiele für die Zahlen eins, zwei und drei: In anderen Sprachen sagt man dafür one, two, three (englisch); één, twee, drie (niederländisch); en, två, tre (schwedisch); een, to, tre (dänisch, norwegisch); adin, dwa, tri (russisch); jedno, dwa, trzy (polnisch); jeden, dva, tri (tschechisch); jedan, dvâ, tri (kroatisch); unus, duo, tres (lateinisch); heis, dyo, treis (altgriechisch); uno, due, tre (italienisch); un, deux, trois (französisch); un, dos, tres (spanisch); um, dois, três (portugiesisch); eka, dvi, tri (altindisch).

Rechnen in Babylon und in Ägypten   3.–4. Schuljahr

Die Mathematik der Kulturen im Land zwischen Euphrat und Tigris war schon vor 4000 Jahren ziemlich gut entwickelt. Dem auch für komplizierte Berechnungen geeigneten Zahlensystem lag die Basis 60 zu Grunde (Sexagesimalsystem). In diesem System konnte in allen vier Grundrechenarten gerechnet werden. Man kannte Bruchzahlen und konnte bereits Gleichungen lösen. Alles war auf praktische Anwendung in den Bereichen Handel, Geldverkehr, Maße und Gewichte sowie Astronomie bezogen. Über die Mathematik der Renaissance kam das babylonische Zahlensystem auch zu uns. Wir verwenden es noch heute im Größenbereich Zeit (1 h = 60 min; 1 min = 60 sec) und in der Winkelmessung (Vollwinkel = 360 Grad; Innenwinkel im regelmäßigen Sechseck = 60 Grad). Die Zahl 75 wurde bei den Babyloniern also als 1.15 (1 · 60 + 15 · 1) dargestellt. Das entspricht in etwa dem Verfahren, wie bei uns 75 Minuten aufgeschrieben werden, nämlich 1 h 15 min.

Die Zahlen wurden mit Keilsymbolen dargestellt, die man leicht in Ton ritzen oder in Stein meißeln konnte:

1	2	3	4	5	10	20	23 ...
Y	YY	YYY	YYYY	YYYYY	<	<<	<<YYY

Auch im alten Ägypten vor 4000 bis 5000 Jahren war die praktische Mathematik hoch entwickelt, wenn sie auch nicht an die Kenntnisse und Fertigkeiten der Babylonier heranreichte. Aus der Abstraktion einiger Hieroglyphen entwickelten die Ägypter Ziffern, mit denen sie die Zahlen darstellten. Die Zahlen wurden in einem Dezimalsystem geschrieben, das zwar unserem System ähnlich, aber doch ziemlich umständlich war. Das Hauptrechenverfahren war die Addition. Die Rechenverfahren in den anderen drei Grundrechenarten gingen von der Addition aus. So wurde z. B. multipliziert, indem man verdoppelte und addierte. Die Aufgabe 12 · 14 wurde etwa so gerechnet:

14	28	56	112	56 + 112 = 168
(1 · 14	2 · 14	4 · 14	8 · 14)	(4 + 8 = 12 12 · 14)

Die Ägypter rechneten schon mit Bruchzahlen und konnten auch Gleichungen lösen. Besonders die angewandte Geometrie (Flächen- und Körperberechnung) war gut entwickelt.

Mathematik bei Griechen und Römern   3.–4. Schuljahr

Fast alle wesentlichen Grundlagen unserer Mathematik gehen auf die Griechen der klassischen Antike zurück. Zwischen 600 v. Chr. und 200 v. Chr. stand die Mathematik in Griechenland in hoher Blüte. Was damals von Philosophen und Mathematikern wie THALES, PYTHAGORAS, DEMOKRIT, THEODOROS, HIPPIAS, ERATOSTHENES, EUKLID u. a. gedacht, entdeckt und aufgeschrieben wurde, hat die Wissenschaft von der Mathematik begründet und besitzt heute noch Gültigkeit. Schwerpunkte waren Geometrie und Zahlentheorie.

Die alten Griechen stellten die Zahlen mit einem Dezimalsystem dar. Als Ziffern dienten ihnen die Buchstaben ihres Alphabets. Die ersten neun Buchstaben von Alpha bis Theta stellten die Einer dar, die nächsten Buchstaben von Iota bis Kappa die Zehner und die Buchstaben von Rho bis San die Hunderter:

Einer: A,   B,   Γ,   Δ,   E,   P,   Z,   H,   Θ
           1,   2,   3,   4,   5,   6,   7,   8,   9

Zehner: I,   K,   Λ,   M,   N,   Ξ,   O,   Π
           10,   20,   30,   40,   50,   60,   70,   80 …

Hunderter: P,   Σ,   T,   Y,   Φ,   X,   Ψ,   Ω …
           100, 200, 300, 400, 500, 600, 700, 800 …

Für größere Zahlen wurden dieselben Buchstaben verwendet und mit kleinen Zeichen versehen. Es bedeutete also

$$K\Delta = 24, \quad YNZ = 457, \quad \Psi\Lambda\Gamma = 733.$$

Diese Zahlen konnte man gut für alle vier Grundrechenarten, aber auch für schwierigere Rechenverfahren verwenden.
Man benutzte dafür ein Rechenbrett, den Abakus, das heute noch in Japan eingesetzt wird.

Die Römer waren zwar begabte Ingenieure, in der Mathematik griffen sie aber in allen Bereichen auf das von den Griechen Erarbeitete zurück. In der Darstellung der Zahlen haben sie allerdings einen anderen Weg beschritten. Seit etwa dem 1. Jahrhundert v. Chr. benutzten die Römer diese Zahlzeichen, die ebenfalls aus Buchstaben entstanden sind:

I	V	X	L	C	D	M
1	5	10	50	100	500	1000

Für die Darstellung der übrigen Zahlen wurde kein Stellenwertsystem verwendet. Es galten vielmehr folgende Regeln:

1. Die Zeichen werden nebeneinander geschrieben und addiert.
2. Nur die Zeichen I, X, C und M dürfen mehrfach geschrieben werden, also
   III = 3   XX = 20   CCC = 300
3. Es dürfen höchstens drei gleiche Zeichen nebeneinander stehen.
4. Steht vor einem Zeichen mit höherem Wert ein Zeichen mit niedrigerem Wert, wird dieses subtrahiert. Dabei dürfen die kleinen Werte aus dem Zehner (I) nicht im Hunderter und die aus dem Hunderter (X) nicht im Tausender verwendet werden:
   IV = 5 – 1 = 4   IX = 9   XL = 40   XC = 90   CD = 400,
   aber nicht IL = 49 oder XM = 990!

Hier sind einige Beispiele für römische Zahlen:
LIX = 59   CCXLVIII = 248   MCDXCII = 1492   MDXXIX = 1529

Zum Rechnen in den vier Grundrechenarten benutzten auch die Römer den Abakus.

Entstehung unserer Ziffern   3.–4. Schuljahr

Die Zeichen für unsere Zahlen und die Darstellung größerer Zahlen durch das Dezimalsystem stammen von arabischen Mathematikern, die beides wiederum von den Indern übernommen haben. Für das uns so geläufige Zehnersystem musste die Null und das dazugehörige Zeichen 0 erfunden werden. Die Griechen kannten die Null nicht. Inder haben wohl zum ersten Mal die Null verwendet. Vom arabischen Namen „Sifr" für die Null stammt unser Wort „Ziffer". So sahen die westarabischen Ziffern im 14. Jahrhundert aus:

$I_1 \quad \tau_2 \quad \xi_3 \quad 9\!\!\!\!\ast_4 \quad \mathcal{E}_5 \quad 6_6 \quad \vartheta_7 \quad \mathbf{\mathcal{J}}_8 \quad \mathcal{J}_9 \quad O_0$

Daraus entwickelten sich in zahlreichen Formen schließlich unsere heute verwendeten Ziffern. Mitte des 14. Jahrhunderts sahen sie so aus:

$I_1 \quad 2_2 \quad 3_3 \quad \mathcal{R}_4 \quad 4_5 \quad G_6 \quad \wedge_7 \quad 8_8 \quad 79_9 \quad 0\sigma_0$

Um 1524:

$J_1 \quad 2_2 \quad 3_3 \quad \mathcal{R}_4 \quad 5_5 \quad 6_6 \quad \wedge_7 \quad 8_8 \quad 9_9 \quad 0_0$

Um 1750:

$$1 \quad 2 \quad 3 \quad 4 \quad 5 \quad 6 \quad 7 \quad 8 \quad 9 \quad 0$$

Entstehung unserer Rechenzeichen   3.–4. Schuljahr

+ und – Die Rechenzeichen „+" und „–" sind im 15. Jahrhundert wahrscheinlich aus der verkürzten Schreibweise für „et" (lat. und) und „minus" entstanden.
Im Rechenbuch von JOHANN WIDMANN aus dem Jahre 1489 wurden sie zum ersten Mal gedruckt. Schon wenige Jahre später, seit etwa 1500, wurden sie allgemein in fast ganz Europa als Zeichen für die Addition bzw. Subtraktion verwendet.

· und : Der Punkt für die Multiplikation findet sich zum ersten Mal bei dem Rechenmeister und Astronomen JOHANNES MÜLLER (1436–1476), der aus Königsberg stammte und deshalb auch Regiomontanus genannt wurde. Er benutzte als Erster den Punkt für die Multiplikation. Von englischen Mathematikern wurden zu Beginn des 17. Jahrhunderts das Andreaskreuz x als Zeichen für die Multiplikation (WILLIAM OUGHTREED 1631) und der Doppelpunkt : für die Division (JOHNSON 1633) verwendet.
Weil das Andreaskreuz leicht mit dem inzwischen üblich gewordenen Buchstaben für Variable, dem x, verwechselt werden konnte, plädierte GOTTFRIED WILHELM LEIBNIZ (1646–1716) für den Punkt als Zeichen für die Multiplikation. Durch die weite Verbreitung des Taschenrechners müssen wir uns nun wieder an x für die Multiplikation und an ÷ für die Division gewöhnen.

=, <, > Das Gleichheitszeichen entwickelte sich aus der verkürzten Darstellung zweier paralleler Linien. Seine endgültige Bedeutung als Symbol „=" für die Gleichheit erhielt es zusammen mit den Zeichen „<" (kleiner als) und „>" (größer als) im Jahre 1631.
Die Einführung ging auf einen Vorschlag des englischen Mathematikers THOMAS HARRIOT (1560–1621) zurück.

(,) Der Theologe und Mathematiker MICHAEL STIFEL (1487–1567) benutzte 1544 zum ersten Mal runde Klammern, um den Vorrang einer Operation vor einer anderen darzustellen. Dieses Symbol wurde schnell in den allgemeinen Gebrauch übernommen.

9.2 Von berühmten Mathematikern

Thales von Milet   4. Schuljahr

Der Mathematiker, Denker und Astronom THALES wurde wahrscheinlich 624
v. Chr. in der Stadt Milet, die an der Westküste der heutigen Türkei lag, geboren. Damals, vor mehr als 2600 Jahren war die Stadt Milet eine griechi-
sche Kolonie. Von der Jugend und der Ausbildung von THALES wissen wir
nichts mehr. Er hat seine mathematischen und astronomischen Kenntnisse
aber wohl von den Babyloniern und den Ägyptern gelernt. Ihm gelang es, den
Termin für eine Sonnenfinsternis exakt vorauszuberechnen.
THALES war offenbar auch ein guter Geschäftsmann. Als er einmal beobach-
tete, dass die Olivenbäume reichlich Früchte trugen und eine gute Oliven-
ernte zu erwarten war, kaufte er möglichst alle Ölpressen in seiner Umgebung auf und vermietete sie anschließend gegen eine entsprechend hohe
Gebühr.
Eines späten Abends schlenderte er Sterne beobachtend umher, achtete
nicht auf den Weg und fiel in ein Brunnengefäß. Eine Magd verspottete ihn
daraufhin: „Du willst wissen, was am Himmel passiert, und dabei übersiehst
du, was zu deinen Füßen liegt."
Er hat sich vor allem mit Problemen aus der Geometrie befasst. Auf ihn geht
die Entdeckung zurück, dass alle Winkel auf einer Kreislinie, die über dem
Durchmesser liegen, rechte Winkel sind. Man spricht daher vom Thales-
Kreis.
THALES starb 547 v. Chr. wahrscheinlich ebenfalls in Milet.

Pythagoras   4. Schuljahr

Auf der griechischen Insel Samos vor Milet wurde etwa um 580 v. Chr. ein be-
gabter Junge geboren. Sein Vater, der Gemmen, kleine Steinbildnisse,
schnitzte, gab ihm den Namen PYTHAGORAS. Als junger Mann verließ er die Insel Samos und begab sich nach Milet. Dort lernte er THALES kennen, der seine mathematische Begabung erkannte und ihn in die Anfangsgründe der
Mathematik einführte. Bald verließ PYTHAGORAS Milet und begab sich nach
Babylon. Dort blieb er zwölf Jahre und lernte die Grundlagen der Mathematik und Astronomie gründlich kennen. Nach weiteren Aufenthalten in Phöni-
zien, dem heutigen Syrien, und in Ägypten ließ er sich schließlich in Südita-
lien in der griechischen Kolonie Kroton nieder. Hier gründete er eine Sekte.
Ihre Mitglieder, die alle Schüler von PYTHAGORAS waren, lebten nach strengen
Vorschriften. Sie durften keine Kleider aus Wolle und keine Schuhe tragen.

Der Genuss von Fleisch, Fisch, Bohnen und von Wein war ihnen nicht erlaubt. Der fünfeckige Stern, das Pentagramm, dem sie eine geheimnisvolle Bedeutung zuschrieben, war ihr Erkennungszeichen.

PYTHAGORAS hat wohl als Erster den strengen Beweis in die Mathematik eingeführt. Während bis dahin die Geometrie eine lose Ansammlung von Regeln war, die man auf Grund von Erfahrungen aufgestellt hatte, zeigte er, dass sich die meisten dieser Regeln streng logisch aus wenigen Grundsätzen ableiten ließen. So hat er auch die Gültigkeit des Pythagoras-Satzes – „In jedem rechtwinkligen Dreieck ist die Summe der Quadrate über den beiden Katheten genauso groß wie das Quadrat über der Hypotenuse" – als erster allgemein festgestellt.

Durch Untersuchungen, wie man Töne durch die Teilung einer Saite erzeugen kann, entwickelte er eine Ton- und Musiklehre. Daraus wurden von ihm wiederum Erkenntnisse zu den Verhältnissen zwischen natürlichen Zahlen abgeleitet.

Er starb wahrscheinlich um 500 v. Chr. in der süditalienischen Stadt Metapontum, einer ebenfalls ursprünglich griechischen Gründung.

Euklid   4. Schuljahr

Über das Leben des griechischen Mathematikers EUKLID (Eukleides) ist nur wenig bekannt. Er stammte wahrscheinlich aus der phönizischen Stadt Tyros, die heute im Libanon liegt, wo er um 365 v. Chr. geboren wurde. Wahrscheinlich hat er seine Jugend in Athen verbracht und bei dem Philosophen PLATON Unterricht gehabt. Als schon angesehener Gelehrter kam er auf Einladung des ägyptischen Königs nach Alexandria im Nildelta, einem Zentrum der antiken wissenschaftlichen Welt.

EUKLID hat die damaligen Erkenntnisse der Geometrie und der Zahlentheorie in dreizehn Büchern, den „Elementen", zusammengefasst. Was er dort zusammengestellt und aufgeschrieben hat, hat über 2200 Jahre die Geometrie in den Universitäten und in der Schule bestimmt.

In Alexandria ist EUKLID vermutlich 300 v. Chr. gestorben.

Adam Ries   4. Schuljahr

Häufig hört man: „Das macht nach Adam Riese …". ADAM RIES, wie sein richtiger Name lautet, wurde 1492 in dem fränkischen Städtchen Staffelstein geboren. Sein Vater KUNZ RIES war dort Müller und Weinbauer. Über seine Kindheit und Jugend ist nichts bekannt. 1509, der Vater war drei Jahre vorher gestorben, zog er zu seinem älteren Bruder Conrad nach Zwickau, wo er die

Lateinschule besuchte. Acht Jahre später eröffnete er in Erfurt eine Rechen-
schule, wo Kaufleute und Handwerker von dem Rechenmeister Ries das
Rechnen erlernen konnten. Aus dieser Arbeit entstanden zwei Rechen-
bücher. Vor allem das 1522 erschienene Büchlein „Rechenung auff der lini-
hen und federn" brachte etwas Neues. Ergänzend zu dem bis dahin üblichen
Rechnen mit dem Abakus, dem Rechenbrett, wurde nun auch in den vier
Grundrechenarten mit den uns heute noch geläufigen Ziffern gerechnet.
1522/1523 siedelte ADAM RIES nach Annaberg im Erzgebirge über, wo er ein
Jahr später als eine Art Buchhalter im Silberbergbau angestellt wurde. Er
heiratete und kaufte ein Haus, in dem heute ein Museum über ihn eingerichtet ist. In den folgenden Jahren befasste er sich auch mit Algebra, verwendete Zeichen für Unbekannte und veröffentlichte weitere Rechenlehrbücher,
darunter eines, das das Rechnen mit verschiedenen Maßen und Gewichten
durch Beispiele und Tabellen erleichtern sollte. 1539 wurde er zum „Kur-
fürstlichen Sächsischen Hofarithmeticus" ernannt. Berühmt und geachtet
starb er am 30. März 1559 in Annaberg.

Gottfried Wilhelm Leibniz   4. Schuljahr

Der Jurist und vielseitig gebildete Gelehrte G. W. LEIBNIZ wurde 1646 in Leipzig geboren. Der Kurfürst von Mainz schickte ihn 1673 als Gesandten an den
Hof des Sonnenkönigs Ludwig XIV. nach Paris. In den folgenden drei Jahren
studierte er dort intensiv Mathematik, die Naturwissenschaften und Philosophie. Seit 1676 arbeitete er vierzig Jahre als Geheimrat und Bibliothekar am
Hof des Kurfürsten von Hannover. Hier entstanden auch seine wissenschaftlichen Werke vor allem in Mathematik und Philosophie. Auf LEIBNIZ geht die
heutige Formelschreibweise zurück, er verwendete als Erster durchgehend
den Punkt für die Multiplikation und den Doppelpunkt für die Division und
führte die heute noch gebräuchliche Potenzschreibweise (a^n) ein. Im Jahre
1672 erfand er eine Rechenmaschine, mit der man in allen vier Grundrechenarten rechnen und die Quadratwurzel berechnen konnte.
LEIBNIZ starb am 14. November 1716 in Hannover.

Leonhard Euler   4. Schuljahr

Von dem jungen LEONHARD EULER, der am 15. April 1707 in Basel zur Welt
kam, sagte ein Zeitgenosse: „Er rechnete anscheinend so mühelos, wie andere Menschen atmen oder wie der Adler in der Luft schwebt." Nach seiner
Ausbildung an der Universität Basel erhielt er schon mit 16 Jahren den Titel

eines Magisters. Kaum zwanzig Jahre alt wurde er von der russischen Zarin Katharina I. an die Petersburger Akademie berufen. 1733 wurde er dort zum Professor für Mathematik ernannt. Als ihn Friedrich der Große dringend nach Berlin einlud, folgte er 1741 diesem Ruf und blieb bis 1766 an der Akademie der Wissenschaften in Berlin als deren Direktor. Anschließend kehrte er nach St. Petersburg zurück. Wenige Jahre später erblindete er als Folge einer Augenkrankheit. Das hinderte ihn aber nicht an weiterer intensiver Forschungsarbeit zur Zahlentheorie und zur Geometrie, zur Algebra, zur Gleichungslehre und zur Trigonometrie. Er starb am 15. September 1783 in St. Petersburg.

Carl Friedrich Gauß   4. Schuljahr

GAUSS wurde am 30. April 1777 in Braunschweig als Sohn einfacher Leute geboren. Sein Vater war zunächst als Gärtner und Vorarbeiter und später als Schatzmeister einer kleinen Versicherungsgesellschaft tätig. Seine Mutter, die Tochter eines armen Steinmetzes, war hoch intelligent, konnte aber kaum lesen und schreiben. Wie erzählt wird, soll der kleine CARL FRIEDRICH schon als Dreijähriger seinem Vater eine Lohnabrechnung korrigiert haben. GAUSS, der sein Leben lang komplizierte Rechnungen im Kopf ausführen konnte, erzählte später: „Ich habe das Rechnen noch vor dem Reden gelernt." Mit neun Jahren löste er die von seinem Lehrer gestellte Aufgabe, alle Zahlen von 1 bis 100 zu addieren, auf elegante Weise und dazu noch im Kopf (siehe Seite 36). Im Alter von zwölf Jahren befasste er sich intensiv und kritisch mit den Beweisen in der Euklidschen Geometrie.
Seine mathematische Begabung wurde früh erkannt und Herzog Carl Wilhelm Ferdinand von Braunschweig unterstützte den Jungen finanziell, sodass er die Universitäten in Braunschweig und Göttingen besuchen konnte und zuletzt in Helmstedt das Studium mit einer Doktorarbeit zur Mathematik abschloss.
1807 wurde GAUSS zum Professor an der Universität Göttingen und zugleich zum Direktor der Sternwarte ernannt. In Göttingen starb er am 23. Februar 1855.
Die Schwerpunkte seiner mathematischen Arbeit lagen in der Zahlentheorie, der Geometrie und der höheren Algebra. Daneben trieb er mit großem Erfolg auch astronomische Forschungen, so über die Bewegung der Planeten, und erfand zusammen mit dem Physiker WILHELM WEBER den ersten elektromagnetischen Telegraphen.

9.3 So wurde früher gemessen und gewogen

Alle Umrechnungen in unser heutiges metrisches System sind, wo das erforderlich war, mit gerundeten Zahlen angegeben.

In Griechenland vor ungefähr 2500 Jahren:

Längenmaße
Grundmaß war 1 pus (Fuß) = 30 cm
$1\frac{1}{2}$ Fuß = 1 Elle   4 Ellen = 1 Klafter, 10 Klafter = 1 Seil, 10 Seile = 1 Stadion
Kleinere Maße waren: 4 Fingerbreiten = 1 Handbreite
3 Handbreiten = 1 Spanne (zwischen Daumen und kleinem Finger).
Entsprechungen in Zentimeter sind nicht bekannt.

Hohlmaße
6 Becher = 1 Gefäß = $\frac{1}{4}$ Liter, 2 Gefäße = 1 Holzkrug
6 Holzkrüge = 1 Gießer, 12 Gießer = 1 Messbecher = 36 Liter

Gewichtsmaße
1 obolos = ca. 1g,1 drachme = 6 oboloi, 1 mina = 100 drachmai,
1 Talent = 60 minai. Diese Maße wurden auch für Geld benutzt.

Im alten Rom vor etwa 2000 Jahren:

Längenmaße
1 pes (Fuß) = 30 cm, 5 Fuß = 1 passus (Schritt)
1000 Schritte = 1 römische Meile = 1500 m
Römische Landvermesser benutzten die Maßeinheit 1 actus = 120 Fuß. Ein actus war ursprünglich die Strecke, die ein Pflugochse gehen musste, bevor er wieder umkehrte.

Hohlmaße
1 hemina = ca. $\frac{1}{4}$ Liter   2 heminae = 1 sextarius = ca. $\frac{1}{2}$ Liter
6 sextarii = 1 congius, 8 congii = 1 amphora,
20 amphorae = 1 culleus = ca. 500 Liter

Gewichtsmaße
1 uncia (Unze) = 27 g, 12 Unzen = 1 libra (Pfund)

Bei uns hat man früher mit diesen Maßen gemessen:

Zählmaße

1 Dutzend = 12 Stück   1 Gros = 12 Dutzend = 144 Stück
1 Mandel = 15 Stück   1 Schock = 4 Mandeln = 5 Dutzend = 60 Stück
1 Paar = 2 Stück   1 Stiege = 20 Stück

Längenmaße

1 Zoll = ca. 26 mm   1 Fuß = ca. 31 cm   1 Elle = ca. 67 cm
1 Faden = ca. 1,64 m   1 Klafter = ca. 1,88 m   1 Rute = ca. 3,77 m
1 Meile (Landmeile) = 7,5 km

Hohlmaße

1 Quart = ca. 1,15 Liter   1 Metze = ca. 3,44 Liter
1 Scheffel = ca. 55 Liter   1 Eimer = ca. 69 Liter   1 Ohm = 130–160 Liter
1 Fass = ca. 229 Liter   1 Malter = ca. 7 Hektoliter
1 Stückfass = 12 Hektoliter

Gewichtsmaße

1 Quäntchen = ca. 4 g   1 Lot = ca. 4 Quäntchen   1 Mark = ca. 234 g
1 Pfund = 500 g   1 Zentner = 50 kg   1 Last = 2000 kg

Einige Anregungen zum Arbeiten:

- Rechne die griechischen und römischen Längenmaße in Kilometer, Meter oder Zentimeter um.
- Wandle 1 Meter (1 Kilometer) in die entsprechenden Maße bei den Griechen, bei den Römern, früher bei uns um.
- Rechne die Gewichtsmaße bei den Griechen, den Römern und früher bei uns in Gramm (g), Kilogramm (kg) und Tonne (t) um.
- Wie wurde ein Gewicht von 1 Doppelzentner bei den Griechen oder den Römern angegeben?
- Wie viele Unzen macht $\frac{1}{2}$ Kilogramm aus?
- Wie viele Metzen passen etwa in einen Eimer von 10 Liter Fassungsvermögen?
- Berechne die Entfernungen zum Nachbarort, zur Nachbarstadt in griechischen Stadien, römischen Meilen und in Landmeilen aus.

Die Bezeichnungen für unsere heute gebräuchlichen Maßeinheiten kommen aus der griechischen und lateinischen Sprache:

Griechisch:

metron (Maß): Meter, gramma (Gewicht, eigentlich Aufschrift): Gramm
litra (eigentlich Pfund, Gewicht von 12 Unzen): Liter
deka: zehn, hekaton (Hekt...): hundert, chilioi (Kilo...): tausend

Lateinisch:

decima pars (Dezi...): Zehntel, centesima pars (Zenti...): Hundertstel
millesima pars (Milli...): Tausendstel
Man denke auch an Hektar (100 Ar) und Hektoliter (100 Liter). In Österreich
benutzt man noch heute neben der Gewichtsangabe Kilogramm auch Deka-
gramm = 10 g und Hektogramm = 100 g.

Maße, mit denen man sich helfen kann, wenn keine entsprechenden Hilfs-
mittel zur Hand sind:
Breite (Durchmesser) eines dicken Bleistifts (Dicki): ca. 1 cm
Länge eines Streichholzes: ca. 45 mm = 4,5 cm
Streichholzschachtel: Länge: ca. 5 cm, Breite: ca.3,5 cm, Höhe: ca. 1,5 cm
Oktavheft (DIN A6): Länge: 15 cm, Breite: 10,5 cm
Schulheft (DIN A5): Länge: 21 cm, Breite 15 cm
Großes Heft (DIN A4): Länge: 29,5 cm, Breite: 21 cm

Mögliche Fragestellungen sind:
- Wie lang ist mein Zeigfinger, mein Fuß, ein Schritt?
- Wie lang ist die gestreckte Spanne zwischen der Spitze des kleinen Fingers
  und des Daumens?
- Wie schwer ist ein Heft?
- Wie schwer ist eine Flasche Mineralwasser (gefüllt, leer)?
- Wie schwer ist ein Bleistift, meine Federmappe?
- Wie lange kann ich den Atem anhalten?

Udo Quak

10 Zahlen in unserer Welt

10.1 Tiere

So groß können Tiere sein:

Tier	Länge, Breite, Höhe	Gewicht	Sonstiges
Blauwal	bis 35 m lang	bis 130 t	Tauchtiefe: 200 m Das Blauwal-Baby ist bei der Geburt etwa 7 m lang.
Elefant	4 m lang, 3 m hoch	3 bis 6 t	Er braucht täglich 300 kg Futter und 80 l Wasser. Ein Stoßzahn wiegt etwa 100 kg.
Giraffe	ca. 5,30 m hoch, davon entfallen auf den Hals etwa 1,80 m	500 bis 750 kg	Das Giraffenjunge ist bei der Geburt etwa 100 kg schwer.
Nashorn	3 bis 3,75 m lang, 1,50 bis 1,60 m Rückenhöhe	bis 2000 kg	
Afrik. Strauß	bis 3 m hoch	ca. 150 kg	Der Strauß kann bis zu 40 Eier legen. Ein Ei ist 15 cm lang und wiegt etwa 1,5 kg.
Netz-python	bis zu 10 m lang	bis 150 kg	Das Netzpythonweibchen kann bis zu 100 Eier legen.
Pferd	1,50 bis 1,75 m Rückenhöhe	1 bis 1,125 t	Ein Pferd hat 44 Zähne, davon 6 Schneidezähne.
Kuh	150 bis 160 cm Rückenhöhe	500 bis 700 kg	Der Kuhmagen, der Pansen, fasst 200 l Nahrung. Gute Milchkühe geben 4000 bis 4500 l Milch im Jahr.

So schnell können sich Tiere bewegen:

Tier	Geschwindigkeit	Tier	Geschwindigkeit
Gepard	120 km/h	Hecht	16 km/h
Windhund	100 km/h	Makrele	32 km/h
Pferd im Trab	12 km/h	Wanderfalke im Sturzflug: 300 km/h	
Pferd im Galopp	16 bis 40 km/h	Weinbergschnecke	3 m/h
Afrik. Strauß	65 km/h	Brieftaube	60 km/h
Mehlschwalbe	220 km/h	Elefant	40 km/h
Delfin	30 bis 40 km/h		

So alt können die Tiere durchschnittlich werden:

Tier	Alter	Tier	Alter
Kaiserpinguine	25 Jahre	Spinnen	20 Jahre
Pelikane	60 Jahre	Wale	100 Jahre
Riesenschildkröten	150 Jahre	Schafe	20 Jahre
Goldfische	40 Jahre	Dromedare	30 Jahre
Regenwürmer	10 Jahre	Igel	14 Jahre
Riesenkängurus	30 Jahre	Schimpansen	50 Jahre
Braunbären	50 Jahre	Elche	25 Jahre
Tiger	30 Jahre	Feldhasen	8 Jahre
Delfine	30 Jahre	Nashorn	45 Jahre
Elefant	70 Jahre	Esel	100 Jahre
Ziege	20 Jahre	Reh	16 Jahre

So seltsam können Tiere sein:
■ Das größte Säugetier, der Blauwal, kann ungefähr 35 m lang werden. Das kleinste Säugetier, die Knirpsmaus, ist nur 5 cm lang.

■ Die größte Schlange, der Netzpython, kann bis zu 10 m lang werden, die kleinste Schlange nur 10 cm.

■ Kaiserpinguine können bis zu 18 min unter Wasser bleiben, der Pottwal schafft es sogar bis zu 1 Stunde. Nilpferde können bis zu 25 min tauchen.

■ Der Albatros, ein großer Seevogel, hat eine Flügelspannweite von 3,40 m. Er wiegt etwa 8500 g. Der kleinste Vogel, ein Kolibri, wiegt nur 1 bis 2 g.

■ Fliegende Fische können bis zu 50 m durch die Luft gleiten. Das Känguru kann etwa 10 m weit springen. Manche Frösche können ungefähr 4 m hüpfen. Die kleinen Flöhe schaffen immerhin noch 60 cm und Springspinnen bringen es auf 16 cm.

■ Der Siebenschläfer hält 7 bis 8 Monate, das Murmeltier etwa 5 Monate Winterschlaf. Der Dachs zieht sich im Winter je nach Witterung und Klima von 2 Wochen bis zu 7 Monaten zum Schlafen zurück.

■ In einem Nest der Roten Waldameise können bis zu 800 000 Ameisen leben. Zu einem Bienenvolk gehören bis zu 80 000 Bienen. Den größten Staat mit bis zu 1 Million Tieren können die in Afrika lebenden Termiten bilden.

■ Die bei uns brütende Küstenseeschwalbe fliegt bis zu 10 000 km zu ihrem Winterquartier in Südafrika. Die Fluss-Seeschwalbe schafft bei ihrem Flug von Finnland, wo sie im Sommer brütet, bis nach Australien in ungefähr 140 Tagen sogar 26 000 km.

Anregungen zum Arbeiten:

■ Welches Tier ist am schwersten, am leichtesten? Ordne die Tiere nach Gewicht und Größe.

■ Ein Hühnerei wiegt zwischen 50 g und 70 g. Wie viele Hühnereier machen das Gewicht eines Straußeneis aus?
Wie viel Kilogramm wiegen 10, 20, 40 Straußeneier?

■ Ein Zirkus hält vier Elefanten. Wie viel Wasser und Nahrung braucht er dafür täglich?

■ Wie viel Liter Milch gibt eine gute Milchkuh in 1 Monat, in 1 Woche, an einem Tag durchschnittlich?

■ Ordne die Tiere nach ihrer Schnelligkeit.

■ Vergleiche die Schnelligkeit einzelner Tiere mit der Geschwindigkeit eines Autos oder eines Flugzeugs.

■ Wie viel Zeit braucht eine Weinbergschnecke für eine Strecke von 1 m, 5 m, wenn sie eine Straße von 12 m Breite überqueren will?

■ Ordne die Tiere nach ihrem Lebensalter. Vergleiche mit dem Lebensalter des Menschen.
Wovon könnte die Lebensdauer eines Tieres abhängen?

10.2 Pflanzen

Baum	Mögliche Höhe	Mögliches Alter
Birke	bis 25 m	50 bis 60 Jahre
Buche	30 bis 40 m	ca. 150 Jahre
Eiche	20–30 m	bis 1000 Jahre
Linde	bis 30	bis 1000 Jahre
Fichte	50 bis 60 m	bis 600 Jahre
Kiefer	bis 45 m	bis 600 Jahre
Tanne	30 bis 50 m	500 bis 600 Jahre
Rosskastanie	bis 30 m	bis 300 Jahre
Mammutbaum	45 bis 100 m	bis 2300 Jahre, manchmal auch älter

Mammutbäume wachsen nur in Nordamerika. Der Stamm eines Mammut-
baumes kann einen Durchmesser von 9 m haben. Der größte lebende Mam-
mutbaum ist 84 m hoch, hat einen Stammdurchmesser von 11 m und wiegt
ungefähr 1950 t.
Der höchste Baum überhaupt ist der Eukalyptusbaum in Australien. Er wird
bis zu 150 m hoch. Ein kräftiger ausgewachsener Baum holt an einem heißen Sommertag 200 Liter Wasser aus dem Boden. Das Wasser verdunstet
über die Blätter in die Luft.
Die Birke, die im Durchschnitt täglich 70 Liter Wasser in die Luft abgibt,
schafft an einem heißen Sommertag sogar bis zu 440 Liter.

Die höchste Pflanze überhaupt ist der im südlichen Atlantik wachsende Bir-
nentang. Er wird unter Wasser bis zu 200 m hoch.
Die längste Pflanze ist die Rotangpalme, eine Ranke, die bis zu 300 m lang
wird.

Ein Weizenhalm kann in 1 Minute um fast 1 mm wachsen.
Die Rankenpflanze einer Melone wächst an einem Tag um 43 cm. In einem
Monat kann sie bis zu 13 m wachsen.
Der Riesenbambus in Asien wächst in 24 Stunden um 57 cm, das ist eine
Wachsgeschwindigkeit von fast 2,4 cm/h.
Die am schnellsten wachsende Pflanze aber ist ein Pilz. Er schafft in einer Mi-
nute 5 mm.

Während die Anzahl der Samen oder Früchte bei Sträuchern und Bäumen begrenzt ist, bringen es manche Wildkräuter auf erstaunliche Zahlen, wie die Tabelle zeigt.

Pflanzenart	Samenanzahl
Beifuß	700 000 Samen
Franzosenkraut	300 000 Samen
Wucherblume	210 000 Samen
Hirtentäschelkraut	64 000 Samen
Gemeinen Kamille	40 000 Samen
Kratzdistel	40 000 Samen
Mädesüß	31 700 Samen

In den Blüten vieler Pflanzen sind Duftstoffe in ganz kleinen Mengen enthalten. Sie werden für die Parfümherstellung genutzt.
Aus 3000 kg Rosenblüten gewinnt man 1 kg Rosenöl,
und aus 1 kg Orangenblüten lässt sich 1 g Orangenblütenöl gewinnen.

Anregungen zum Arbeiten mit den Zahlen:
- Ordne die Bäume nach ihrem Lebensalter. Warum erreichen viele Bäume dieses Alter nicht?
- Vergleiche die Baumhöhen mit der Höhe deiner Schule, deines Wohnhauses, des Kirchturms in eurem Ort.
- Wie viel Wasser verdunsten durchschnittlich 5, 10, 50, 100 Bäume an einem heißen Sommertag?
- Welche Bedingungen braucht eine Pflanze zum Wachsen? Kann eine Weizenähre an einem Tag 1440 mm = 1,44 m lang werden? Warum nicht?
- Wie viel Meter wächst die Melonenranke in 3 Tagen, in einer Woche?
- Wie viel Kilogramm Rosenblüten braucht man für 2 kg, 5 kg, 10 kg Rosenöl?

10.3 Menschen

Ein Mann ist im Durchschnitt 1,77 m groß, eine Frau 1,65 m. Der größte Mensch, er wohnt in St. Petersburg in Russland, misst 229 cm. Er hat Schuhgröße 63.

Ein neugeborener Junge kann hoffen, etwa 76 Jahre alt zu werden, ein neugeborenes Mädchen etwa 81 Jahre. Der zurzeit älteste Mensch ist eine Brasilianerin. Sie ist 121 Jahre alt. Sie hatte einmal 6 Kinder, von denen eines noch lebt, und hat noch 70 Enkel, 60 Urenkel und 10 Ururenkel.

Ein ausgewachsener Mensch hat 206 Knochen und Knöchelchen. Davon werden allein 104 für die Hände und Füße benötigt. Das gesamte Skelett macht etwa den 8. Teil des Körpergewichts aus.

Die Anzahl der Muskeln ist dagegen viel größer: Ein erwachsener Mensch hat 656 verschiedene Muskeln. Sie machen zusammen 40 % des Körpergewichts aus.

Die Augenmuskeln bewegen sich in 24 Stunden etwa 1000-mal.

Mit der Lunge holt sich der Mensch den Sauerstoff aus der Luft. Die Lunge einer Frau fasst 3,5 Liter, die Lunge eines Mannes 4,5 Liter. Der Mensch atmet täglich ungefähr 19 000 Liter Luft ein und aus. Im Ruhezustand atmet er 18-mal pro Minute. Für einen Liter Sauerstoff benötigt ein Mensch 28 Liter Luft.

Info

Zur Erinnerung: 100 Liter Luft bestehen aus fast 80 Litern Stickstoff, etwas mehr als 20 Litern Sauerstoff und ganz geringen Mengen Kohlendioxid.

Genau: Stickstoff   79,04 %,

Sauerstoff 20,93 %,

Kohlendioxid 0,03 %.

Das wichtigste Organ ist das Herz. Es wiegt bei einem Erwachsenen im Durchschnitt 300 g. Am Pulsschlag kann man feststellen, wie schnell das Herz schlägt. Im Ruhezustand zählt man etwa 70 Schläge pro Minute. Mit einem Herzschlag pumpt das Herz 70 cm^3 = 0,07 Liter Blut in das Adernsystem. Ein Mensch von 75 kg Gewicht hat etwa 6 Liter Blut im Körper, bei einem Kind sind es nur etwa 3 Liter.

Der Magen fasst etwa 1,5 Liter Nahrung, die dann im Verdauungssystem verarbeitet wird. Dazu gehört auch der Dünndarm. Er ist etwa 6 m lang.

Bei völliger Ruhe verbraucht ein Mann 72 Kalorien, eine Frau 56 Kalorien pro Stunde.

Das Gehirn eines Neugeborenen wiegt ungefähr 330 g. Bei ausgewachsenen Menschen wiegt das Gehirn 1,3 kg. Es besteht aus mehr als 10 Milliarden Nervenzellen, die alle miteinander vernetzt sind (1 Gehirnnervenzelle ist jeweils mit 10 000 anderen verbunden).

Anregungen zum Arbeiten:

- Wie groß bist du? Wer ist das größte, das kleinste Kind in eurer Klasse?
- Vergleiche mit dem größten Menschen: Wie hoch ist euer Klassenzimmer? Wie hoch ist die Tür? Wie groß ist der Unterschied zu deiner Körpergröße?
- Wie alt sind deine Eltern, deine Großeltern? Wie groß sind die Unterschiede zu deinem Alter?
- Zähle deine Atemzüge pro Minute.
- Miss deinen Pulsschlag, wenn du sitzt, nachdem du gegangen bist, nachdem du gerannt bist.

10.4 Aus Wirtschaft und Gesellschaft

Verkehr   4. Schuljahr

Das außerörtliche Straßennetz Deutschlands bestand im Jahr 2002 aus:

11 786 km Bundesautobahnen
41 228 km Bundesstraßen
86 833 km Landesstraßen
90 996 km Kreisstraßen

Dazu kommen noch rund 430 000 km Straßen innerhalb von Städten und Gemeinden. Für diese Straßen sind in Deutschland zugelassen (2003):

44 657 000 Personenkraftwagen (Pkw)
2 619 000 Lastkraftwagen (Lkw)
3 657 000 Motorräder
1 952 000 Traktoren
86 000 Omnibusse
684 000 Sonstige Fahrzeuge (z. B. Wohnmobile, Kranwagen)

Auf 1000 Einwohner entfallen in

Deutschland	538 Pkws,
USA	472 Pkws,
Italien	590 Pkws,
Luxemburg	638 Pkws,
China	7 Pkws,
Indien	5 Pkws,
Zentralafrika	1–2 Pkws.

Anregungen zum Arbeiten:
- Wie viele Kilometer Straßen außerhalb von Ortschaften stehen in Deutschland zur Verfügung?
- Wie viele Kilometer Straße benötigen alle Pkws, wenn man für jeden Pkws einen Platz von 10 m Länge rechnet? Haben alle auf den Bundesautobahnen oder auf den Bundesstraßen Platz?
- Erkundige dich nach der Einwohnerzahl von China und Indien. Wie viele Pkws würden in China oder in Indien fahren, wenn jeder zweite Einwohner ein Auto zur Verfügung hätte?
- Wie erklärst du dir die geringe Autodichte in China, Indien und Afrika?

Die längsten Eisenbahnnetze in Europa:

Russland	85 835 km	Großbritannien	16 397 km
Deutschland	36 040 km	Italien	16 356 km
Frankreich	29 445 km	Spanien	12 310 km
Ukraine	22 219 km	Rumänien	11 364 km
Polen	20 134 km	Schweden	11 255 km

Im Jahr 2003 hatte die Deutsche Bahn (DB) 3274 Elektroloks, 2532 Dieselloks, 7751 Triebwagen, 11 945 Personenwagen und 111 314 Güterwagen. Dazu kamen noch 215 Hochgeschwindigkeitszüge (ICE). Ein ICE besteht aus 2 Triebwagen und durchschnittlich 6 Personenwagen.

Auf einigen europäischen Strecken soll bis zum Jahr 2007 die Reisezeit durch den Einsatz von noch schnelleren Zügen erheblich verkürzt werden.

Hier ist eine Übersicht:

Verbindung	Reisezeit 2003	Reisezeit 2007
Frankfurt/M.–Paris	5 h 19 min	3 h 45 min
Köln–London	5 h 31 min	4 h 00 min
Stuttgart–Mailand	6 h 43 min	5 h 23 min
Barcelona–Madrid	5 h 22 min	2 h 30 min
Mailand–Rom	4 h 30 min	3 h 00 min
Paris–Amsterdam	4 h 44 min	3 h 03 min
Paris–Barcelona	8 h 24 min	6 h 00 min

Anregungen zum Arbeiten:

▧ Wie erklärst du dir die unterschiedliche Länge der Eisenbahnnetze?

▧ Wie groß ist der Unterschied zwischen dem Eisenbahnnetz in Russland und in Schweden, in Russland und in Deutschland ...?

▧ Welche Länder haben zusammen ein Eisenbahnnetz, das so groß ist wie das von Russland (von Deutschland, von Frankreich)?

▧ Ein Güterzug soll aus 50 Güterwagen bestehen. Wie viele Güterzüge könnte die Deutsche Bahn bilden? Reichen die Loks?

▧ Ein Personenzug soll immer 10 Personenwagen haben. Wie viele Personenzüge könnte die Deutsche Bahn zusammenstellen?

▧ Wie viele Triebwagen haben alle ICE zusammen?

▧ Um wie viele Minuten verkürzt sich jeweils die Reisezeit auf den angegebenen europäischen Strecken?

▧ Eine Frau fährt um 9.00 Uhr in Frankfurt/M. (in Köln, in Stuttgart ...) ab. Wann kommt sie in Paris (in London, in Mailand ...) an?

Arbeit   4. Schuljahr

Anzahl der Urlaubstage (Werktage) in Europa und in der Welt (2003):

Land	Anzahl der Tage
Deutschland	30 Tage
Luxemburg	28 Tage
Österreich	27 Tage
Dänemark, Finnland, Frankreich, Niederlande, Großbritannien, Norwegen, Schweden	25 Tage
Schweiz	24 Tage
Spanien	23 Tage
Belgien, Italien, Irland	20 Tage
Japan	18 Tage
USA	12 Tage

▧ Wie viele Wochen (die Woche zu 5 Werktagen) macht der Urlaub in den Ländern jeweils aus?

▧ Zeichne ein Säulendiagramm oder ein Streifendiagramm.

Landwirtschaft   4. Schuljahr

Landwirtschaftliche Betriebe in Deutschland (2003):

Größe	Anzahl der Betriebe
bis 10 ha	132 500
10 bis 20 ha	77 700
20 bis 30 ha	40 100
30 bis 50 ha	54 700
50 bis 100 ha	55 100
100 und mehr	28 500

Auf 1 Hektar (ha) Getreideland können im Durchschnitt die folgenden Mengen geerntet werden (1 Doppelzentner (dz) = 100 kg):

Weizen	73 dz
Roggen	47 dz
Gerste	61 dz
Hafer	32 dz
Mais	63 dz

Im Getreideland Niedersachsen wurden im Jahr 2001 angebaut:

Weizen	317 000 ha
Roggen	160 000 ha
Gerste	301 000 ha
Hafer	38 000 ha
Mais	81 000 ha
Neue Getreidesorten (z. B. Dinkel, Buchweizen)	65 000 ha

Ein Bauer ernährte mit dem, was er produzierte,

im Jahr 1900	4 Menschen,
im Jahr 1950	10 Menschen,
im Jahr 2002	128 Menschen.

Eine Milchkuh wiegt zwischen 500 kg und 700 kg. Sie muss täglich etwa ein Zehntel ihres Gewichts als Nahrung zu sich nehmen. Sie kann an 280 bis 300 Tagen gemolken werden. Dann versorgt sie mit täglich durchschnittlich 16 Litern Milch 17 Menschen mit Frischmilch und Milchprodukten.
Die Tagesproduktion einer Milchkuh reicht aus, um 875 g Butter (= 3,5 Päckchen), 2 kg Käse oder 18 kg Naturjoghurt herzustellen.

Der jährliche Fleischverbrauch pro Einwohner betrug in Deutschland durchschnittlich:
- 12,4 kg Rindfleisch, 55,9 kg Schweinefleisch, 17,9 kg Geflügelfleisch.

Das könnten passende Fragen und Aufgaben sein:
- Wie viele landwirtschaftliche Betriebe (Bauernhöfe) gibt es in Deutschland insgesamt?
- Kannst du dir erklären, weshalb die Anzahl der kleinen Betriebe (bis 20 ha) so hoch ist?
- Ordne die Getreideerträge pro Hektar nach der Größe! Zeichne ein Schaubild.
- Berechne die Erträge für die einzelnen Getreidearten für eine Anbaufläche von 10 ha (30 ha, 50 ha).
- Rechne die dz-Beträge in kg oder t um.
- Für wie viele Weizenbrote zu 1 kg reicht der Weizen, der auf 1 ha geerntet wird?
- Ordne die Getreideanbauflächen Niedersachsens nach ihrer Größe! Zeichne ein Schaubild.
- Wie groß ist die Gesamtanbaufläche für Getreide in Niedersachsen?
- Wie viel Futter täglich (in 1 Woche, in 1 Monat) brauchen 5, (10, 20 …) Milchkühe?
- Wie viel Liter Milch erhält man durchschnittlich pro Tag von 5, (10, 20 …) Milchkühen?
- Wie viel Liter Milch gibt eine Milchkuh in 1 Woche, in 1 Monat, in 1 Jahr?

Udo Quak

11 Mathematik auf Reisen

Die BRD und ihre Bundesländer   4. Schuljahr

Bundesland	Landes hauptstadt	Flächengröße (km²)	Einwohner pro km²
Baden-Württemberg	Stuttgart	35 752	298
Bayern	München	70 549	176
Berlin	Berlin	892	3804
Brandenburg	Potsdam	29 477	88
Bremen	Bremen	404	1638
Hamburg	Hamburg	755	2289
Hessen	Wiesbaden	21 115	288
Mecklenburg-Vorpommern	Schwerin	23 173	75
Niedersachsen	Hannover	47 618	168
Nordrhein-Westfalen	Düsseldorf	34 083	530
Rheinland-Pfalz	Mainz	19 847	204
Saarland	Saarbrücken	2 569	415
Sachsen	Dresden	18 413	236
Sachsen-Anhalt	Magdeburg	20 445	125
Schleswig-Holstein	Kiel	15 763	179
Thüringen	Erfurt	16 172	148
Deutschland	Berlin	357 027	231

Das kann gearbeitet werden:
■ Suche die Bundesländer und die Landeshauptstädte auf einer Landkarte oder im Atlas.
■ Welches ist das größte, welches das kleinste Bundesland?
Ordne die Länder nach der Größe ihrer Fläche, nach der Anzahl der Einwohner pro km² (Bevölkerungsdichte).

■ Welche Bundesländer sind zusammen so groß wie Bayern, wie Niedersachsen?

■ Welches Bundesland ist dicht besiedelt? In welchem Land leben nur wenig Menschen? Wie erklärst du dir die Unterschiede?

■ Berechne für jedes Bundesland die Einwohnerzahl. Ordne nach der Anzahl der Einwohner.

Große Städte in Deutschland   4. Schuljahr

Name der Stadt	Fläche in km^2	Einwohnerzahl	Einwohner pro km^2
Berlin	892	3 392 425	3803
Bremen	325	542 987	1671
Dortmund	280	590 831	2110
Dresden	328	480 228	1464
Duisburg	233	508 664	2183
Düsseldorf	217	571 886	2635
Erfurt	269	199 967	743
Essen	210	585 481	2788
Frankfurt/M.	248	643 726	2596
Hamburg	755	1 728 806	2289
Hannover	204	517 310	2536
Kiel	118	233 270	1977
Köln	405	968 639	2392
Leipzig	298	494 765	1660
Magdeburg	201	228 170	1135
Mainz	98	186 103	1899
München	310	1 234 692	3983
Nürnberg	186	493 397	2653
Potsdam	109	131 414	1206
Saarbrücken	167	182 505	1093
Schwerin	130	97 694	751
Stuttgart	207	588 477	2843
Wiesbaden	204	271 553	1331

Anregungen zum Arbeiten:
- Suche die Städte auf einer Deutschlandkarte. Zu welchen Bundesländern gehören die Städte? Welche Städte liegen in deiner Nähe?
- Erkunde: Wie groß ist der Ort, in dem du wohnst? Wie viele Einwohner hat er?
- Welches ist die größte, welches die kleinste der aufgeführten Städte? Ordne die Städte nach ihrer Flächengröße, nach ihrer Einwohnerzahl.
- Welche Städte sind zusammen so groß wie Berlin, wie Hamburg, wie München?
- Welche Städte haben zusammen so viele Einwohner wie Berlin, wie Hamburg, wie München?
- Wie groß etwa ist ein Quadratkilometer?
- Welche Stadt ist am dichtesten besiedelt? Ordne die Städte nach der Anzahl ihrer Einwohner pro Quadratkilometer.
- In welcher Stadt möchtest du leben?

Berge in Deutschland und in der Welt   3.–4. Schuljahr

Gebirge/Landschaft	Name des Bergs	Höhe
Alpen	Nebelhorn	2 224 m
Alpen	Zugspitze	2 963 m
Alpen	Watzmann	2 713 m
Schwarzwald	Feldberg	1 493 m
Schwäbische Alb	Lemberg	1 015 m
Bayerischer Wald	Großer Arber	1 456 m
Hunsrück	Erbeskopf	816 m
Rhön	Wasserkuppe	950 m
Fichtelgebirge	Schneeberg	1 051 m
Rothaargebirge	Kahler Asten	841 m
Thüringer Wald	Großer Beerberg	982 m
Erzgebirge	Fichtelberg	1 214 m
Weserbergland	Solling	528 m
Harz	Brocken	1 142 m
Lüneburger Heide	Wilseder Berg	169 m

Erdteil	Name des Bergs	Höhe
Südamerika	Aconcagua	6 958 m
Asien	Annapurna	8 078 m
Südamerika	Chimborazo	6 310 m
Südamerika	Coropuna	6 613 m
Europa	Großglockner	3 797 m
Afrika	Kilimandscharo	5 895 m
Europa	Matterhorn	4 478 m
Europa	Montblanc	4 807 m
Europa	Monte Rosa	4 634 m
Asien	Mount Everest	8 848 m
Afrika	Mount Kenia	5 199 m
Nordamerika	Mount McKinley	6 193 m
Nordamerika	Mount Whitney	4 418 m
Nordamerika	Popocatepetl	5 452 m
Europa	Zugspitze	2 963 m

Das kann gearbeitet werden:
- Suche die Erdteile und die Berge auf einer Landkarte.
- Suche die deutschen Gebirge und Landschaften auf einer Landkarte.
- Wie heißt der höchste Berg der Erde?
- Wie heißt der höchste Berg in jedem Erdteil?
- Wie heißt der höchste Berg Deutschlands?
- Wie groß ist der Unterschied zwischen dem höchsten und dem niedrigsten Berg?
- Ordne die Listen nach der Höhe der Berge.

Flüsse in Deutschland und in der Welt   3.–4. Schuljahr

Name des Flusses	Länge	Quelle – Mündung
Aller	211 km	Magdeburger Börde – Verden
Altmühl	220 km	Frankenhöhe – Kelheim

Name des Flusses	Länge	Quelle – Mündung
Donau	2 850 km	Schwarzwald – Schwarzes Meer
Elbe	1 165 km	Riesengebirge (CZ) – Cuxhaven
Ems	371 km	Teutoburger Wald – Emden
Havel	343 km	Middelsee (Vorpommern) – Havelberg
Inn	510 km	Schweiz – Passau
Isar	295 km	Karwendelgebirge – Plattling
Lippe	228 km	Bad Lippspringe – Wesel
Main	524 km	Kulmbach – Mainz
Neckar	367 km	Schwarzwald – Mannheim
Oder	866 km	Odergebirge (CZ) – Stettin
Rhein	1 320 km	Schweiz – Niederlande
Ruhr	213 km	Rothaargebirge – Duisburg
Saale	427 km	Fichtelgebirge – bei Magdeburg
Spree	400 km	Lausitzer Bergland – Berlin-Spandau
Weser	440 km	Hannoversch Münden – Bremerhaven

Name des Flusses	Länge	Erdteil/Land
Amazonas	6 400 km	Südamerika (Peru, Brasilien)
Donau	2 850 km	Europa (Deutschland, Österreich, Ungarn, Rumänien)
Ganges	2 510 km	Asien (Indien)
Jenisseij	4 090 km	Asien (Russland)
Kongo	4 374 km	Afrika (Kongo)
Mackenzie River	1 800 km	Nordamerika (Kanada)
Mississippi	3 770 km	Nordamerika (USA)
Niger	4 160 km	Afrika (Guinea, Mali, Nigeria)
Nil	5 584 km	Afrika (Tansania, Äthiopien, Sudan, Ägypten)
Ob	3 680 km	Asien (Russland)

Name des Flusses	Länge	Erdteil/Land
Paraná	2 800 km	Südamerika (Brasilien, Paraguay, Argentinien)
Wolga	3 530 km	Europa (Russland)

Anregungen zum Arbeiten:

■ Suche die Erdteile, Länder und Flüsse auf der Landkarte.

■ Wie heißt der längste Fluss der Erde? Wie heißt der längste Fluss in den einzelnen Erdteilen?

■ Ordne die Flüsse nach ihrer Länge.

Udo Quak

12 So zählen und rechnen andere

	Englisch	Niederländisch	Dänisch
0	zero	nul	een, eet
1	one	een	to
2	two	twee	tre
3	three	drie	fire
4	four	vier	fem
5	five	vijf	seks
6	six	zes	syv
7	seven	zeven	otte
8	eight	acht	ni
9	nine	negen	ti
10	ten	tien	elleve
11	eleven	elf	tolv
12	twelve	twaalf	tretten
13	thirteen	dertien	fjorten
14	fourteen	veertien	femten
15	fifteen	vijftien	seksten
16	sixteen	zestien	sytten
17	seventeen	zeventien	atten
18	eighteen	achttien	nitten
19	nineteen	negentien	tyve
20	twenty	twintig	tredive
30	thirty	dertig	fyrre(tyve)
40	forty	veertig	halvtreds(indstyve)
50	fifty	vijftig	tres(indstyve)
60	sixty	zestig	halvfjerds(indstyve)
70	seventy	zeventig	firs(indstyve)
80	eighty	tachtig	halvfems(indstyve)
90	ninety	negentig	hundrede
100	one hundred	een honderd	to hundrede
200	two hundred	tweehonderd	tre hundrede
300	three hundred	driehonderd	tusind(e)
1000	one thousand	duisend	nul
addieren	to add, 3 + 2 = 5 three plus two equals five	optellen, 3 + 2 = 5 drie plus twee is vijf	addere, 3 + 2 = 5 tre plus (og) to er fem
subtrahieren	to subtract, 10 − 6 = 4 ten minus six equals four	aftrekken 10 − 6 = 4 tien min zes is vier	subtrahere, trække fra 10 − 6 = 4 ti minus seks er fire
multiplizieren	to multiply, 4 · 3 = 12 four multiplied by three equals twelve	vermenigvuldigen 4 · 3 = 12, vier mal drie is twaalf	multiplicere 4 · 3 = 12 fire gange tre er tolv
dividieren	to divide, 8 : 4 = 2 eight divided by four equals two	delen 8 : 4 = 2, acht geedeld door vier is twee	dividere, 8 : 4 = 2 otte divideret med fire er to

	Französisch	Italienisch	Spanisch
0	zéro	zero	cèro
1	un	uno	uno
2	deux	due	dos
3	trois	tre	tres
4	quatre	quattro	cuatro
5	cinq	cinque	cinco
6	six	sei	seis
7	sept	sette	siete
8	huit	otto	ocho
9	neuf	nove	nueve
10	dix	dieci	diez
11	onze	undici	once
12	douze	dodici	doce
13	treize	tredici	trece
14	quatorze	quattordici	catorce
15	quinze	quindici	quince
16	seize	sedici	dieciséis
17	dix-sept	diciassette	diecisiete
18	dix-huit	diciotto	dieciocho
19	dix-neuf	diciannove	diecinueve
20	vingt	venti	veinte
30	trente	trenta	treinta
40	quarante	quaranta	cuarenta
50	cinquante	cinquanta	cincuenta
60	soixante	sessanta	sesenta
70	soixante-dix	settanta	setenta
80	quatre-vingts	ottanta	ochenta
90	quatre-vingts-dix	novanta	noventa
100	cent	cento	ciento, cien
200	deux cents	duecento	doscientos
300	trois cents	trecento	trescientos
1000	mille	mille	mil
addieren	additionner $3 + 2 = 5$ trois plus deux font cinq	addizionare $3 + 2 = 5$ tre più due fa cinque	adiciònar $3 + 2 = 5$ tres y dos son cinco
sub-trahieren	soustraire $10 - 6 = 4$ dix moins six font quatre	sottrarre $10 - 6 = 4$ dieci meno sei fa quattro	restar, sustraer $10 - 6 = 4$ diez menos seis son cuatro
multi-plizieren	multiplier $4 \cdot 3 = 12$ quatre fois trois font douze	moltiplicare $4 \cdot 3 = 12$ quattro per tre fa dodici	multiplicar $4 \cdot 3 = 12$ cuatro por tres son doce
dividieren	diviser $8 : 4 = 2$ huit divisé par quatre font deux	dividere $8 : 4 = 2$ otto diviso quattro fa due	dividir $8 : 4 = 2$ ocho dividido por cuatro es dos

	Polnisch	Russisch	Türkisch
0	zero	nul	sifir
1	jedno, raz	adin	bir
2	dwa	dwa	iki
3	trzy	tri	üc
4	cztery	tschetyre	dört
5	piec	pjatj	bes
6	szesc	schässtj	alti
7	siedem	sjämj	yedi
8	osiem	wossemj	sekiz
9	dziewiec	djäwatj	dokuz
10	dziesiec	djässjatj	on
11	jedenascie	adinnatzatj	on bir
12	dwanascie	dwenatzatj	on iki
13	trynascie	trinatzatj	on üc
14	czternascie	tschetürnatzatj	on dört
15	pietnascie	pjatnatzatj	on bes
16	szesnascie	schessnatzatjs	on alti
17	siedemnascie	semnatzatj	on yedi
18	osiemnascie	wassemnatzatj	on sekiz
19	dziewietnascie	dewjatnatzatj	on dokuz
20	dwadziescia	dwatzatj	yirmi
30	trydziesci	tritzatj	otuz
40	czterdziesci	sorok	kirk
50	piecdziesiat	pjatjdessjat	elli
60	széscdziesiat	schessjdessjat	altmis
70	siedemdziesiat	sjämjdessjat	yetmis
80	osiemdziesiat	wossemjdessjat	seksen
90	dziewiecdziesiat	dewjanossto	doksan
100	sto	sto	yüz
200	dwiescie	dwjässti	iki yüz
300	trzysta	trissta	üc yüz
1000	tysiac	tüssjatscha	bin
addieren	sumowac	slagatj	toplamak
	3 + 2 = 5	3 + 2 = 5, tri pljus	3 + 2 = 5
	trzy i dwa jest piec	dwa rawno pjatj	üc arti iki esit bes
sub-trahieren	odejmowac	wytschitatj	cikarmak
	10 – 6 = 4	10 - 6 = 4, djässjatj	10 - 6 = 4
	dziesiec mniej szesc jest cztery	minus schässtj rawno tschetyre	on eksi alti esit dört
multi-plizieren	mnozyc	umnotschatj	carpmak
	4 · 3 = 12	4 · 3 = 12, tschetyre	4 · 3 = 12
	cztery razy trzy jest dwanascie	dwaschdej tri rawno dwenatzatj	dört carpi üc esit on iki
dividieren	dzielic	delitj	bölmek
	8 : 4 = 2	8 : 4 = 2, wossemj	8 : 4 = 2
	osiem podzielone przez cztery jest dwa	delitj tschetyre rawno dwa	sekiz bölü dört esit iki

13 Übung macht den Meister

Das wissen schon die Allerkleinsten. Von Geburt an wird ihr Lebensweg vom Üben begleitet. Sie üben, wenn sie sprechen, sie üben das Laufen, das Radfahren, das Singen ... unermüdlich und mit nie enden wollender Motivation und Freude. Misserfolge spielen kaum eine Rolle: Fallen sie hin, stehen sie wieder auf und probieren von Neuem. Das Üben gehört für sie zum Lernprozess und ist sinnhaft in das Lernen integriert. Nie käme man auf die Idee, das Üben abzukoppeln, gar eigene Übungsprogramme, etwa für einzelne Wörter oder Schrittfolgen zu erdenken.

Das ändert sich jedoch im schulischen Lernen und Üben. Der klassische methodische „Dreikampf" sieht das Üben vor als dritten Schritt nach der Einführung und dem Festigen eines neuen Lerninhalts. Könnte dies der Grund dafür sein, dass Kinder dem schulischen Üben oft so ablehnend gegenüberstehen? Empfinden sie dieses Vorgehen als Üben ohne Sinn und mit wenig Verstand?

Üben sollte alle Phasen des Lernprozesses integrativ durchdringen. Dieser Forderung trägt die moderne Mathematikdidaktik Rechnung, wenn folgende unterschiedliche Absichten verfolgt werden:

- Verknüpfung von neuem mit bereits erworbenem mathematischen Wissen,
- Anwenden des Wissens auf andere mathematische Inhalte und Alltagswissen,
- Festigen von mathematischen Kompetenzen,
- Entdecken von Eigenschaften und Strukturen in Aufgabenstellungen und
- Automatisieren von Rechenverfahren.

Darüber hinaus führen Wiederholungen von Inhalten und deren Variation im Sinne eines Spiralcurriculums dazu, dass sich Einsichten, Kenntnisse und Fähigkeiten der Kinder erweitern und vertiefen. Dabei sollte das Üben problemorientiert, operativ und anwendungsbezogen angelegt sein. FLOER definiert folgende Übungsformen:

- **Operatives Üben** – soll beziehungsreiches Lernen fördern.
- **Produktives Üben** – soll die Kinder zur Herstellung von „Produkten" (Feldern, Tabellen, Figuren ...) und damit verbunden auch zum Erfinden eigener Aufgaben anregen.

■ **Problemorientiertes Üben** – soll durch Übungen verwirklicht werden, in denen die Aufgaben in übergeordnete Fragestellungen eingebettet sind.
■ **Anwendungsorientiertes Üben** – soll immer in Verbindung zu Sachsituationen gebracht werden.

Im Folgenden werden Beispiele angeboten, die die genannten Aspekte zum Üben im Mathematikunterricht berücksichtigen, und die zugleich zeigen, dass beziehungsreiches, sinnhaftes Üben mit Spaß, Motivation und vielfältigen Entdeckungen gelingen kann. Dabei liegt der Schwerpunkt auf operativen und produktiven Übungsformen. Der Vorteil solcher Formate liegt darin, dass sie sich in den verschiedenen Zahlbereichen einsetzen lassen, die Kinder also in ihrer gesamten Grundschulzeit begleiten können. Es lassen sich zudem fast immer leicht Leerformate herstellen, die von den Kindern auf ihrem je eigenen Schwierigkeitsniveau gefüllt werden können. Fehler werden nicht einfach nur korrigiert oder rot angestrichen. Sie dienen vielmehr dazu, sich weiter und um so intensiver mit dem Übungsformat und dadurch mit dem Aufgabentyp, der geübt werden soll, auseinander zu setzen, um zur Lösung zu kommen. Ein einfaches Lösungsblatt ist hier weder sinnvoll, noch hilfreich.

13.1 Zahlenmauern

Zahlenmauern entstehen, indem auf zwei benachbarte Steine ein dritter Stein mit der Summe der beiden unteren Steine aufgesetzt wird.

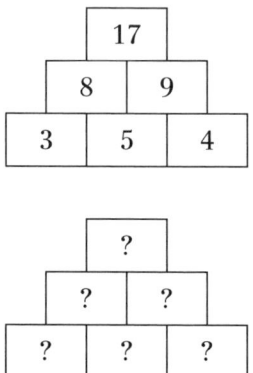

Eine Zahlenmauer mit drei Basissteinen führt demnach zu 3, eine Zahlenmauer mit vier Basissteinen zu 6 Additionsaufgaben.

Begonnen wird, indem 3er-Mauern mit gegebenen Basissteinen nach oben hin aufgebaut werden. So können die Kinder nach einer gründlichen Einführung in den Aufbau der Mauern die Gesetzmäßigkeiten und Muster der Zahlenmauer selbst entdecken. Dies sind:

■ Die Zahlen in den Diagonalen wachsen von unten nach oben stetig an.
■ Die Summen der einzelnen Schichten wachsen von unten nach oben an.

Bietet man den Kindern Zahlenmauern, die Lücken aufweisen, müssen sie addieren und subtrahieren, um zur Lösung zu gelangen. Im Unterschied zum Päckchenrechnen, wo das Vermischen von Additions- und Subtraktionsaufgaben schnell zu Verwirrung führen kann, bereitet dies bei der Arbeit mit den Zahlenmauern keine Probleme.

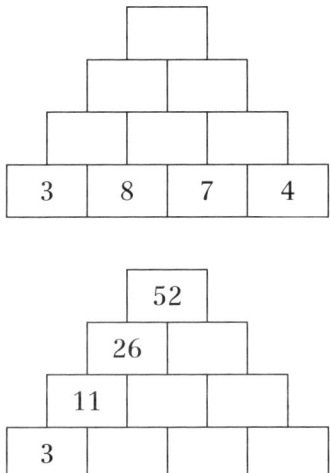

Links werden 6 Additionsaufgaben rechts 6 Subtraktionsaufgaben gerechnet.

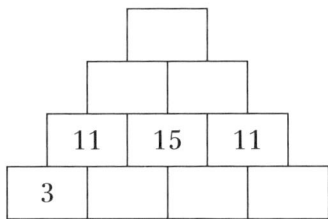

Hier werden 3 Additions- und 3 Subtraktionsaufgaben gerechnet. Eine sinnvolle Selbstkontrolle ist dann gegeben, wenn ein „Prüfstein" vorgegeben ist. Hierzu bietet sich der letzte Stein oben in der Mauer an.

Es ergeben sich auch Aufgabenstellungen, die mehrere Lösungen haben können:

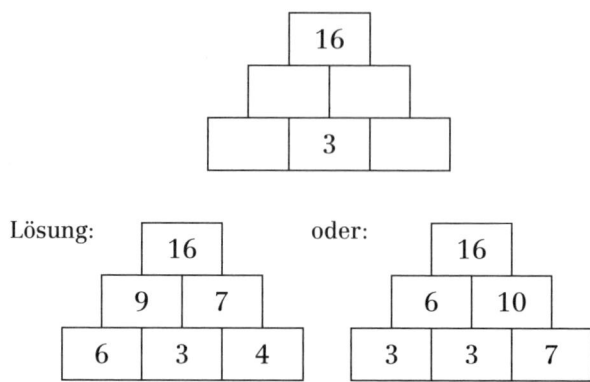

Folgende Variationen der Aufgabenstellung sind möglich:

■ Die Basissteine sind 3, 6, 7. Suche die Zahlenmauern mit dem höchsten/ dem niedrigsten Deckstein (= oberster Stein der Mauer). Wie müssen die Basissteine angeordnet sein?

■ Was passiert, wenn ein Basisstein um 1 erhöht/vermindert wird?

■ Die Basissteine in einer Zahlenmauer sind 1, 2, 3 und in einer weiteren 11, 12, 13. Was fällt dir auf?

■ Vertausche die Basissteine. Wie viele verschiedene Decksteine findest du?

■ Vertausche immer 2 Basissteine. Wann und wie verändern sich die Decksteine?

Zahlenmauern können von Klasse 1 bis 4 immer wieder eingesetzt werden. Blanko-Zahlenmauern auf Fotokarton, der laminiert wird, ergeben ein Übungsmaterial, das, in der Mathe-Ecke aufgehoben, stets zu Eigenproduktionen und damit zur Übung anregt.

Kinder und Lehrer können Zahlenmauern leicht herstellen, ausrechnen und verändern. Zudem ergibt sich auch die Möglichkeit, dass Schüler Zahlenmauern für ihre Mitschüler erfinden, sodass ein umfangreiches Übungsangebot entstehen kann. Übrigens können Zahlenmauern auch mit Multiplikationsaufgaben erstellt werden, sodass Multiplizieren und Dividieren geübt werden können. Allerdings dürfen hier als Basiszahlen nicht zu große Zahlen gewählt werden.

Material – Zahlenmauern

13.2 Rechendreiecke

Hier handelt es sich um eine vielseitige Übungsform, bei der die Addition und die Subtraktion integrativ geübt werden können.
Gegeben ist ein Dreieck, das im Inneren in drei Felder aufgeteilt ist. In diese Felder werden Plättchen oder Zahlenkärtchen gelegt. Aufgabe ist zunächst, durch Addieren benachbarter Felder die Randzahlen zu ermitteln.

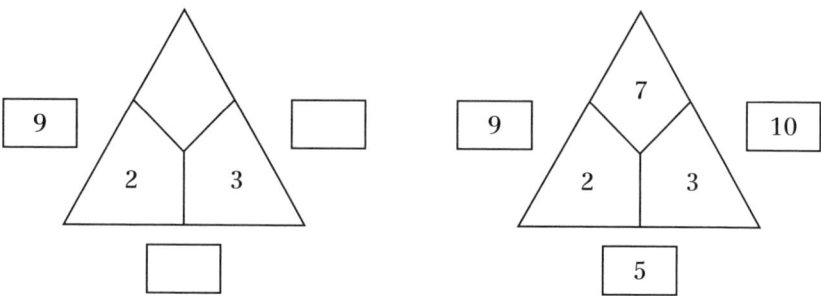

Das Rechendreieck kann schon im ersten Schuljahr eingeführt werden. Dabei werden die inneren Felder mit Wendeplättchen belegt. Auch die Randzahlen können zunächst mit Hilfe der Plättchen ermittelt werden. In der Folge, wenn die Rechenfertigkeiten der Kinder fortgeschritten sind, können die Plättchen gegen Zahlenkärtchen, bzw. Zahlen, die in die Felder eingetragen werden, ersetzt werden.
Ist das Prinzip verstanden, können die Aufgabenstellungen nach dem Schwierigkeitsniveau variiert werden:

■ In den Rechendreiecken sind die Felder besetzt. Errechne die Randzahlen.
■ In den Rechendreiecken sind die Felder unbesetzt, aber die Randzahlen gegeben. Errechne die Zahlen in den Feldern und die Randzahlen.
■ In den Rechendreiecken ist nur ein Feld besetzt, aber die Randzahlen sind gegeben: Errechne die Zahlen in den Feldern.

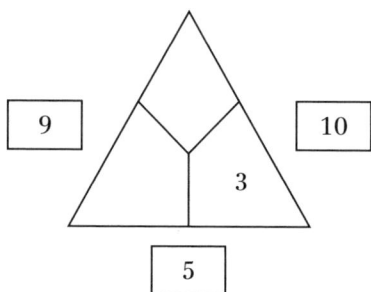

▩ In den Rechendreiecken ist kein Feld besetzt, aber die Randzahlen sind gegeben: Errechne die Zahlen in den Feldern.

Hier ist es hilfreich, den Kindern zum Ausprobieren Wendeplättchen an die Hand zu geben.

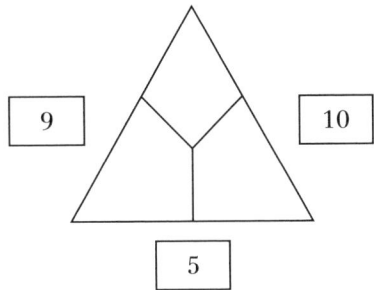

▩ Gegeben sind die Zahlen von 1 bis 6. Die Kinder sollen diese so in ein Rechendreieck sortieren, dass alle Felder und Randzahlen richtig besetzt sind:

Lösung: oder:

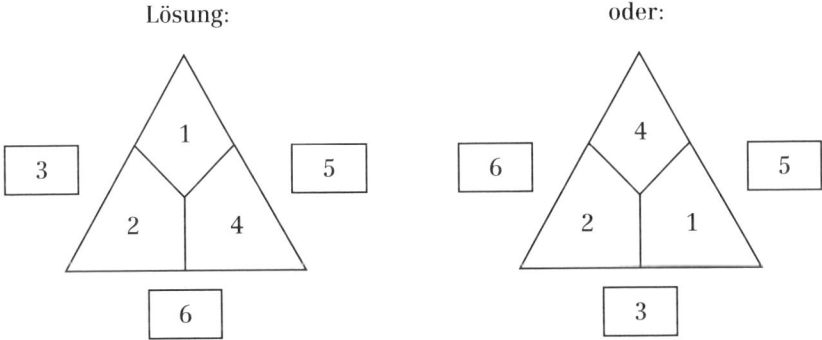

Weitere Arbeitsmöglichkeiten sind: Kinder berechnen in Partner- oder Gruppenarbeit die sechs Zahlen von selbst erfundenen Rechendreiecken. Fertige Rechendreiecke werden sorgfältig in vorgefertigte Blanko-Rechendreiecke übertragen. Sie werden mit einem Symbol versehen und dienen später der Überprüfung. Die sechs Zahlen werden dann ungeordnet unter ein weiteres Blanko-Rechendreieck geschrieben und mit demselben Symbol versehen. Die anderen Kinder haben jetzt die Aufgabe, die Zahlen wieder richtig in das Rechendreieck einzuordnen. Ihre Lösung vergleichen sie mit dem ursprünglichen Rechendreieck. Dabei können sie entdecken, dass die gefundene Lösung gegenüber dem Ursprungsdreieck verdreht sein kann.

Material – Rechendreiecke

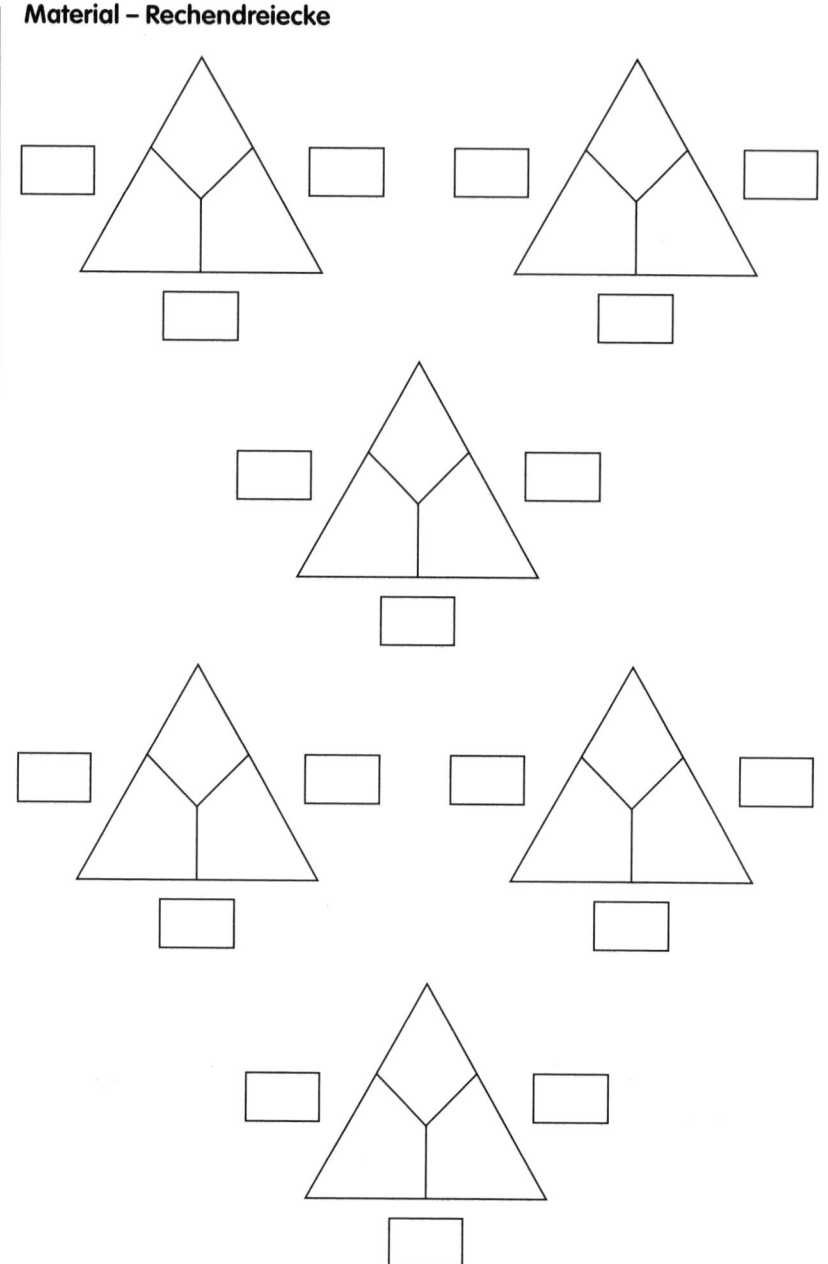

13.3 Zauberfiguren

Zauberfiguren erhalten ihren Reiz durch die Fülle der Entdeckungen, die gemacht werden können, durch schöne Muster, die entstehen können und Geschichten, die sich um sie ranken. Und so ganz „nebenbei" wird eine ganze Menge gerechnet.

Das Zauberquadrat „Lo-shu" 1.–4. Schuljahr

Eine alte Geschichte erzählt, dass vor 4000 Jahren dem chinesischen Kaiser Yü eine seltsame Schildkröte erschienen sei, seltsam deshalb, weil ihr Panzer eine eigentümliche Zeichnung aufwies. Schnell wurden die weisesten Männer des Landes herbeigerufen, die das Rätsel lösen sollten.
Sie entdeckten auf dem Panzer der Schildkröte neun im Quadrat angeordnete Felder, in die die Zahlen von 1 bis 9 angeordnet waren. Das Zahlenquadrat von „Lo-shu" sah in unsere Zahlzeichen übersetzt so aus:

4	9	2
3	5	7
8	1	6

Das Besondere an diesem Zahlenquadrat ist, dass alle Spalten, Zeilen und Diagonalen als Summe die 15 aufweisen. In der Mitte befindet sich die fünf. Die anderen Zahlen sind folgendermaßen um sie herum gruppiert:

▪ Die geraden Zahlen stehen in den Ecken,
▪ die ungeraden Zahlen stehen zwischen den geraden Zahlen,
▪ die Summe der sich diametral gegenüberstehenden Zahlen ergibt 10,
▪ die Summe der sich in der Spalte und Zeile gegenüberstehenden ungeraden Zahlen ergibt ebenfalls 10.

Beachtet man diese Regel, so kann man weitere verwandte Zauberquadrate erstellen:

6	1	8		2	7	6		4	3	8		2	9	4		6	7	2
7	5	3		9	5	1		9	5	1		7	5	3		1	5	9
2	9	4		4	3	8		2	7	6		6	1	8		8	3	4

Solche Darstellungen hatten schon seit jeher für die Menschen einen starken Reiz, vermuteten sie doch darin Magie oder kosmische Kräfte. Kinder heute können anhand dieses Übungsformats vielfältige Zahlbeziehungen entdecken, rechnen und einen kleinen Blick in eine andere Kultur werfen. MÜLLER/WITTMANN schlagen folgende Vorgehensweise vor:

■ 1 bis 9 in ein Zauberquadrat schreiben. Längs, quer und schräg addieren. Was fällt auf?

■ 7 und 3 tauschen. Längs, quer und schräg addieren. Was fällt auf?

■ Die 5 stehen lassen, die anderen Zahlen ein Kästchen weiterdrehn. Längs, quer und schräg addieren. Was fällt auf?

■ Zwei vertauschen.

In ein 3 x 3-Quadrat werden die Zahlen mit Zahlenkärtchen hineingelegt, oder hineingeschrieben:

1	2	3
4	5	6
7	8	9

Beim Ausrechnen der Summen können die Kinder entdecken, dass sich von acht Summen viermal die 15 ergibt. Nun wird die 7 mit der 3 getauscht:

1	2	7
4	5	6
3	8	9

Beim Ausrechnen der Summen fällt auf, dass man gleiche Ergebnisse erhält wie beim ersten Mal und sich zwei Summen verändert haben.
Nun wird die Anordnung der Zahlen verändert:

4	1	2
3	5	7
8	9	6

Bis auf zwei Zeilensummen kommt nun überall 15 heraus.
Welche Zahlen müssen nun verändert werden, damit überall die Summe 15 herauskommt? Klar ist, dass die Spalten, Zeilen und Diagonalen mit der Summe 15 nicht verändert werden sollten.

Material – Zauberquadrate, klein

Daraus folgt, dass die Zahlen 1 und 9 die Plätze tauschen müssen. Nun ist das Geheimnis gelüftet, und man kann den Kindern die Geschichte von „Lo-shu" erzählen. Nachdem die Struktur des Zauberquadrats geklärt ist, können auch die verwandten Quadrate gefunden werden.

Das Zauberdreieck   2.–4. Schuljahr

Auch diese Übungsform fordert von den Kindern, gleichzeitig verschiedene mathematische Aktivitäten durchzuführen:

- Addition und Subtraktion
- Zahlzerlegungen wie 9 = 2 + 1 + 6
- Strategien entwickeln

Die Tatsache, dass verschiedene Kinder zu unterschiedlichen Lösungen kommen können, regt ein an der Sache orientiertes Mathematisieren und Argumentieren an.

Gegeben ist ein Dreieck mit sechs Zahlenfeldern:

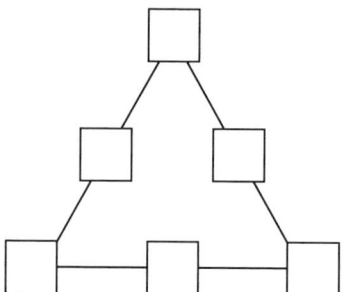

In die sechs Felder sollen die Zahlen von 1 bis 6 so einsortiert werden, dass die Summe jeder Seite gleich ist.

Zauberzahl 9

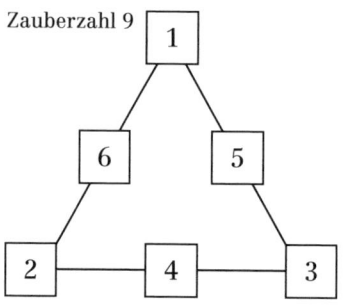

Zauberzahl 10

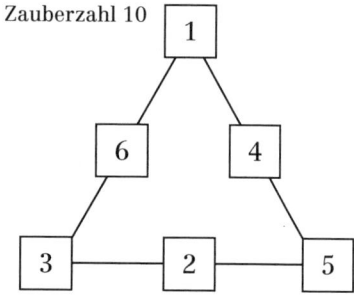

Material – Zauberdreieck

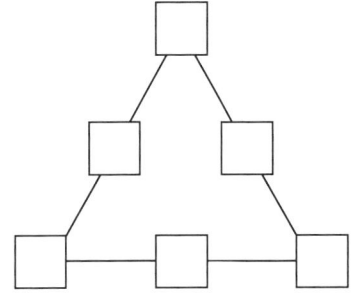 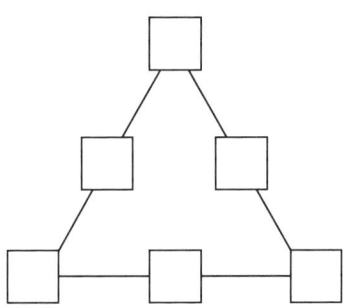

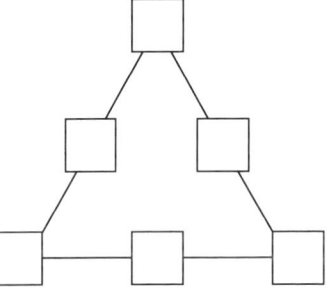 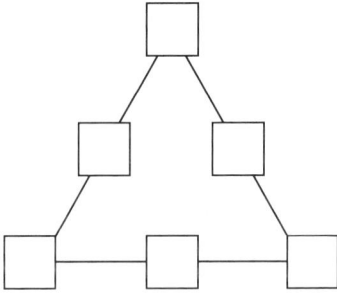

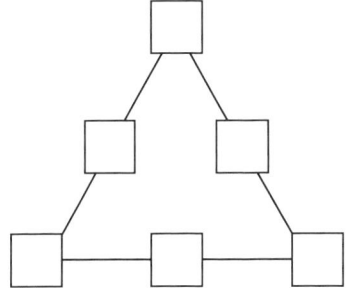 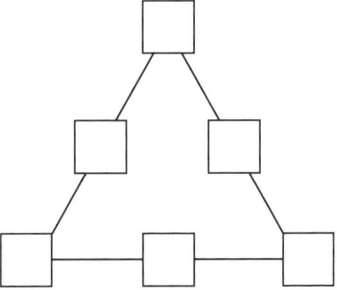

Mögliche Arbeitsaufträge:

- Sortiere die Zahlen von 1 bis 6 so in das Zauberdreieck ein, dass alle Seiten gleich sind.
- Bilde Zauberdreiecke mit den Zauberzahlen 9, 10,11, 12.
- Wie viele verschiedene Lösungen findest du?
- Kannst du mit den Zahlen von 1 bis 6 mehr als die vier Zauberzahlen finden?
- Gegeben sind die Zahlen von 1 bis 10: Suche Zauberdreiecke mit den Zauberzahlen 12, 14, 17, 18, 20, 22.
- Bilde ein Zauberdreieck mit der größten, der kleinsten Zauberzahl.
- Wie bist du vorgegangen? Gibt es einen Trick?

Unter der folgenden Internet-Adresse findet sich die Möglichkeit, Zauberdreiecke mit den Zahlen von 1 bis 10 interaktiv zu erstellen. Das kann Sie wirksam bei der Unterrichtsvorbereitung unterstützen:
www.didmath.ewf.unierlangen.de/Vorlesungen/ZuG_GS/Zauberdreieck.html

Zauberbuchstaben   2.–4. Schuljahr

Bei Zauberbuchstaben wie bei Zauberdreiecken und Zauberquadraten ist die Summe der Zahlen auf jeder Linie gleich. Gegeben sind die Zahlen von 1 bis 10, wobei immer mit der 1 begonnen wird. So ergibt sich für den Buchstaben A, dass die Zahlen von 1 bis 5 gebraucht werden:

Zauberzahl 9

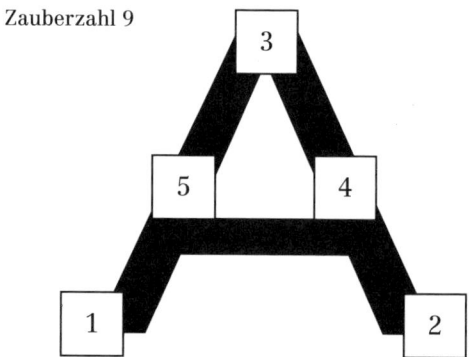

Mögliche weitere Aufgabenstellungen:

- Lege auf die Zahlenfelder der Zauberbuchstaben A, F, L die Zahlen so, dass du auf jeder Teilstrecke die gleiche Summe erhältst.
- Welche Buchstaben sind noch Zauberbuchstaben? Mit welcher Summe?
- Wer findet Zauberwörter, also Wörter, die nur aus Zauberbuchstaben bestehen (z. B. ELLEN, AFFE, TANNE)?

Material – Zauberbuchstaben

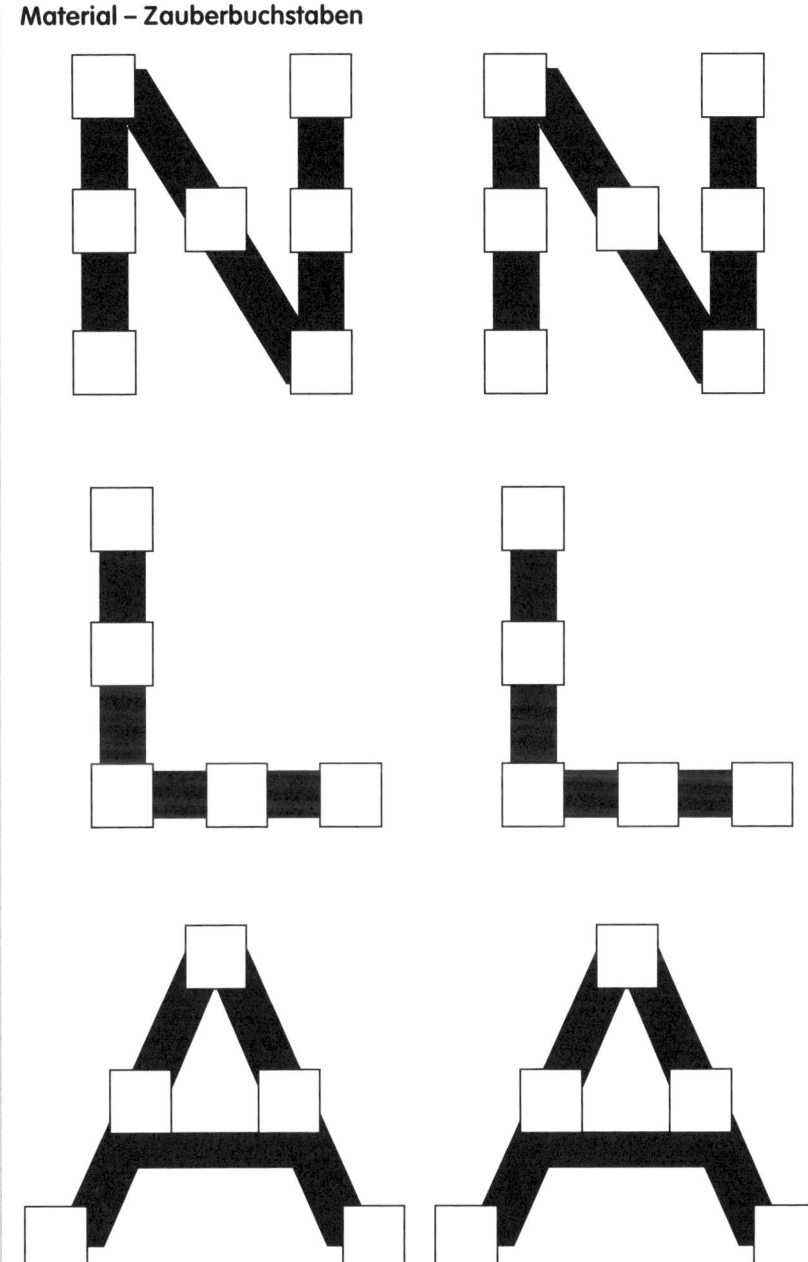

13.4 Streichquadrate

Das Aufgabenformat „Streichquadrate" beinhaltet vielseitige Übungen zur Addition und Subtraktion, vermittelt Einsichten in mathematische Strukturen und regt zum Argumentieren, Reflektieren, Forschen sowie Weiterdenken an. Die Kinder arbeiten nach einer gründlichen Einführung weitgehend selbstständig und ohne Fremdkontrolle. Streichquadrate eignen sich für den Einsatz ab Ende der Klasse 1 und können problemlos auf größere Zahlenräume für die Klasse 4 übertragen werden. Sie sind geeignet zur Differenzierung in Jahrgangsklassen, in jahrgangsgemischten Klassen und für Lerngruppen mit besonderen mathematischen Fähigkeiten. Leistungsschwächere und leistungsstärkere Schüler können kooperativ am gleichen Thema arbeiten. Streichquadrate entstehen aus Additionstabellen.

+	4	5	6
1	5	6	7
2	6	7	8
3	7	8	9

Streichregel: Aus jeder Spalte und Zeile wird genau eine Zahl ausgewählt und eingekreist. Die übrigen Zahlen werden folgendermaßen gestrichen: 1. Spalte: Wähle eine Zahl, streiche die übrigen Zahlen in dieser Spalte. Verfahre ebenso mit der 2. und 3. Spalte.

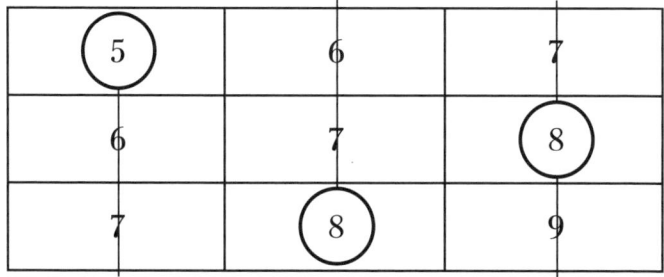

Jetzt werden die eingekreisten Zahlen addiert: $5 + 8 + 8 = 21$. Die Streichsumme lautet also 21.
In einem 3 x 3-Quadrat gibt es sechs verschiedene Möglichkeiten, drei Streichzahlen nach den genannten Bedingungen zu finden.

Also sind sechs verschiedene Streichsummen möglich. Hierbei fällt auf, dass die Streichsummen immer gleich sind, in unserem Beispiel also immer 21.
■ Wie kommt das?

Lösung: In jeder Streichzahl sind zwei Randzahlen versteckt:
$5 = 3 + 2$ $\qquad\qquad$ $8 = 3 + 5$ $\qquad\qquad$ $8 = 2 + 6$
Die Summe der Randzahlen 1, 2, 3, 4, 5, 6 ergibt auch 21.

Weitere mögliche Aufgabenstellungen:
■ Streichquadrat oder nicht?
■ Berechne die Summe der Randzahlen. Was fällt dir auf?
■ Streichquadrat mit Lücken: Suche die fehlenden Zahlen. Begründe.
■ Erfinde ein Streichquadrat mit der Streichsumme ...
■ Erfinde Streichquadrate zu selbst gewählten Streichsummen.
■ Wie viele Streichsummen sind in einem 4 x 4-Quadrat möglich?
■ Leerformate zur Eigenproduktion.

Zur weiteren Arbeit in den Jahrgangsstufen 3 und 4 seien noch folgende Anregungen gegeben:
Auch die Hundertertafel und jedes ihrer Teilquadrate ist ein Streichquadrat.
Ebenso stellt jede Seite des Tausenderbuches ein Streichquadrat dar.
Ebenso können aus Multiplikationstabellen Streichquadrate entstehen, wenn nach dem gleichen Schema wie bei der Additionstabelle vorgegangen wird.

13.5 T-Aufgabe

Da die Hundertertafel häufig im Unterricht zum Einsatz kommt, sollte sie, auf starkes Papier kopiert und laminiert, jedem Kind zur Verfügung stehen. Zu der Hundertertafel erhalten die Kinder eine T-Schablone aus fester Folie, deren Felder in der Größe mit den Feldern der Hundertertafel übereinstimmen.

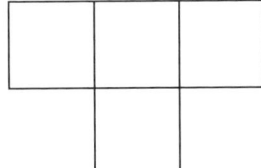

Mögliche Aufgaben:
■ Lege das T auf die Hundertertafel. Schreibe die Zahlen auf, die du durch die Folie siehst und addiere sie.

Material – Streichquadrat

© Cornelsen Verlag Scriptor, Berlin · Die Grundschul-Fundgrube für Mathematik

■ Schiebe das T immer ein Feld weiter nach rechts auf der Hundertertafel. Wie verändert sich die Summe? Begründe.

■ Verschiebe das T immer um ein Feld nach unten/nach oben. Wie verändert sich die Summe? Begründe.

■ Lege das T auf die Hundertertafel. Schreibe die Zahlen auf, die du durch die Folie siehst und addiere sie. Du kannst das T nun auch drehen. Wie verändert sich die Summe? Begründe.

Eine Variante dieser Übung ergibt sich, wenn nur zwei oder drei Folienfelder gegeben werden. Dies bietet sich an, wenn die Zahlenräume noch begrenzt sind, oder auch als Differenzierung. In der Weiterarbeit kann in gleicher Weise auch mit Tausenderfeldern vorgegangen werden.

13.6 Lückentafeln

Der Name verrät: Hier geht es um Tafeln mit Leerstellen, genauer um Multiplikationstafeln oder -tabellen. Diese sind allerdings nicht völlig leer.
Gegeben ist eine Multiplikationstabelle, die die Kinder nicht nur durch das Ausrechnen der Randzahlen ausfüllen, vielmehr sind Zahlen im Innern und am Rand der Tabelle ausgelassen worden. Dies geschieht in einer Weise, die es den Kindern dennoch ermöglicht, die Tabelle vollständig auszufüllen.

·			2		
3	18				
		20			32
1		5	4		
				8	
			14		

→

·	6	5	2	4	8
3	18	15	6	12	24
4	24	20	8	16	32
1	6	5	2	4	8
2	12	10	16	8	16
7	42	35	14	28	56

Die Lösung kann auf vielfältige Weise erreicht werden. Geschickt ist es, zunächst die Randzahlen auszurechnen, um dann die Felder im Innern der Tafel zu füllen. Um zur Lösung zu kommen, müssen die Kinder nicht nur multiplizieren, sondern auch dividieren. Die Lückentafel kann eingesetzt werden, um schon bekannte Einmaleins-Reihen zu üben. Sie kann aber auch dazu herausfordern, durch geschicktes Rechnen, die Aufgaben zu lösen, die „noch nicht dran" waren.

Die Kinder haben die Möglichkeit, selbst teilgefüllte Multiplikationstafeln herzustellen und sie anderen Kindern zum Ausfüllen anzubieten. So könnte im Rahmen des Einmaleins-Lernens eine Lückentafel-Kartei entstehen. Es können auch Tabellen zu den anderen Grundrechenarten erstellt werden.

13.7 EDE-, MIMI-, OTTO-, ANNA- & CANAN-Zahlen

Zahlen mit dieser Gestalt weisen eine besondere Struktur auf. Das Rechnen mit ihnen führt deshalb zu besonderen Ergebnissen, die die Kinder zum Forschen, zum Erklären und Begründen ihrer Entdeckungen und vor allem zum schriftlichen Rechnen anregen.

Als EDE-Zahlen können Zahlen solcher Struktur bezeichnet werden: 212, 323, 545, 636, 424, ... Beim Addieren von EDE-Zahlen ergibt sich folgendes Vorgehen:

212	323	636	878	595
+ 121	+ 232	+ 363	+ 787	+ 959
333	555	999	1665	1554

Beim Ausrechnen entdecken die Kinder, dass als Summe immer eine „Zauberzahl" herauskommt. Wie kommt das? Es fällt auf, dass die Ziffern sich innerhalb der einzelnen Stelle um je 1 unterscheiden. Sobald ein Übertrag entsteht, verändern sich die Zauberzahlen.

Die dritte Ziffer wird nun durch die Summe aus der ersten und der vierten Stelle gebildet.

Bei der Subtraktion ergeben sich folgende „merkwürdige" Ergebnisse:

212	323	636	545	757
− 121	− 232	− 363	− 454	− 575
91	91	273	91	182

Die Kinder können entdecken, dass die errechnete Differenz immer 91 oder ein Vielfaches von 91 beträgt. Die Kinder können weiter entdecken, dass die Summe der Zehner- und Einerziffer immer 10 ergibt.

Nach dem gleichen Prinzip, also gleicher Buchstabe entspricht der gleichen Zahl mit anschließender Vertauschung, werden MIMI-Zahlen gebildet.

Beim Addieren von MIMI-Zahlen fällt wiederum auf, dass sich als Summe immer eine „Zauberzahl" ergibt. Bei Additionen mit Übertrag gilt das Gleiche wie bei den EDE-Zahlen: Die Summe der ersten und der fünften Ziffer ergibt die vierte fehlende Ziffer.

Material – Lückentafeln

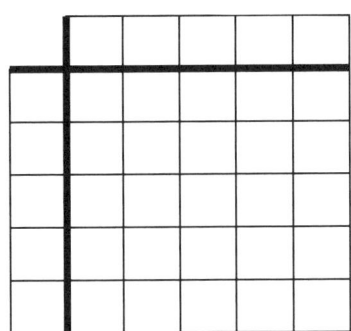

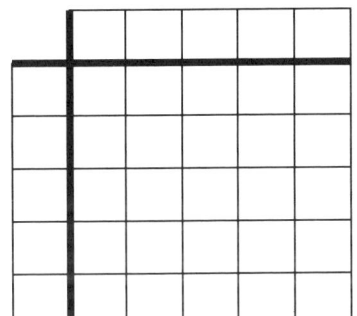

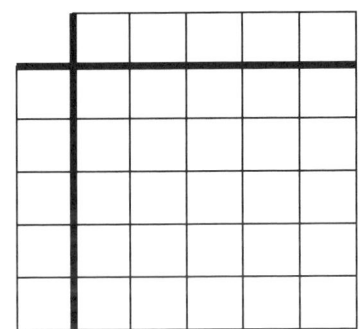

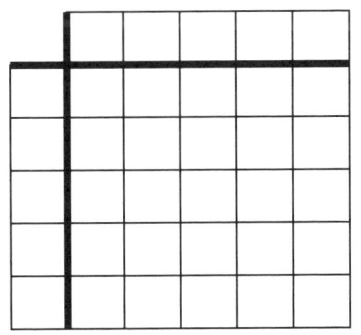

Bei der Subtraktion können die Kinder entdecken, dass die Differenz wiederum eine MIMI-Zahl ist. Das wird erreicht, da sich in den Differenzen die Tausenderziffer und die Zehnerziffer um 1 erhöhen, die Einerziffer und die Hunderterziffer werden dagegen um 1 kleiner. Der Effekt wird durch das jeweilige Versetzen erreicht. Solche Effekte werden auch bei den so genannten OTTO- und ANNA-Zahlen erzielt. KÄPNICK und VERBOOM schlagen vor, die Beschäftigung mit ihnen in eine Fantasiegeschichte einzubetten. So könnte z. B. die Geschichte von Anna handeln, die sich im Mathematikunterricht langweilt. Schließlich fordert man die Kinder auf, ganz bestimmte 4-stellige Zahlen zu finden und aufzuschreiben, nämlich Zahlen, die so aussehen: 2112, 4554, 6776 ... Zu Hause sollen die Kinder weitere Zahlen hierzu aufschreiben. Anna hat zunächst keine Lust, die Hausaufgabe zu machen. Als sie einmal anfängt, entdeckt sie, dass die Zahlen etwas mit ihrem Namen zu tun haben. Nun begibt sie sich auf die Entdeckungsreise. Sie findet genau 90 ANNA-Zahlen. Als sie sie am nächsten morgen in der Schule vorliest, sind Mitschüler und Lehrerin erstaunt. Und sie staunen noch mehr, als Anna ihnen zeigte, welche interessanten Rechnungen man mit diesen Zahlen machen kann.

Zur Struktur von ANNA-Zahlen: ANNA-Zahlen sind „mathematische Palindrome": Aus den 10 Ziffern: 0, 1, 2, 3, 4, 5, 6, 7, 8, 9 lassen sich auf $10 \cdot 9 : 2$ = 45 Weisen je zwei Ziffern auswählen und daraus zwei ANNA-Zahlen bilden, also 90 ANNA-Zahlen insgesamt. Wenn man die kleinere von der größeren ANNA-Zahl subtrahiert (45 mögliche Aufgaben), ergeben sich nur ganz bestimmte Ergebnisse: Es stellt sich heraus, dass ANNA-Zahlen, bei denen der Unterschied der beiden Ziffern gleich ist, das gleiche Ergebnis haben müssen. Dies ergibt sich aus dem Gesetz der Konstanz der Differenz. In den Ergebnissen zeigen sich interessante Strukturen:

- ▪ Die Einerziffer ist stets um 1 größer als die Tausenderziffer; die Zehnerziffer um 1 größer als die Hunderterziffer.
- ▪ Einer- und Hunderterziffer ergeben zusammen 9, ebenso Zehner- und Tausenderziffer.
- ▪ Die Ziffern im kleinsten und im größten Ergebnis, im zweitkleinsten und zweitgrößten Ergebnis usw. sind jeweils verdreht.
- ▪ Die Quersumme aller Ergebnisse ist 18.
- ▪ Alle Ergebnisse sind Vielfache des kleinsten Ergebnisses 891.

Warum ist das so? In der Bilanz handelt es sich jeweils um eine Veränderung der Zahlen um + 1000, – 100, – 10, + 1 usw. Die Ergebnisse sind demnach:
$$1000 - 100 - 10 + 1 = \quad 891 \ (= 891 \cdot 1)$$
$$2000 - 200 - 20 + 2 = 1782 \ (= 891 \cdot 2) \text{ usw.}$$

Wegen der gleichmäßigen Zu- bzw. Abnahme der entsprechenden Ziffern bleiben alle diese Beziehungen erhalten. Dies sind alle möglichen Subtraktionsaufgaben mit ANNA-Zahlen:

1001	2112	3223	4334	5445	6556	7667	8778	9889
−0110	−1221	−2332	−3443	−4554	−5665	−6776	−7887	−8998
891	891	891	891	891	891	891	891	891

2002	3113	4224	5335	6446	7557	8668	9779
−0220	−1331	−2442	−3553	−4664	−5775	−6886	−7997
1782	1782	1782	1782	1782	1782	1782	1782

3003	4114	5225	6336	7447	8558	9669
−0330	−1441	−2552	−3663	−4774	−5885	−6996
2673	2673	2673	2673	2673	2673	2673

4004	5115	6226	7337	8448	9559
−0440	−1551	−2662	−3773	−4884	−5995
3564	3564	3564	3564	3564	3564

5005	6116	7227	8338	9449
−0550	−1661	−2772	−3883	−4994
4455	4455	4455	4455	4455

6006	7117	8228	9339
−0660	−1771	−2882	−3993
5346	5346	5346	5346

7007	8118	9229
−0770	−1881	−2992
6237	6237	6237

8008	9119
−0880	−1991
7128	7128

9009
−0990
8019

Die gefundenen Differenzen betragen 891 oder ein Vielfaches von 891. Die hier dargestellten Möglichkeiten zum Umgang mit schönen Zahlen sollen als Anregung verstanden werden. Durch das eigene Tun und Probieren erfahren die Kinder, welcher Schatz an Aufgaben jenseits der Päckchen in ihnen steckt.

13.8 Sachrechnen

Mit den vielfältigen Möglichkeiten des Sachrechnens kann vor allem das problemorientierte und das anwendungsorientierte Üben abgedeckt werden. Im Umfeld der Kinder, in ihrer Erfahrungswelt und in den Inhalten des heimatkundlichen Sachunterrichts, besonders in den Jahrgängen 3 und 4, findet sich eine Fülle von mathematisch bestimmten Aufgaben- und Problemstellungen, die auch unter dem Aspekt des Übens genutzt werden sollten. Drei Formen, die häufig miteinander verbunden sind, bieten sich dafür an:

■ **Sachaufgabe** – Die sachbezogene Fragestellung und das dahinter liegende mathematische Problem sind begrenzt und beziehen sich meist auf einen einzelnen Fall. Aufgaben mit einfachen Strukturen sind schon im 1. Schuljahr möglich.

■ **Sachkomplex** – Hier sind mehrere Sachprobleme und die dazugehörigen mathematischen Strukturen miteinander verbunden. Die Bearbeitung von Sachkomplexen erfordert mehr Sachinformation, eine größere Beweglichkeit in der Anwendung der mathematischen Mittel, es werden alle vier Grundrechenarten eingesetzt, und mehr Zeit für die Bearbeitung. Sachkomplexe bilden den eigentlichen Schwerpunkt des Sachrechnens in der Grundschule.

■ **Sachprojekt** – Schwerpunkt eines Sachprojekts sind vor allem sachbezogene und oft komplexe Probleme. Zu ihrer Lösung sind vielfältige, u. a. aber auch mathematische Kenntnisse (die vier Grundrechenarten, die Größenbereiche Geld, Länge, Zeit, Gewicht, Rauminhalt) erforderlich. Die Mathematik ist eines unter vielen verschiedenen Mitteln zur Lösung eines Sachproblems.

Sabine Sterkenburgh

14 Mathematik am Computer und im Internet

14.1 Software für den Mathematikunterricht in der Grundschule

Die folgende Software aus dem Cornelsen Verlag ist sowohl für die Arbeit in der Klasse wie auch zum individuellen Lernen und Üben geeignet:

1. LolliPop Multimedia:
Die Software für den Unterricht umfasst auf mehreren CD-ROMs den Stoff der Klassen 1–4 zum Einsatz im Unterricht mit entsprechenden Handreichungen für die Lehrkraft. Gleichzeitig ist LolliPop Multimedia auch als **Software für das Lernen zu Hause** für jedes Schuljahr erhältlich.

2. Zahlenfreunde:
Auch diese unterhaltsame Übungssoftware (3 CD-ROMs) gibt es in einer Ausgabe für die Schule und für das Lernen zu Hause. Die Inhalte für den 1. und 2. Jahrgang sind auf einer CD zusammengefasst, während für den 3. und den 4. Jahrgang je eine CD zur Verfügung steht.

3. Matheland:
Das multimediale Lernprogramm Matheland ist sowohl für den Einsatz in der Schule als auch für daheim geeignet. Die mathematischen Inhalte für die vier Schuljahrgänge sind auf zwei CD-ROMs (je eine für die Jahrgänge 1./2. und 3./4.) zusammengefasst.

4. Secret Number:
In dem spannenden Mathekrimi für Kinder ab 7 Jahren wird auf einer CD-ROM der Umgang mit Zahlen bis 100 und das Rechnen mit ihnen geübt. Das Konzept folgt dem methodisch-didaktischen Ansatz von HANS FREUDENTHAL.

5. Förderpyramide:
Diese Software zielt auf die leistungsschwächeren und leistungsauffälligeren Schülerinnen und Schüler ab. Sie bietet auf je einer CD-ROM für jeden Schuljahrgang Material für Kinder mit Rechenschwäche, das auf den neuesten fach- und mediendidaktischen Standards beruht. Die einzelnen Übungsbereiche folgen einem integrativ-systematischen Ansatz für alle wesentlichen Teilbereiche.

Ein großes Angebot von Lern- und Übungsprogrammen auf CD-ROM oder DVD finden sich zudem im Internet, wenn man in eine der üblichen Suchmaschinen das Suchwort „Grundschule Mathematik Software" eingibt. Allerdings muss hier die Eignung sorgfältig geprüft werden. Nicht jedes dieser Angebote genügt den didaktischen und methodischen Anforderungen eines erfolgreichen und kindgemäßen Mathematikunterrichts.

14.2 Grundschulmathematik im Internet

Natürlich hält auch das Internet Angebote für die Lehrerin und den Mathematikunterricht bereit. Allerdings ist die Fülle fast unübersehbar. Wenn man z. B. in die Suchmaschine „google" als Stichwörter „Mathematik Grundschule" eingibt, erhält man etwa 900 000 Seiten in deutscher Sprache, von denen allerdings viele mehrmals aufgeführt sind. Auch wenn man die Suche durch weitere Suchwörter (etwa: Arbeitsblätter, Kopiervorlagen, Software, 1. Schuljahr, u. ä.) zu begrenzen versucht, ist das Angebot immer noch reichlich. Im Folgenden ist aus der unübersehbaren Menge einiges zusammengestellt, das für den Alltagsgebrauch im Unterricht praktisch und nützlich erscheint. Die kleine Auswahl kann nur beispielhaft sein, sie soll die Lehrerin vor allem ermutigen und anregen, selbst im Internet nach geeignetem Material für den Mathematikunterricht in der Grundschule zu suchen.

- www.cornelsen.de/teachweb/
  Unterrichtsmaterialien, komplette Unterrichtseinheiten, Vorschläge für Klassenarbeiten u. a.

- www.**mathematik**unterricht.de/Grundschule/gs.htm
  Neben Material für den Unterricht Hinweise zu weiteren Websites und zu Software

- www.upb.de/~hartmut/**mathematik-grundschule/**
  Material für den Unterricht, Arbeitsblätter, didaktisch-methodische Hilfen

- www.uebungsblatt.de/
  Viele Arbeitsblätter für Deutsch und Mathematik in der Grundschule

- http://grundschule.bildung.hessen.de/Faecher/Mathematik/link_mathe

- http://did.mat.uni-bayreuth.de/~heike/Grundschule/Mathe/mathematik
  Breites Angebot an didaktisch-methodischen Anregungen und an Arbeitsmaterial

- www.medienwerkstatt-online.de/products//(10KMathe/10KMathe
  Arbeitsblätter für Mathematik in der Grundschule

- www.grundschulmaterial.de/
  Arbeitsblätter, Kopiervorlagen zum Download

- www.grundschulmarkt.de/mathe
  Arbeitshilfen, Hinweise zu Material, Links zu anderen Websites

- http://home.ph-freiburg.de/duffner/linkliste_lernsoftware_mathe_grund-
  schule
  Linkliste zu Lernsoftware Mathematik in der Grundschule

Udo Quak

15 Mathematik macht Schule

15.1 Fachkonferenzleiterin Mathematik

In der letzten Fachkonferenz Mathematik wurden Sie zur Fachkonferenz-leiterin oder zur Fachsprecherin Mathematik an Ihrer Schule gewählt. Sie machen das zum ersten Mal, und nun sind Sie ratlos, welche Aufgaben Sie haben und was da an Arbeit auf Sie zukommen kann. Wenn es sich um eine offizielle Stelle im Rahmen der Personalstruktur Ihrer Schule handelt, dann sind die Funktion selbst und ihre Bedeutung an der Schule meistens durch Gesetz (Schulgesetz, Schulverwaltungsgesetz), durch einen Erlass oder eine Verordnung geregelt.

Sie haben diese Funktion als Fachfrau übernommen, als die sie Ihre Kolle-ginnen einschätzen. Sie gelten als die Ansprechpartnerin an Ihrer Schule für alles, was das Fach Mathematik und den Mathematikunterricht angeht. Von Ihnen werden die Kolleginnen, die fachfremd Mathematik unterrichten müs-sen (oder wollen), erwarten, dass Sie ihre Arbeit mit Ihrem fachlichen und auch fachdidaktischen Rat unterstützen. Auch die Schulleiterin oder der Schulleiter erwarten, dass sie von Ihnen fachlichen Rat und in Fachfragen, etwa im Zusammenhang mit einer Beschwerde oder einem Lernproblem bei einem Schüler, die gegebenenfalls erforderliche Unterstützung erfahren.

Das kann natürlich nicht heißen, dass Sie als wandelndes Mathematik-Lexi-kon durch die Schule laufen und nach Einwurf eines Zehners Frage und Ant-wort stehen. Man wird aber erwarten dürfen, dass Sie zumindest einen gu-ten Rat auf Grund Ihrer Erfahrung, Auskunft zum Weitersuchen und Hilfe zur Selbsthilfe geben können. Die formalen Aufgaben einer Fachkonferenz-leiterin sind schnell beschrieben:

Info

Die **Fachkonferenzleiterin** leitet die regelmäßig stattfindenden Fachkon-ferenzen als Vorsitzende, vertritt die Fachschaft Mathematik in der Ge-samtkonferenz oder Schulkonferenz sowie gegenüber der Schuleltern-schaft und unterstützt die Schulleitung in Fragen des Mathematikunter-richts.

Der eigentliche konkrete Aufgabenbereich der Fachsprecherin und der Fachkonferenz Mathematik geht inhaltlich über diese knappe Definition hinaus. Wer hier mit einigem Einsatz arbeitet, kann einen erheblichen und weiterführenden Beitrag zur Gestaltung der schulischen Arbeit leisten, der sowohl für die eigene Unterrichtstätigkeit als auch für die der Kolleginnen von großem Nutzen sein kann. Hier lohnt sich also das Engagement. Im Folgenden sind beispielhaft Handlungsfelder für die Fachsprecherin und die Fachkonferenz Mathematik beschrieben.

Etat für das Fach Mathematik:
Das Wirtschaften mit den vom Schulträger für den Fachbereich Mathematik zur Verfügung gestellten Finanzmitteln gehört zu den wichtigen Aufgaben der Fachkonferenz, zumal in Zeiten, in denen der Schule eine größere Unabhängigkeit in finanzieller Hinsicht zukommen soll. Welche Selbstständigkeit die einzelne Fachkonferenz in dieser Frage hat, ist in der Regel durch grundsätzliche administrative Vorgaben, durch die Haushaltsordnung des Schulträgers und/oder durch Beschlüsse der Schulkonferenz geregelt. In diesem Rahmen kann die Fachkonferenz frei entscheiden. Aufgabe der Fachsprecherin oder Fachkonferenzleiterin ist es, die Wünsche der Kolleginnen zu erfahren, die **Lehrmittelsammlung** und die **Fachbibliothek** auf notwendige Ergänzungen zu überprüfen und **Entwicklungen auf dem fachdidaktischen Markt** zu beobachten. Neben dem Aufgreifen der Kollegenwünsche, die sie zur Abstimmung stellt, kann sie auch selbst in der Fachkonferenz oder in der Schulkonferenz Vorschläge zur Anschaffung von Arbeitsmitteln und Fachbüchern machen. Und das kommt u. a. in Betracht:

- Welche Lehrmittel werden gebraucht?
- Welche Lehrmittel müssen repariert oder ersetzt werden?
- Welche neu erschienenen Lehr- und Arbeitsmittel sind für die Schule wichtig?
- Welche fachdidaktischen Neuerscheinungen sind für die Schule interessant?
- Welche Ergänzungen sind für die Lehrerbücherei notwendig?
- Welche Impulse aus der fachdidaktischen Diskussion müssen weitergegeben werden?

Die eigentliche Abwicklung erfolgt in Zusammenarbeit mit der Schulleitung und dem Schulsekretariat.

Neue Aspekte in der Fachdidaktik Mathematik:
Die Fachkonferenzleiterin ist nicht die Fortbilderin ihrer Kolleginnen. Sie sollte aber die wichtigen Entwicklungen in der Fachdidaktik verfolgen und ihre Kolleginnen darauf aufmerksam machen. Das kann durch Hinweise auf

Artikel in **Fachzeitschriften**, auf **neu erschienene Fachbücher**, durch Kurz-
referate im Rahmen einer Schulkonferenz oder Fachkonferenz und auf
Fortbildungsveranstaltungen erfolgen. Hilfreich ist außer dem Auslegen von
Prospekten und Info-Material auch ein fester Platz für die Fachschaft Mathematik am Schwarzen Brett im Lehrerzimmer. Die Fachkonferenzleiterin
bittet die Fachleiterin oder den Fachleiter eines benachbarten Studien-
seminars, den Vertreter einer Hochschule vor Ort oder den Mitarbeiter eines
Schulbuchverlages um ein Kurzreferat zu einem aktuellen Thema und lädt
dazu in eine Sitzung der Fachkonferenz ein. Die Fachkonferenzleiterin sollte der zuständigen Behörde Themen für **Fortbildungsveranstaltungen** im
Fach Mathematik vorschlagen. Die Fachkonferenzleiterin weist die Kolleginnen auf neue Arbeitsmittel hin.

Verbindung zu Hochschule und Seminar:
Die Fachkonferenzleiterin hält kontinuierlich **Kontakt zur benachbarten
Hochschule** und zur dortigen Fachabteilung sowie zur **Fachleitung im zuständigen Studien- oder Ausbildungsseminar**. Gespräche, nicht zu oft, aber
doch regelmäßig, können hier hilfreich sein und der Schule die Verbindung
zu den Ausbildungsstätten erhalten, was wiederum der Unterrichtsarbeit
unmittelbar zugute kommt.

Schuleigene Arbeitspläne:
Eine der wichtigsten Aufgaben der Fachkonferenz Mathematik ist die Er-
stellung der schuleigenen Lern- und Arbeitspläne für dieses Fach. Der schuleigene Arbeitsplan im Fach Mathematik sollte Aussagen zu den **Lernzielen**,
den **Lerninhalten**, den zu erreichenden **Standards**, zum **zeitlichen Rahmen**,
zur einzuführenden **Begrifflichkeit** und zu **Anschauungs- und Arbeitsmitteln** sowie **Vorschläge zur Unterrichtsgestaltung machen**. Die von Amts
wegen zur Verfügung gestellten und verpflichtenden Vorgaben (Lehrpläne,
Qualitätsstandards) liegen in ihren Beschreibungen der Unterrichtsziele und
-inhalte gewöhnlich auf einer Abstraktionsebene, die die unmittelbare Umsetzung in die Unterrichtsarbeit nicht oder nur schwer zulässt. Das einge-
führte Schulbuch wiederum kann, da es sich aus Kostengründen auf eine
größere Region beziehen muss, die Belange der individuellen, konkreten
Schule und ihrer Schülerinnen und Schüler nur sehr unzureichend berücksichtigen. Darüber hinaus macht das Schulprogramm der einzelnen Schule
Vorgaben, die über die amtlichen Lehrpläne und über die Angebote des
Schulbuches und seine Begleitmaterialien hinausgehen. Das Herstellen und
Fortschreiben dieses schuleigenen Curriculums ist gemeinsame Aufgabe aller Mitglieder der Fachkonferenz. Die Fachkonferenzleiterin hat hier vor al-
lem koordinierende und organisierende Aufgaben.

Wahl des Mathematikbuchs:

Aus dem schuleigenen Arbeitsplan für das Fach Mathematik wird auch abgeleitet, welches **Schulbuch für den Mathematikunterricht** eingeführt werden kann. Diese Auswahl eines geeigneten Schulbuches nimmt ebenfalls die Fachkonferenz Mathematik vor. Dazu gehören die vorherige Erarbeitung von **Auswahlkriterien**, die Beurteilung der in Frage kommenden Bücher sowie der formale Beschluss über das ausgewählte Buch und den Zeitpunkt seiner Einführung. Kriterien für die Auswahl eines Buches können u. a. sein:

- Übereinstimmung mit dem schuleigenen Arbeitsplan
- markante Beispielaufgaben
- Berücksichtigung der erforderlichen Standards
- klare Illustrationen
- ausreichend Übungsstoff
- Kinderfreundlichkeit in der Ausstattung
- Vielfalt der Übungsformen
- Register
- schülerfreundliches Layout
- fester Einband

Festlegen von Leistungsstandards:

Zu den wichtigen Aufgaben jeder Fachkonferenz gehört es, Vereinbarungen über **Leistungsstandards** in ihrem Fach festzulegen. Die Lernziele und Lerninhalte sind durch den Lehrplan, die dort festgelegten Qualitätsstandards sowie den schuleigenen Arbeitsplan und durch Elemente des Schulprogramms bestimmt. Die Fachkonferenz muss darüber hinaus aber vereinbaren, wie das Erreichen der Mindestziele und der Zusatzziele im Rahmen des eingeführten **Bewertungssystems** bewertet werden soll. Wenn das nicht geschicht, kommt es innerhalb eines Jahrgangs leicht zu unterschiedlichen Einschätzungen der gleichen Leistung. Die Vereinbarungen werden von der Fachkonferenz beschlossen und prägen dann als bindende Beschlüsse der Fachkonferenz die Arbeit der Fachlehrerinnen.

Vergleichsarbeiten:

Obwohl Klassenarbeiten auch im Fach Mathematik besser lerngruppenbezogen konzipiert werden, ist es doch notwendig und sinnvoll, in einem Jahrgang regelmäßig **Vergleichsarbeiten** durchzuführen. Für das 3. Schuljahr sind solche **Vergleichsarbeiten** landes-, ja sogar bundesweit verbindlich. Mit ihnen kann das **Erreichen der gesetzten Qualitätsstandards** kontrolliert werden. Auf diese Weise können die Fachlehrerinnen zudem leichter feststellen, ob sie mit ihrer Arbeit in der eigenen Klasse noch den allgemeinen Anforderungen des Lehrplans und der Standards für diesen Jahrgang genügen. Die Konzeption solcher Vergleichsarbeiten und die Organisation ihrer Durchführung sind Aufgabe der Fachkonferenz. Hier arbeiten alle Konferenzmitglieder zum eigenen Vorteil und Nutzen zusammen. Die Fachkonferenzleiterin hat auch hier eher koordinierende Aufgaben.

Kolleginnenhospitation:
Die Fachkonferenzleiterin organisiert nach Absprache in der Fachkonferenz und in Zusammenarbeit mit der Schulleitung Hospitationen der Kolleginnen im Fach Mathematik untereinander. Hier muss manche Lehrerin und mancher Lehrer davon überzeugt werden, dass eine solche Hospitation bei anderen und das Ertragen einer Hospitation durch die anderen dem eigenen Unterricht Vorteile bringen. Zu sehen, wie die Kollegin ihren Unterricht gestaltet, wie sie mit einem besonderen mathematischen Problem umgeht und es an die Kinder heranträgt, welche anschauliche Darstellung sie gewählt hat, welche Übungsformen sie benutzt, wie sie das Lernergebnis kontrolliert, wie sie auf die unterschiedliche Lern- und Leistungsfähigkeit ihrer Kinder eingeht, das alles gibt Impulse und Anregungen für die eigenen Mathematikstunden, fördert den Teamgeist, schützt aber auch vor allzu kritischer Selbsteinschätzung der eigenen Unterrichtsarbeit.

Vorbereitung von Projekten:
Die Fachkonferenz hat auch die Aufgabe, Projekte für eine **Projektwoche** oder für **Projekttage** vorzuschlagen. Obwohl Themen und Inhalte von Projekten in starkem Maße von den Schülerinnen und Schülern bestimmt werden, müssen die Lehrkräfte doch bestimmte Vorgaben machen, die z. B. die prinzipielle Durchführbarkeit und den zeitlichen Rahmen betreffen. Themen für ein Projekt können auch von mathematischen Inhalten bestimmt sein und deshalb aus dem Mathematikunterricht heraus vorgeschlagen werden.

Elternvertretung:
Die Fachkonferenzleiterin vertritt die Belange des Faches Mathematik auch gegenüber der gewählten **Elternvertretung**. Hier gibt sie **Auskunft zu fachlichen Fragen** und unterstützt die Schulleitung mit ihrer fachlichen Kompetenz, wenn es etwa in Beschwerde- und Streitfällen, aber auch bei Anforderungen von Hilfe um das Fach Mathematik geht. Sie erläutert, wenn das erforderlich ist oder gewünscht wird, die fachlichen Aspekte des schuleigenen Arbeitsplanes in Gremien der Elternvertretung.

15.2 Mathematische Projekte

Der Projektunterricht ist ein wichtiger Bestandteil der Arbeit in der Grundschule. Er ist von der thematischen Arbeit her sachbezogen, aber fachübergreifend und eine wirkliche Alternative zum fachbezogenen und lehrgangsmäßigen Unterricht. Projektarbeit ist eine anspruchsvolle, aber auch erfolgreiche Lernform, die an die Lehrerin hohe Anforderungen im Hinblick auf Planung und Organisation des Unterrichts stellt. Der Projektunterricht berücksichtigt vor allem die Bedürfnisse und Neigungen der Schülerinnen und Schüler, indem er sie schon bei den Vorüberlegungen, bei der Planung und bei der Gestaltung seines Ablaufs einbezieht. Er baut auf ihren Erlebnissen, Vorstellungen und Meinungen auf und berücksichtigt ihre Fähigkeiten und Fertigkeiten bei der Umsetzung in die konkrete unterrichtliche Arbeit in besonderem Maße. Diese Schülerorientierung fördert das selbstbestimmte Lernen, schafft gute Arbeitsvoraussetzungen auch für den fachgebundenen Unterricht und macht Lernen und Arbeiten in der Schule humaner. Projektarbeit vollzieht sich in der Form der Projektwoche oder eines oder mehrerer Projekttage. Es können aber auch kleinere Einheiten des Unterrichtstages projektorientiert gestaltet werden. Solche Phasen projektorientierten Arbeitens erfordern den Blick über die Fachgrenzen hinaus auf andere Fächer, die sich auf die Thematik des jeweiligen Projekts beziehen. Hier ist dann auch die Zusammenarbeit mit Kolleginnen und Kollegen anderer Fächer erforderlich. Die Planung eines Projektes, auch eines projektorientierten Abschnittes des üblichen Fachunterrichts, erfolgt in der Regel gemeinsam mit den Schülerinnen und Schülern und/oder auf deren Vorschlag. Natürlich sollen Ideen und Anregungen zu einem Projekt auch von der Lehrerin kommen; die letzte Entscheidung darüber, ob und wie ein Projekt angegangen wird, sollten allerdings die Schülerinnen und Schüler treffen. Viele Projekte können auch in Teamarbeit der Lehrkräfte gestaltet werden. Das ist oft auch von der Sache her zwingend geboten. Scheuen Sie sich deshalb nicht, eine Kollegin oder einen Kollegen anzusprechen und um fachliche Hilfe zu bitten.
Im Folgenden werden einige Vorschläge für Projekte gemacht, bei denen die mathematische Komponente eine wichtige Rolle spielen und die Projektarbeit maßgebend steuern kann. Die Auflistung soll einige Anregungen geben und ist keineswegs abschließend. In vielen Projekten, die sich aus der Arbeit im Deutschunterricht oder im Sachunterricht entwickeln, sind ebenfalls mathematische Aspekte wichtig. Bieten Sie Ihren Kolleginnen und Kollegen auch von sich aus Ihren fachlichen Rat und Ihre konkrete Unterstützung bei

der Planung der Projektwoche an, wenn mathematische Aspekte dies erforderlich machen.

Ein Zahlenbuch   2.–3. Schuljahr

Für die Kinder im 1. Schuljahr sollen Zahlenbücher zum Verschenken hergestellt werden. Jede Zahl von 1 (0) bis 10 (20) wird als Ziffer, als Menge aus konkreten Gegenständen und als Menge aus quadratischen oder runden Figuren, als Zahl am Zahlenstrich sowie mit einfachen Additions- und Subtraktionsaufgaben dargestellt. Dabei müssen die Bedürfnisse der Lernanfänger und ihre Vorkenntnisse beachtet werden.
Mathematischer Anteil: Vertieftes Verständnis der Zahlen von 0–20; Wiederholung von Grundlagen; Messen und Zeichnen (Größenbereich Länge).

Verkehrssicherheit   3.–4. Schuljahr

Wenn sich die Schule in einer verkehrsreichen Umgebung befindet, liegt ein Projekt zur Verkehrssicherheit im Bereich des Schulgeländes nahe. Das sind mögliche Aktivitäten: Die Verkehrsmittel (Personenautos, Lastautos, Zweiräder, Fahrräder) werden gezählt – Wie kommen die Kinder zur Schule? – Schulwege berechnen (Länge, zeitliche Belastung) – Schulwegpläne zeichnen – Informationsschreiben für die Eltern, für die Mitschülerinnen und Mitschüler mit entsprechenden Grafiken entwickeln – ...
Mathematischer Anteil: Zählen, Listen und grafische Darstellungen (Säulendiagramme) herstellen, Schulwege messen, Zeit messen (Größenbereich Zeit), Zeitdauern vergleichen, Schulwegdiagramme erstellen.

Lehrmittelwerkstatt   3.–4. Schuljahr

Nach Absprache mit der Klassenlehrerin oder dem Klassenlehrer der 1. und 2. Klassen werden Lern- und Arbeitsmittel für den Mathematikunterricht in diesen Jahrgängen gebastelt. Das können sein u. a.:

- Plättchen oder andere Figuren zur Mengendarstellung:
- Mengenkreise zu den einzelnen Zahlen bis 10
- Zehnerstreifen, Zwanzigerstreifen
- Rechenposter zum Aushängen in der Klasse
- Additions- und Subtraktionstafeln zum Rechnen bis 20
- Zahlenbänder und Zahlenschnüre
- Rechenspiele
- Rechengeld

■ geometrische Legeplättchen (Kreise, Quadrate, Rechtecke, Dreiecke)
■ Stäbchen zum Legen von geometrischen Figuren …

Mathematischer Anteil:
■ Wiederholung der geometrischen Grundformen
■ Wiederholung des Rechnens im Zahlenraum bis 20
■ Materialbedarf und Materialkosten berechnen, messen (Größenbereich Länge) und zeichnen.

Spiele entwickeln   3.–4. Schuljahr

Aus den Grundformen der Spiele (Brett-, Karten-, Würfelspiel) werden Varianten mit besonderen inhaltlichen Schwerpunkten (Verkehr, Natur, Technik, Weltraum usw.) entwickelt, z. B. für den benachbarten Kindergarten oder Spielkreis, aber auch für die 1. Jahrgänge der eigenen Schule. Dabei können in Verbindung mit dem Deutschunterricht sowie den Fächern Kunst und Werken Würfelspiele (mit Anweisungen für bestimmte Felder), Glücksspiele oder Strategiespiele entstehen. Oder eine Projektgruppe mit eher mathematischem Schwerpunkt bereitet die Spiele nur inhaltlich-konzeptionell vor und überlässt die konkrete Ausführung einer anderen Projektgruppe.
Mathematischer Anteil: Spieltheorie, Wahrscheinlichkeit, zeichnen und messen (Größenbereich Länge).

„Unsere Schule" – Informationsblatt   4. Schuljahr

Für die Eltern der Schulanfänger wird eine kleine Schulzeitung hergestellt, in der Wichtiges und Informatives über die Schulstruktur und das Schulleben stehen soll. Dazu müssen Daten über die Schülerzahl, die Lehrerzahl, die Anzahl der Klassen u. Ä. (z. B. auch Altersdurchschnitt und Altersstaffelung, Herkunft nach Wohngebieten, Klassengrößen, Teilnahme an Arbeitsgemeinschaften, Fahrschüler, Karte des Schulbezirks, Schulwege) gesammelt und aufbereitet werden. Die Darstellung des Schulbezirks und der wichtigen Schulwege erfordert Messen und Rechnen in den Größenbereichen Länge und Zeit. Eine Zusammenstellung der Termine für das neue Schuljahr berührt mit der Arbeit am Kalender ebenfalls den Größenbereich Zeit.
Ebenso könnte ein Informationsblatt über den Schulbezirk, die Gemeinde oder die Stadt zusammen mit entsprechenden Stellen erstellt werden.
Mathematischer Anteil: Übung aller vier Grundrechenarten, Erstellen von Listen, Tabellen und Diagrammen, Übersichtsskizzen, zählen und messen (Größenbereiche Länge und Zeit).

Wie die Menschen früher rechneten   3.–4. Schuljahr

In diesem geschichtlich ausgerichteten Projekt forschen und entdecken die Kinder, wie in der Antike und im europäischen Mittelalter gezählt und gerechnet wurde. Damit werden auch die bei uns gängigen Zahldarstellungen (Stellenwertsystem) und die Verfahren der vier Grundrechenarten als willkürliche Festsetzungen erfahren. Zugleich lernen die Kinder auch bedeutende Mathematiker aus der Geschichte kennen.
Mathematischer Anteil: Zahlen bei den Babyloniern, Ägyptern und Griechen; römische Zahlen lesen und schreiben; nichtdezimale Stellenwertsysteme erfinden und in ihnen rechnen.

In fast allen anderen Projekten spielen immer auch die Mathematik oder mathematische Aspekte eine wichtige Rolle. Diesem Gesichtspunkt sollte bei der Projektplanung eine größere Aufmerksamkeit gewidmet werden. Gerade in solchen Zusammenhängen können die Kinder an konkreten Beispielen und lebensnah erfahren, dass sie das, was sie im Mathematikunterricht lernen, im Alltag und in ihrem Umfeld anwenden können.

Udo Quak

Literaturverzeichnis

BAUER-HERLAND, GABRIELE/MOSER, FRANZ: Lieder für den Mathematikunterricht – Singen, spielen, rechnen, reimen für Kinder von 8 bis 11 Jahren. Berlin/Linz: Veritas 2003

BENDER, PETER (Hrsg.): Mathematikdidaktik. Theorie und Praxis. Festschrift für Heinrich Winter. Berlin: Cornelsen Verlag 1988, S. 177–189

BÜCKEN, HAJO/HANNEFORTH, DIRK: Würfelspiele. Niedernhausen: Falken 2001

ENDRES, FRANZ CARL/SCHIMMEL, ANNEMARIE: Das Mysterium der Zahl. Köln: Diederichs 1986

ENZENSBERGER, HANS MAGNUS: Der Zahlenteufel. München: Deutscher Taschenbuch-Verlag 1997

FLOER, JÜRGEN: Taschenrechner in der Grundschule? In: Die Grundschulzeitschrift, Sonderdruck Mathematik, Bd. I Arithmetik, o. J.

FRANKE, MARIANNE: Didaktik der Geometrie. Heidelberg, Berlin: Spektrum Akademie-Verlag 2000

FUCHS, MANDY/KÄPNICK, FRIEDHELM (Hrsg.): Mathe für kleine Asse, 1. u. 2. Schuljahr. Berlin: Cornelsen Verlag 2004

GERICKE, HELMUTH: Mathematik in Antike, Orient und Abendland. Wiesbaden: Marix 2005

HOLT, MICHAEL: Neue mathematische Rätsel für Denker und Tüftler. Köln: DuMont 2005

KÄPNICK, FRIEDHELM: Mathe für kleine Asse, 3. u. 4. Schuljahr. Berlin: Cornelsen Verlag 2005

KAESELER, P.: Bauen und Schauen. In: Die Grundschulzeitschrift, Sonderdruck Mathematik, Bd. II, o. J., S. 14 ff.

LEHMANN, JOHANNES: So rechneten Ägypter und Babylonier. Leipzig: Urania-Verlag 1994

LORENZ, JENS HOLGER: Kinder entdecken die Mathematik. Braunschweig: Westermann 1997

QUAK, UDO (Hrsg.): Die Fundgrube für den Mathematik-Unterricht in der Sekundarstufe I. Berlin: Cornelsen Scriptor 2004

RADATZ, HENDRICK/SCHIPPER, WILHELM u. a.: Handbuch für den Mathematikunterricht, 1.–4.Schj. Hannover: Schroedel 1996 f.

RICKMEYER, KNUT: Übungen mit dem Somawürfel. In: Praxis Grundschule 1996, Heft 2, S. 4 ff.

SPIEGEL, HARTMUT/SPIEGEL, JULE: Potz Klotz – Ein raumgeometrisches Spiel. In: Die Grundschulzeitschrift 163/2003, S. 50 ff.

TRAPP, WOLFGANG: Kleines Handbuch der Maße, Zahlen, Gewichte und der Zeitrechnung. Stuttgart: Reclam Verlag 1998

VERBOOM, LILO: Lebendiges Rechnen mit ANNA-Zahlen, LILO-Zahlen und PA-PA-Zahlen. In: Grundschulunterricht 44/1997

WITTMANN, ERICH CH./MÜLLER, GERHARD: Handbuch produktiver Rechenübungen, Band 1 und 2. Stuttgart: E. Klett-Schulbuchverlag 1993

www.tu-dresden.de/did/schule/auf2.pdf

Stichwortverzeichnis

Fitmacher
für Ihren Unterricht

 Lehrer-Bücherei: Grundschule

Beate Sundermann/Christoph Selter
Beurteilen und Fördern im Mathematikunterricht
Gute Aufgaben - Differenzierte Arbeiten - Ermutigende Rückmeldungen
192 Seiten mit Abb., Paperback
ISBN-10:   3-589-05077-2
ISBN-13: 978-3-589-05077-2*

Jens Holger Lorenz
Lernschwache Rechner fördern
Ursachen der Rechenschwäche - Frühhinweise auf Rechenschwäche - Diagnostisches Vorgehen
112 Seiten mit Abb., Paperback
ISBN-10:   3-589-05072-1
ISBN-13: 978-3-589-05072-7*

Christian Hoenecke
Sachunterricht: Natur und Technik
Didaktik und Methodik - Praxishilfen für Physik, Biologie und Chemie in den Klassen 1 bis 4
160 Seiten mit Abb., Paperback
ISBN-10:   3-589-05089-6
ISBN-13: 978-3-589-05089-5*

Susanne Bobrowski/Reinhard Forthaus
Lernspiele im Mathematikunterricht
Funktion von Lernspielen - Didaktische Anregungen - Spiele für die Klassen 1 bis 4
112 Seiten mit Abb., Paperback
ISBN-10:   3-589-05045-4
ISBN-13: 978-3-589-05045-1*

*(gilt ab 1.1.2007)

Fragen Sie bitte in Ihrer Buchhandlung!

Begabungen
kreativ fördern

Ines Nobach/Esther Schmitt/
Eva-Maria Truxius
Eins plus
Begabungen fördern im
Mathematikunterricht
**Knobel-Aufgaben
für die 3. und 4. Klasse**
112 Seiten mit Abb., Paperback
ISBN-10:   3-589-22134-8
ISBN-13: 978-3-589-22134-9*

Almuth Bartl
Spiele für den Unterricht
**Schnelldenker-Spiele
für Grundschulkinder**
108 Seiten mit Abb., Paperback
ISBN-10:   3-589-21889-4
ISBN-13: 978-3-589-21889-9*

Heiner Boehncke
Eins plus
Begabungen fördern im
Deutschunterricht
**Kreatives Schreiben
für die 3. und 4. Klasse**
96 Seiten mit Abb., Paperback
ISBN-10:   3-589-22032-5
ISBN-13: 978-3-589-22032-8*

Almuth Bartl
Spiele für den Unterricht
**Muntermacher-Spiele
für Grundschulkinder**
108 Seiten mit Abb., Paperback
ISBN-10:   3-589-22026-0
ISBN-13: 978-3-589-22026-7*

*(gilt ab 1.1.2007)

Fragen Sie bitte in Ihrer Buchhandlung!